YOU DON'T UNDERSTAND ME

The Young Woman's Guide to Life

塔拉・波特◎著　吳凱琳◎譯
Tara Porter

獻給艾拉（Ella）、查理（Charlie）和喬（Joe）。

直到永遠。

目次

特別聲明：
在台灣，心理師在教育養成和執業過程中習慣稱照顧對象為「個案」，然而英美在這方面用詞較為寬鬆，「病人」與「個案」亦各有對應的英文詞彙，為了尊重作者用詞選擇，作者使用「病人」之處將如實翻譯。

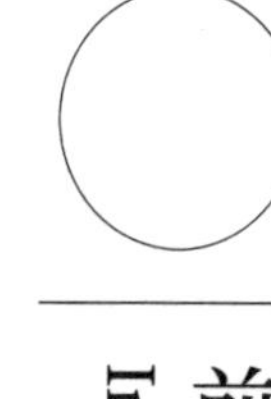

前言 Introduction

心理學：以科學方法研究人類心智及其功能的學科，尤其著重那些在特定情境下，影響人類行為表現的心智功能。

我在擔任治療師與心理師期間，和數百名年輕女孩談過話。這本書正是根據這些談話撰寫而成，當中包含許多女孩的故事、希望、恐懼、想法、感受、行為、失敗與成功。內容有我聆聽她們談話後學到的事，以及我為了幫助她們擺脫困境，而必須學會的事——它是由這些女孩歷經的掙扎與成功所啟發。

這本書除了探討年輕女孩如何一步步邁入成年期，也提供了實用方法幫助她們在情緒上變得更加成熟、更有自信。不過短短一個世代，女孩和女人身處的世界已經發生天翻地覆的變化。在我臨床執業的二十五年間，我觀察到青少女擁有的機會與權力大幅增加。女孩的學業表現超越了男孩；進入數學與法律領域的男女比例已經趨近平衡；我們看到，青少女和年輕女性懂得如何善用自身權力，例如在網路上發起「#我也是」（#metoo）運動，爭取女性權益；或者在校園發起抗議活動，要求正視氣候變遷議題。科技革命爆發後，現在的女孩可算是第一代螢幕原住民女性：歷史上從沒有哪個時代像現在這樣，網路成了人們生活的一部分，所有人直覺地知道如何操作螢幕。這些改變意謂著，你們許多人在青少年時期，擁有前所未見的自由和機會，這是上個世代的女性完全無法想像的。

有些事情的發展對於女孩和年輕女性來說，確實相當有利，但是也有些事情對她們來說非常不利。雖然她們擁有更多自由、選擇和賦權，但也因此面臨更多挑戰。我們發現，愈來愈多年輕人出現心理健康問題，但是統計數據或多或少產生了誤導。事實上，男孩和更年輕的女孩心理健康出問題的人數比例，相對維持穩定。但是，青少女和年輕女性的比例卻大幅增加。十六至二十四歲女孩自殘的比例，在二〇〇〇年為六%，但現在已提高至二〇%左右。〔1〕

我在治療室遇到許多情緒憂鬱、心理健康出問題的年輕女孩。我認真傾聽她們訴說個人經歷，然後憑藉我自身的臨床專業知識，以及聆聽女孩的同儕和前輩談話之後得到的啟發，盡力給予治療。我想要幫助每一位年輕女性，深入了解自己的內在世界——唯有如此，她們才有能力應付外在世界。有時候，我的治療產生很不錯的效果：我幫助這些女孩釐清混亂的思緒，促使她們改變想法、改變行為、做出不同以往的決定，她們的心裡也因此感覺好一些。

在這本書中，我會歸納這些女孩的經歷有哪些共通性，逐一和你們分享。你們不僅能讀到她們的集體智慧，還有我聆聽她們談話期間累積的觀察與心得。我希望能提供實用工具，幫助你們了解自己、疼惜自己，有智慧地善用現代女孩擁有的自由，避免犧牲心理健康。我不希望再有女孩自殘或挨餓，或是因為恐慌而感到不知所措；或者認為如果沒有了她們，這世界會變得更好。夠了，我不想再看到這些。我希望女孩們擁有足夠知識保護自己、積極生活，不再只是勉強求生。我希望女孩們能帶著自信、清晰思維，盡情地展翅高飛。我希望她們下了班之後，能夠真正做自己。

我想對我現在和以前的病人說：首先，謝謝你們。啊，真的很謝謝你們和我分享你們的故事。第二，書中提到的案例都不是你們的故事。為什麼這麼說？這些案例全是虛構的，這樣才能保護你們的隱私。老實說，由於擔心這會讓整本書讀起來沒那麼真實或坦誠，我花了很長時間思考該怎麼做。所以，後來我決定這樣做：我為自己設定了規則，如果我能想到兩到三位接受過我諮商的年輕人面臨同一個問題，我就會整合這些人的故事，變成另一個虛構案例。我會刪除所有無關的細節，然後添加新的細節進行修飾。我這麼做是為了保護你們的故事，你們因為信任我，所以願意分享這些它們；我寫出這些故事的另一個原因，是為了說明更廣泛的概念，**這個概念**才是重點，至於你們幾歲或長什麼樣，並不重要。所以，為了讓更多人覺得書中內容與自己相關，我把我從你們那裡聽到的故事融合成某個虛構人物。

另外我說明一下書中的用詞。這本書有許多內容出自我為青少女、年輕女性治療時，在她們身上觀察到的共通特質。當然，不是所有女孩和女性都覺得與她們相關，畢竟每個人的情況不盡相同；許多內容對某些男孩和年輕男性來說，也覺得相關。我治療過的年輕人大多認同這一點；此外，很少有正值過渡期的年輕人宣稱他們擁有專業知識，很了解自己的心理狀態。我希望你讀

1 McManus, S. et al (2019), 'Prevalence of Non-suicide Self Harm and Service Contact in England 2000–14. Repeated Cross-Sectional Surveys of the General Population,' *The Lancet*.

完這本書之後，能夠更理解自己。我認為，性別同時是由社會建構以及自我決定的，所以如果有一本書只鎖定女孩和年輕女性，似乎是自相矛盾。但是我想要為女孩和年輕女性辯護，因為根據我們蒐集到的資料，現在的年輕女性確實承受更多心理健康難題（而且她們更有興趣研究心理學），某些人的確很需要一本針對特定性別撰寫的書籍。我在撰寫這本書時，借用了自己在年輕人身上觀察到的說話風格，他們的用語多半很中性（例如：稱呼「大家」〔guys〕，或者形容某人「自作聰明」〔dick〕或是「人渣」〔prick〕，這些英文單字男女都適用）。我偶爾會使用媽媽、爸爸或父母等字眼，但指稱的包括繼父母、監護人和寄養父母等角色。

這本書的內容必定不夠全面，它不是研究報告，而是基於我的臨床經驗；之所以沒有包含某些主題和議題，是因為我自認缺乏相關臨床或親身經驗。寫書過程中我清楚意識到，自己在許多領域極度缺乏經驗和專業知識。舉例來說，我很了解厭食症（anorexia）、節食和直覺性飲食（intuitive eating），但是對於身體自愛（body positivity）卻知之甚少。為什麼要告訴你這些？因為我希望你讀這本書時，偶爾能感覺到有人認識你、看見你。當然，我不認識你們，我可能在某個領域精準地抓住了你的想法，但是在其他領域卻失手了。我很喜愛的一篇心理學文章，標題正是〈知道自己不知道的〉（On Knowing What You Don't Know）[2]，這世上還有非常多我不知道的事。如果有什麼疏漏敬請見諒，我會持續充實自己。

在本書最後，我加了〈想要知道更多嗎？〉單元，列舉了相關參考資料以及值得進一步探究的概念，尤其（我希望）是我不熟悉的領域。

最後，這本書主要探討的不是精神疾病，而是心理健康——是女孩和年輕女性日常遭遇的心理困擾。我希望它能夠幫助到那些患有精神疾病的人，以及在書中看到某部分自己的讀者。我希望它能幫助你說出過去一直難以開口說出的內心陰暗面。最重要的是，我希望你能夠感覺到有人理解你。

2 Puckering, C. (1996) On Knowing What You Don't Know. *Clinical Child Psychology and Psychiatry*, 1(1), 157-160.

1

依附與歸屬
Attachment And Belonging

「我們或許會全心全意愛我們的孩子，但不是每個小孩都能感受到我們的愛……人類出生後兩到三年，大腦會開始渴求建立關係。」

——英國心理學會（BPS）成員理查・鮑比（Richard Bowlby）

「他們會搞砸你的人生，我說你的父母／他們或許不想，但就是這麼做了。」

——英國詩人菲利普・拉金（Philip Larkin），〈詩曰〉（This Be the Verse）

我很好奇你為什麼會讀這本書。也許是某個人把它送給你，因為他們很擔心你，或者覺得你會有興趣。可能是你考慮之後就讀普通教育高級證書（A Level）課程時選修心理學[1]，所以想知道這門學科是什麼。或是你覺得有些迷惘，想要更了解自己。或者，你有些擔憂或沮喪，或是感覺不太對勁，需要尋求幫助。又或許是因為你正在傷害自己或是別人。

我在這寫這本書的時候，一直想像你是什麼樣貌。我想像你像某個我親眼目睹走進治療室的病人：對心理治療通常有些好奇，卻又懷疑我是不是真的了解**她**；來看診時多半情緒低落、憂心忡忡，或是感到迷惘、孤單，覺得陷入困境，但有時候只不過是因為低著頭，所以走錯了方向。但是，她們每個人都獨一無二，絕對比自以為的還要美麗、聰慧、有趣。我猜你是不是在想：「嗯，她說錯了；我才不是那樣。」但老實說，你的確是。

真的，我遇到的年輕女性都各有特色，但彼此之間也存在共同性。這正是本書要探討的主題。傾聽你們談話，我學到了很多，未來也會繼續向你們學習。我會在書中分享部分談話內容，說明某些心理學概念，幫助你們思考自己究竟發生了什麼事。不是所有故事都和你有關，你可以瀏覽一下目錄，看看哪些章節和你最相關、哪些章節可跳過。這一章的內容或許沒辦法立刻引起你的興趣，因為大部分與人生某段時期有關，但是你可能沒有刻意記住這段期間發生了什麼事。你或許會想直接閱讀與你現在擔憂的事更直接有關的章節，例如第七章〈食物、飲食、體重和身材〉，或是第五章〈焦慮和擔憂〉。你當然可以這麼做，只不過我覺得這並非明智之舉。如果你想了解自己的心理，首先要知道你在嬰兒時期遭遇了哪些事。你可能無法有意識地回想起那段期間，但是相信我，你出生後頭幾天和頭幾個月的經歷將會貫穿你一生，就好比我們寫作時，必須有某個主軸貫穿整部作品一樣。在你人生初期人際關係中的所有遭遇，都將烙印在你的腦海中。隨著你逐漸成長，這些經歷將會形塑你這個人。人生初期的體驗影響重大，值得你花時間了解。

在心理學，我們稱之為依附（attachment）。[2]在動物界，特別是哺乳類，親代在生出子代之後，會盡可能彼此緊緊相偎。上世紀初和中期的動物行為心理學家首度發現了這個現象。或許你聽過以下這個實驗：幼鵝在出生後就會開始尋找移動的刺激物，甚至包括玩具火車或長筒雨靴，然後一直尾隨其後。[3]剛出生就與母親分離的小猴會緊貼著一塊布料，以此代替母親、得到慰藉，儘管這塊布料並不會餵食牠們。[4]自小就住在醫院或孤兒院、與父母分離的年幼孩子，由於缺乏應有的情感連結，會出現許多社會心理和情緒問題。[5]你有沒有看過一九八九年的羅馬尼亞孤兒院影片？[6]數百名小孩的真實遭遇令人不忍卒睹。他們的身體受到虐待、情感需求被剝奪、父母不在身旁，因此出現重度心理和智能障礙。

1 譯註：A Level全名是General Certificate of Education Advanced Level（進階程度普通教育證書），是英國學生進入大學前要學習的課程，課程為期兩年，可以選擇三、四個科目，課程結束後參加A Level考試，相當於大學入學資格考試，考試成績可用以申請大學。進階程度普通教育證書的中譯名參考「台灣英國文化協會網站」(https://parg.co/U2cl)，也有大學網站翻譯成：普通教育高級程度證書（https://parg.co/U2c1）。

2 探討依附理論的英國心理學簡報論文，是很好的依附理論心理學摘要，而且費用便宜！如果想要取得免費資訊可以參考：positivepsychology.com/attachment-theory。

3 請參考康拉德・勞倫茲（Konrad Lorenz）的實驗：https://www.youtube.com/watch?v=2UIU9XH-mUI

4 請參考哈利・哈洛（Harry Harlow）的實驗：https://www.youtube.com/watch?v=znBa3lap5jQ

5 請參考雷諾・史必茲（Rene Spitz）的調查研究：www.youtube.com/watch?v=iW3UHcYfCPI

心理學家約翰・鮑比（John Bowlby）最早發現父母與嬰兒、年幼孩子之間存在著依附關係，此後他深入研究、積極推廣這個概念。父母和嬰兒都有強烈的本能驅力（instinctual drive）想要與對方緊緊相依，這主要源自於演化上想要確保物種能存續。嬰兒會本能地依賴父親或母親，大多數父母也會不自覺地想要與小孩親近，雙方都能從對方身上得到慰藉，最終形成正向循環。但有時候父親或母親無法做到這一點，原因是他們自己在嬰兒時期不曾體驗過這種依附情感：他們沒有將這種體驗烙印在腦海中。一段穩固的依附關係，能夠確保小孩的食物、庇護、穩定與情感慰藉等基本需求得到滿足。

心理學家哈利・哈洛做的實驗中，猴子會為了食物而靠近「鐵絲媽媽」，但通常會依靠柔軟的「絨布媽媽」來獲得安慰。〔7〕

對孩子來說，依附是指感覺到某個人會照顧你，他們會關心你、站在你這邊。隨著年紀漸長，你或許不認同父母為了支持你所採取的做法，你可能覺得他們訂的規矩簡直蠢到爆：為什麼一定要學鋼琴？為什麼身體要坐直？為什麼要遠離手機？但是（多數時候）你能夠理解，父母之所以這麼做，是因為他們相信這樣對你最好。他們是出於好意。你可能很愛或是痛恨父母，或者對他們又愛又恨，但是你知道，他們會一直在你身邊。

或許你不這麼認為。對某些人來說，這種依附關係已經斷裂、遭到破壞。或許你覺得迷惘，感覺自己漫無目的地四處飄盪，沒有任何依靠。

米雅（Mia）十七歲時被轉診到我這裡。當時她情緒陷入低潮，某個老師發現她有自殘跡象。表面上她一切正常：照常上學，和朋友一起出遊，完成自己該做的功課。但是當你稍微深入了解，就會發現她認為自己什麼都做不好、或是沒有什麼了不起的成就；她覺得自己沒有未來。

米雅是家中三個孩子中年紀最小的。她和母親非常親密，但是就在她上小學的幾年前，她母親撒手人寰。她只記得母親生病了，母親離世對她打擊很大，但是她的生活仍一如往常。她父親是家中的經濟支柱，工作時間很長，所以她和父親有些疏離，不過在她母親去世之前許多年，一直有個保母在家幫忙照顧米雅和其他孩子，米雅和她非常親近。這名保母會為他們煮飯，每當米雅放學回家，保母都會在家。保母會開車載她四處兜風，每天關注她的生活起居。她倆關係緊密，米雅感覺保母是真心疼愛她。她到十五歲時已經可以獨自出門，和其他兄弟姊妹也有能力自己下廚，這時她父親認為他們不再需要有人照顧，因此決定辭退保母。但是米雅非常想念她，會定期探望她以及她後來負責照顧的小孩。一年後，在家中和米雅年齡最相近的孩子開始上大學，家裡只剩下她一個孩子。原本她有參加競技游泳，後來因為受傷而決定放棄，原因是日後她不可能會有任何進步，反觀其他人的表現會愈來愈好，而且未來如果要繼續訓練會非常麻煩。

6 請參考：www.youtube.com/watch?v=JGyfcBfSj4M

7 代理母親的照片經威斯康辛大學麥迪遜分校哈洛靈長動物圖書館（Harlow Primate Laboratory）同意使用。

人生的第一段依附連結關係，通常發生在嬰兒與父母之間〔8〕，多數年輕人，甚至是我在兒童與青少年心理健康服務（Child and Adolescent Mental Health Services，CAMHS）見過狀況最棘手〔9〕、精神問題最嚴重的年輕人，來我這裡接受治療時，身邊都會有個夠好的（good-enough）父親或母親陪伴。「夠好」是另一個心理學概念，由精神分析師唐納德・溫尼考特（Donald Winnicott）提出。〔10〕精神分析（Psychoanalysis）是在二十世紀初期興起的治療法，早期的精神分析師會深入理解病人與母親的關係，找出引發精神困擾的根源。

溫尼考特的說法讓人覺得充滿希望。他不相信這世上有完美的父母，他認為混亂紛擾、但充滿愛的家庭生活，對小孩的心理健康有益。後來的研究也證實了他的論點：教養不一定要「完美」，事實上正因為有不完美之處，才能塑造健全的心理；隨著關係反覆破裂、修復，我們逐漸學會容忍彼此的怪癖。唯有如此，我們才能做好萬全準備，順利邁入成年。溫尼考特知道，有時候依附關係會嚴重變質，但即便如此，還是有機會補救。一般來說，年輕人通常只要認為有個人真正關心他們，就能夠建立依附關係，並且長期而言處於良好狀態。

某項知名實驗顯示，嬰兒與母親之間的依附關係就像舞步繁複的舞蹈。在本書最後的〈想要知道更多嗎？〉單元，我附上了這項實驗的網頁連結。這項實驗名為「面無表情」（Still Face）。〔11〕一開始研究人員讓嬰兒與母親對彼此微笑、互動交流，例如當嬰兒手指著某樣東西時，母親必須回應；當嬰兒伸出手，母親會握住它。母親和小孩會相互交流，同步做出相同情緒反應。到了「面無表情」實驗階段，研究人員會要求母親臉上不能展現任何表情，長達兩分鐘母親都必須保持面無表情、不給予嬰兒任何回應。嬰兒會想盡辦法引起母親注意，他會做之前做過的動作，例如指著某樣東西，但這時母親不會有任何回應，嬰兒會因此變得愈來愈沮喪。

我在教課時，會在課堂上播放這項實驗的影片，台下學生觀看影片時，我就在一旁觀察他們的反應。每當學生看到嬰兒多麼努力想重新引起母親注意，多半會感覺非常不可思議。接著他們在看到嬰兒得不到母親回應，情緒變得低落時，會跟著難過——他們的表情正好反映了嬰兒的反應。當嬰兒陷入沮喪，學生也會心痛地發出「噢」的一聲，同時皺眉、嘴角下垂。當下他們會展現出同理心，對於嬰兒的痛苦和困惑感同身受。

請放心，母嬰連結雖然偶爾會暫時破裂，但不會造成長期傷害：當我們還只是嬰兒，常常會被父母晾在一旁，因為他們還要煮飯、睡覺或是照顧其他孩子。不過，那支實驗影片遺漏了一項重要事實：依附連結並非只發生在某個時刻，而是長時間存在。那麼，嬰兒在與母親互動過程中，到底學到了什麼？他們的大腦內產生了哪些連結？我們認真思考後認為，如果母親願意與嬰兒互動，對嬰兒輕聲說話，嬰兒的大腦就會進一步強化「媽咪有時會注意到我」的連結；但是如果母親對嬰兒視而不見，嬰兒大腦可能會產生「媽咪有時候沒那麼關心我」的連結。這些大腦連結沒

8 母嬰連結（baby–mother bond）是目前被研究得最透澈的領域，可能是因為嬰兒與母親之間的生理連結比較明顯（例如懷孕、出生、餵母乳），但是社會政治因素也很重要，例如期望與機會，因為傳統上女性多半扮演主要照顧者角色。但是，沒有證據顯示嬰兒比較容易依賴女性、而不是男性。每當我使用養育一詞，多數時候我指的是扮演主要照顧者角色的所有人物，當然也包括扮演父母角色的養父母和祖父母在內。

9 CAMHS是英國保健署（NHS）專為十八歲以下年輕人提供的心理健康治療服務。

10 你可以隨意閱讀關於他本人的原文書籍，不過我比較喜歡這本書：Phillips, A. *Winnicott*, Penguin, 2007

11 我希望你們所有人、關注公共利益的讀者或心理師觀看「面無表情」實驗影片；這支影片能讓你更了解人類心理學。你可以點擊以下連結：www.youtube.com/watch?v=apzXGEbZht0

什麼不好，畢竟它們都是真實的人生寫照。只要我們在嬰幼兒時期建立了「某個人多數時候會待在我們身旁、回應我們的需求」這種大腦連結，那麼即使這個人偶爾無法回應我們，我們也能夠忍受。嬰兒大腦或許會產生「媽咪有時候不有趣、不體貼、不溫柔」的連結，但是這並不會破壞「母親有時候很有趣、體貼、溫柔」的連結。這兩種連結可以並存。只要依附關係不會時常破裂，或是破裂時間不會持續太久、程度不致過於嚴重，就都有機會修復。

想要知道自己屬於哪種依附模式，就必須觀察你在兒童時期、甚至是你這一生，父母或其他依附對象如何理解你、如何與你溝通、以及如何回應你，不能只憑藉單一事件做出判斷。有些父母要求小孩遵循常規，有些選擇和孩子同床入睡；有些父母必須外出工作，有些則會待在家裡；有些父母脾氣溫和，有些容易動怒。小孩難免會耍脾氣、吵架。他們會大聲尖叫，叛逆、發洩情緒，但只要父母與孩子長時間維持某種程度的情感連結、給予小孩足夠關懷，而且行為維持一致，就能維持住這種依附關係。家庭生活不見得萬事美好，即使是幸福的家庭生活也是如此。

我和米雅談到情緒低落的問題時，她似乎覺得這很正常。她會感到空虛，但她認為每個人都會有這種感覺。她很清楚，就某方面來說，參加競技游泳可以讓她變得忙碌，沒時間想到情緒低落的問題。接受治療時，她只要回想起小學那段時光，便會忍不住流淚。那時候她母親常到學校接她放學。她記得，自己會握住母親的手、不停擺動，內心充滿溫暖、幸福和歡樂。當時她覺得這世界很美好。她很懷念那時候的感覺：有安全感、無憂無慮、被人保護。她的保母也像母親一樣關心她，我指的是傳統意義。她的生活井然有序。每當她跑去保姆現在工作的家庭、然後坐在廚房裡，就會有這種感受。她很羨慕那些在充滿溫暖、忙亂和笑鬧聲的家庭環境裡成長的孩子。相較之下，她的家卻是空無一人，顯得特別孤單、冷清。

依附關係會一直支持你從嬰兒時期成長為完全成熟的大人。想要了解自己是什麼樣的人，關鍵是必須理解什麼是依附、你又屬於哪種依附類型。它不會決定你人生所有的一切，但是你的性格和依附關係如何相互影響，將會決定你現在是什麼樣的人。你可能聽過「先天」（nature）與「後天」（nurture），對吧？先天是指與生俱來的特質，後天則指成長環境。先天的性格和後天的依附關係會相互影響。如果一個人天生性格獨立，成長過程中父母不會特別關注他們，他們可能會因此覺得生活充滿歡樂、自由自在；但是如果這個小孩天生比較容易焦慮，他可能會因此覺得不安。你的性格會與你父母後天的教養方式相互影響，塑造出獨一無二的個體：也就是你！

你的依附印記藍圖（attachment blueprint）會影響你現在和未來的友誼與親密關係。心理學並非一門完全客觀理性的科學：我們沒辦法像研究化學或醫學那樣，獨立分析各項變因，然後精準無誤地預測X小孩接受Y教養方式之後，會產生Z依附關係，因為X、Y、Z有無限多個。你天生的性格就像指印，是獨一無二的，性格和出生後的第一段依附關係之間如何相互影響，將會決定你是什麼樣的人。即使後天環境大略相似，例如生長在同一個家庭，每個人還是會受到無數環境因素影響。同卵雙胞胎不會在同樣的時間點醒來，他們的哭聲音調不會完全相同，不會同時得到安撫或餵食。所以，在你出生之後，會有無數變因影響你，形塑你的個人特質、如何與其他人建立關係。

你如何看待自己與家人的關係，你從聽到的故事、看到的照片蒐集到哪些訊息，這些都會真實反映你與家人之間屬於哪種依附類型。就好比說，我會想像你、也就是我的讀者，是一名青少年或年輕人，或許現在你已經受夠了父母，但是不妨仔細回想一下。你是否曾經覺得孤單、寂寞？感覺窒息、被過度保護？或是介於這兩個極端之間？你喜歡父母的教養方式嗎？你希望與父母更親近，還是希望保持距離？你在家是否會感到害怕、焦慮，一心想要討好父母，甚至不惜一切代價避免衝突？或是在家庭關係中你覺得很有安全感，所以時常挑戰父母，經常和他們爭辯？你是不是覺得自己受到打擾，不知道父母和你的界限在哪裡？父母是接受你還是拒絕你？你是否感覺父母時常隨意打發你，或者覺得你很煩人？父母是否常形容你很難搞、最受寵、個性機靈或是長相漂亮？你是否常聽到父母說「你就跟我一樣」或「在這個家裡我們不會這麼做」？你會遭遇無數經驗，以上只是當中的一小部分組合。當然我們必須了解：這些互動經驗如何與你的先天性格相互影響、如何形塑你？如何影響你現在的友誼和人際關係？

這才是關鍵。你過去的依附關係，會為你現在和未來的人際關係投下陰影。你與父母的依附關係，現在是否影響著你的人際和戀愛關係呢？

我見過的每個病人，被養育的經驗都不盡相同。有位女孩生性害羞，喜歡暗黑系哥德風打扮，因為她覺得自己永遠無法像母親那般優雅，於是為了反抗，她總是想盡辦法讓自己看起來邋遢。有病人是家中的獨生女，母親性格強勢，把女兒捧在手心，將她照顧得無微不至，生活完全圍繞著女兒打轉，到後來女兒變成了巨嬰。有位女孩熱衷參加派對，她總覺得父母不了解她，只想離開父母，和朋友廝混。

米雅的父親並不小氣，態度也很和善。他們相處得很不錯。在生活實務上他處處為米雅著想，但是在情感上卻不懂得付出。如果米雅想要和他聊一聊感情問題，他只會說：「嗯，我想你會自己找到答案的」或是「人生本來就不公平」，然後迅速轉移話題或是忙其他的事。有幾次進行評估時我見到了米雅的父親，雖然他有聽進我的建議，但我覺得他似乎是情感麻痺。例如，我可以感覺到米雅非常孤單，於是建議他們應該花更多時間相處。他也確實這麼做了，但感覺有些敷衍，就像完成工作清單一樣。我很想知道背後原因。他一直都是這樣嗎？還是因為妻子過世，讓他情緒崩潰？感覺他似乎覺得自己已經完成養育工作。他希望米雅成長、開始新生活，當然，她也及時做到了。

對米雅來說，治療很重要。治療可以「接住」她，讓她釋放情緒。她可以盡情宣洩心中的悲傷，不只是因為母親離世，還包括渴望與父親親近、卻事與願違。透過治療，她可以繼續生活下去，思考自己這一生想要什麼。米雅接受治療後，開始認真思考過去擁有什麼，未來又希望從生活中得到什麼。她明智地做出選擇，決定和誰做朋友、和誰戀愛。在最後一次療程，她一直盯著時鐘看。她急著跟朋友見面，因為她朋友就在附近等她：她已經完成治療。她應該要結束治療；結束與我之間的短暫依附關係，展開新生活，我對她的治療已經結束。

我發現，青少年時期依附關係如果出現破裂，通常是因為誤會，或是親子之間忘了要維持情感連結，彼此只是擦肩而過、缺乏互動。當然，青少年多半覺得父母不了解他們（所以才有這個書名！）。有時候，父母和小孩明明彼此很相愛，性格卻是南轅北轍，因此無法相互了解。有時候青少年會覺得，很難在其他人面前展現自己的某些特質，包括父母在內。我看過不少年輕人個性害羞，有社交焦慮症或社交尷尬症，沒辦法讓父母參與他們的生活。他們知道父母很愛他們，但是他們不「了解」彼此。不要忘了，依附連結是一條雙向道。不論父母經歷過什麼，都有責任維繫這段依附關係，因為他們是成年人。但是，孩子天生的性格也會影響這段依附關係：即使父母對小孩呵護備至，孩子還是有可能覺得沒安全感。

不過，另外有些接受心理治療的小孩，完全沒有得到父母任何教養、或是被教養經驗相當負面——父母的教養方式對他們造成了實質傷害。

有害的教養方式

莎拉（Sara）一開始來我這裡接受心理治療時，似乎有厭食症傾向，因為她很少進食。但是經過五次療程之後，她的情況開始好轉，會大口進食。後來她的飲食逐漸恢復正常，但是卻染上菸癮和酒癮。治療就像一陣旋風；每次療程都會出現新問題，又得重新開始。有幾個星期，莎拉心情愉快，沒什麼要談的；但是有幾個星期，她一直有自殺念頭。無論我說什麼，她都聽不進去，我感覺我們的關係沒有任何進展。但是，她仍持續來我這裡接受心理治療。

她告訴我，她和父母之間「沒什麼問題」，但是我和她父母聊過之後，覺得他們帶女兒來我這裡接受心理治療，有點像是把一台電腦丟給我，要我負責修好。但是他們對我有些失望，因為一開始我就搞砸了。更讓他們生氣的是，我竟然花了這麼長時間才解決問題。他們似乎認為，莎拉的困境完全與他們無關，是她自己的問題。我到底知不知道自己在幹嘛？老實說，在那個階段我不敢百分之百確定。我完全無法穩定莎拉的情緒。

為年輕人做心理治療，就像試著完成一幅不斷變化、擴大的拼圖，而且缺了將近一半的拼片。小時候曾經受到虐待、或是得不到父母關愛的年輕人，個別的行為舉止和思維方式不盡相同：有時候他們情緒低落、崩潰或是缺乏自信；有時候他們會責怪自己。有時候他們會在學校發洩；有時候他們為了追求刺激，涉入高風險或是非法行為。曾經受虐的年輕人在治療期間性情會變得反覆無常，我們很難每星期固定談論某個主題，常常感覺治療沒什麼進展。有時候他們會在治療時「發洩」，例如不會定期回診或是故意遲到；半夜寄電子郵件給我，跨越了治療界限。不過這些異常行為都是病人拼圖的一部分，能夠幫助我看清全貌。

為什麼會經受虐的年輕人會出現那些行為？原因是根據他們過去的經驗，人際互動本就該如此。第一段依附關係成功與否，責任不在嬰兒，他們一出生就會出於本能，依附身邊的某個人，如果那個人沒有給予回應、情緒反覆無常或是傷害他們，這些反應就會烙印在他們腦海中，他們會以為與他人相處就該如此。他們生來就需要尋求溫暖和情感，但如果他們沒有得到回應，就會覺得自己被拋棄、被拒絕，他們的大腦就會認定「這世界不安全。沒有人在乎我是否會難過或擔憂；我必須不斷努力，領先別人，才能擁有安全感。我不會讓自己喜歡上任何人。」

莎拉告訴我，她小時候曾弄壞櫥櫃門，於是母親把她鎖在屋外作為懲罰。她記得自己當時嚎啕大哭，不停用力敲門。她母親對她大吼說，等到她願意守規矩，才能進屋。身為治療師，不管對方跟我說什麼，我的表情通常不會有任何變化。但是莎拉告訴我這段經歷時，我露出震驚與驚恐的表情；我看到莎拉對我的反應有些意外：她不知道我的反應其實違反了常規。後來她告訴我好幾次類似的經歷，她父母會打她、冷落她，或是用類似方法懲罰她。

莎拉相信，她父母希望她表現出最好的一面，他們透過體罰約束她。但是我清楚知道，每當她父母覺得憤怒或挫折時，就會用體罰「約束」她，她與父母的關係缺乏溫暖。後來社會服務單位介入，她父母才開始改變做法，停止身體虐待。不過，雖然身體虐待一事讓人難以置信，而且造成了實質傷害，但這些還是次要的，更嚴重的問題是，莎拉與父母的關係缺乏溫暖，導致她的精神和情感受傷。所以她面對任何人際關係時，總是缺乏自信和安全感，覺得自己不被愛、孤單、充滿不確定。她只能試圖透過酒精、藥物和人際關係，發洩情緒。

小孩長大之後，如果他們只知道人際關係永遠變化不定，所以必須嚴格待人，那麼他們也會用同樣方式面對其他人。他們過去的依附關係模式會烙印在他們腦海中，形成印記藍圖，影響他們日後的行為。這正是孩子面臨的兩難處境，他們一方面渴望愛和情感連結，拉攏其他人建立親密的友誼，但隨後又會變得極端、反覆無常、脾氣暴躁。最後的結果是，他們會在被朋友拋棄之前先捨棄朋友，好保護自己，因為他們不相信有人會保護他們。或者，他們會激怒已經受夠他們無理取鬧的某個人，惹得對方決定疏遠他們，這又更讓他們相信自己不值得被愛、被溫柔對待。

早期的動物實驗可以提供我們一些線索。[12]可憐的小獼猴如果從小被鐵絲媽媽餵養、而不是絨布媽媽，牠們長大後通常不擅長社交，沒辦法和其他獼猴建立關係，也無法成為稱職的母親。

同樣地，如果嬰兒和小孩哭鬧時，不是每次都能得到父母回應，或是父母回應方式不一致或者態度嚴厲，他們就會感到無助，這種絕望感將會烙印在他們腦海中，他們會覺得沒有未來可言。他們很可能因此認為自己一無是處、一點也不重要。

曾經遭受虐待的小孩在邁入青少年階段之後，在社會關係中的行為表現就像一陣龍捲風，會徹底摧毀地面上所有阻礙他們的人。在心理健康服務領域，這種間歇性出現、極為危險的極端行為，通常被稱為「邊緣型」（borderline），也就是「邊緣型人格障礙」（borderline personality disorder）的簡稱。我不喜歡這個診斷名稱，因為隱含有評判意涵，「人格」意謂著這些症狀會永久存在。但事實並非如此：雖然你在人生早期因為缺乏依附關係而受到傷害，你還是可以在日後建立其他依附關係，撫平傷痕。即使你被診斷患有邊緣型人格障礙，還是有機會康復的。

根據我的經驗，類似社會服務（Social Services）的主管機關通常不會認真看待情緒虐待的兒童案件，而比較重視遭受身體虐待或性虐待的兒童案例。我能理解背後原因。身體虐待和性虐待都屬於類別行為（categorical behavior），意思是這種行為要嘛發生了、要嘛沒有發生，而且它們也包括了情緒虐待。情緒虐待屬於「連續行為」（continuum behavior）：例如大聲吼叫、刻薄、冷漠、疏離等行為，幾乎所有人偶爾都會表現出這些行為。要如何判斷是否為情緒虐待？關鍵不在於是否

12 譯註：美國心理學家哈利．哈洛為了研究依附理論，進行了動物實驗。他和研究團隊製作了兩個代理媽媽，一個是用鐵絲製作的鐵絲媽媽，上面裝有奶瓶；另一個是利用布料製作的絨布媽媽，但沒有附上奶瓶。結果發現，所有小獼猴都比較喜歡絨布媽媽，哈洛認為這是因為絨布媽媽能帶給小獼猴安慰，而這比食物還要重要。

發生這些行為，而必須依據行為發生的背景脈絡、頻率和嚴重程度來決定。如果這些行為時常出現，又缺乏溫暖友善的人際關係支持，就可以認定為情緒虐待。情緒虐待的問題比較複雜，所以很難指認，更難證明。

不幸的是，情緒虐待對兒童心理健康帶來的傷害最嚴重。身體虐待造成的傷痕和傷口會癒合，但如果情感遭受打擊，將會產生嚴重後果，小孩會覺得沒有人愛他們、在乎他們，從而不知道如何與人互動。〔13〕那些小獼猴並沒受到情感打擊；牠們並非缺乏食物和水，「只是」沒有得到基本的情感慰藉，而這會長期影響牠們的生活。

良好的依附關係會有幫助

絕大多數的孩子不會同時受到父母兩人虐待，而只要擁有一段良好的人際關係，似乎就足以提供依附關係所能給予的好處和保護。另外，還必須確定你的父親或母親是否已經離開或死亡，這點很重要。曾經被父親或母親辜負、或是失去父母其中一人的年輕人，通常會將悲傷發洩在另一個父母身上。你似乎是藉由展現自己最壞的一面，測試那段依附關係。你多半再也沒有機會對曾經辜負你的那個人，宣洩你心中的憤怒與絕望；但是你或許會發現，自己會將這些感受投射到你信任的其他人身上。你會不自覺地去測試他們的依附界限。

建立依附關係也有最佳時機，最重要的是能否在出生後頭兩年建立這段關係。例如，被遺棄在羅馬尼亞孤兒院的嬰兒，如果愈早被充滿愛心的家庭領養，長期而言他們的人生會更加順利。

但是謝天謝地，多數年輕人不會遭遇羅馬尼亞孤兒的經歷，而且一般來說，依附關係破裂造成的傷害並非不可逆。年輕人可以從日後建立的人際關係中，獲得需要的依附連結。雖然可能不是很完美，但是可以修補之前造成的傷害。它會烙印在年輕人腦海中，他們知道在某個地方某個人真正關心他們，這種有人關心的感覺會留在他們腦海中，為日後的人際關係發展提供更好的指引。

在治療過程中，如果年輕人有了不一樣的人際互動體驗，自然就能修補過去的依附關係裂痕。一段良好的成人關係，會讓你感受到有某個人真正關心你、讓你覺得自己很重要，這段關係也將改變年輕人從原先傷害中復原的過程。治療師稱之為「被人銘記在心」(being held in mind)，那個人可能是老師、社工或青少年輔導員。

> 說實話，在治療莎拉時，我做得非常少。我相信她；我親眼目睹她的痛苦。我試著了解她有什麼感受；我努力幫助她理解，受虐經驗為她帶來哪些衝擊；我保持鎮定，持續為她治療。我沒有反應過度或是反應不及，只是聽她說話、相信她、理解她。有很長一段時間，她的狀況起伏不定：有段時間她完全沒有現身；有段時間她又會固定出現，和我分享各種好消息或壞消息；她會拿照片給我看，讓我知道她做了哪些事，她甚至帶了一個朋友和我碰面。我明白，我成了她的依附對象。因為缺乏「夠好」的教養關係，她接納我擔任那個角色。

13 Cecil, C.A. et al (2017), 'Disentangling the mental health impact of childhood abuse and neglect'.

簡單來說，在治療期間我所能做的，就是和她建立依附關係，讓她有安全感。我保持鎮定，給她需要的關懷；她讓我關心她。她願意和我聊天、分享她的心事，她會進行測試，結果發現這段關係是安全的，而且對她有益。她的大腦建立了新的神經路徑，從此之後她知道，不是所有人都會讓她失望。她可以過她想要的生活。

像莎拉這樣的年輕人，在一開始接受治療時通常會對我說：「你是因為收了錢，才會關心我們。」但這不是事實。我們確實是收費看診、提供治療，但是任何人都沒辦法用錢買到別人的真心關懷。當然，你可以付錢給某個人，然後要求他假裝關心你，但是我想多數青少年很快就能拆穿這一切。從本質上來說，我們無法冒充或假裝關心。當你開始認識某個人、理解對方，自然會去關心對方。關心只能是真誠流露的情感：我會把我的病人放在心上。

正向、健康的依附關係會烙印在大腦中，平時你會不時想起這段關係，這段關係也將形塑你未來的人生。你還是會遇到困難，但會更有能力擺脫困境，繼續前進。不過即使父母對你的教養方式足夠好，你與父母之間的依附模式仍會影響你一輩子。那位拉金先生確實說得很有道理。〔14〕

青少年的依附關係

根據我們心理學家研究，青春期的發展任務就是與父母分離、開始個體化歷程。大約在青春期，人們會逐漸鬆綁與父母的依附連結，愈來愈依賴同儕，這是人們邁入成人生活的部分過程。

當你加入更大規模的社交圈，就會開始拿自己的父母和其他人比較，詢問其他人他們如何教養孩子。你會發現你父母有所不足，因為他們是人，並不完美。「完美」這概念不適用在人類身上（之後我們會花費更多篇幅探討「完美」這件事）。

一般來說，青少年時期的孩子與父母之間，彼此的依附關係會經歷「破裂與修復」。如果雙方依附關係穩固、良好，即便彼此陷入爭辯、意見不合，甚至大聲吼叫、拒之於門外，也不會有什麼問題。每個人在邁入青少年的過程中，難免偶爾跌跤、失敗，可是你知道，即便你和父母發生衝突，父母或其他依附對象一直都會在那，你隨時可以回去找他們——如果你有這個認知，對你會很有幫助。青春期的依附關係會經歷「破裂與修復」的過程，意思是在某個時刻，你會對父母特別不滿、對他們發脾氣，然後怒氣衝衝地上床睡覺，但是過沒多久又會覺得憂慮、孤單，快步跑下樓和父母擁抱。之所以出現這種行為模式，與你在嬰兒期、學步期與父母的相處模式有關：開始學步的小孩搖搖晃晃地尋找玩具，結果不小心跌倒，跑回去尋求父母安慰。隨著成年期逐漸逼近，你開始擔心未來：「我要怎麼做？為什麼我到現在還沒想清楚？其他人都知道該怎麼做。我夠好嗎？」當你第一次邁開步伐，步履蹣跚地從青少年邁入成年期，你會需要情感、實務和財務援助，這時候父母和家庭就成了不可或缺的安全堡壘。

如果缺乏良好的依附關係，這過程對你來說會比較辛苦；但如果依附關係過於緊密、讓你覺得窒息，也會出問題。如果有家人說（有時候是沾沾自喜地說）「我們從不吵架」，或者「我們是最

14 譯註：指英國詩人菲利普．拉金，本章開頭第二段引述文字，出自他的詩作〈詩曰〉：他們會搞砸你的人生，我說你的父母／他們或許不想，但就是這麼做了／他們會把缺點都遺傳給你／還給你添加一些獨家配方——而且只給你。

要好的朋友」，對我來說這是警訊。因為一般來說，我們必須經歷爭吵，才能完成成長任務，也就是與父母分離。如果父母和孩子之間沒有任何爭吵，就很難在這段關係中產生應有的距離，孩子將無法順利邁入成年階段。如果孩子與父母之間沒有保持合理的距離，成年兒童（adult-children）就會過度依賴父母、只想獲得父母幫助，或是父母會過度干涉孩子的生活。有些年輕人發現自己很難和父母分開，因為他們害怕失敗，包括考試、人際關係或生活失敗。我治療過的病人中，不乏一些非常聰明、都要上大學了，卻還不知道如何處理日常生活瑣事，例如銀行開戶或購物的人。

到了青少年晚期和二十歲出頭，你要開始經營自己的人生時，當你遇到困難，自然可以回家求助父母，但是要拿捏好分寸：你不希望父母替你解決所有問題，若真是如此，他們會過度干涉你的生活。我看過許多年輕人到了二十多歲，依舊過度依賴父母給予金錢援助，不斷向父母尋求幫助或支持，但又愛抱怨父母太囉唆、過度干涉或是控制狂。我不得不開口對他們說，嗯，你說得沒錯——如果你希望父母替你收拾散落一地的衣物、為你張羅三餐，他們就會把你當成小孩。另外有些時候，我必須鼓勵父母狠下心扮黑臉，將孩子推開，讓他們獨立生活、自己負起責任。

我想要說的是，如果你在成年初期，覺得父母過度干涉你的生活，就必須自問：「這是我的問題嗎？我是不是過度依賴他們，希望他們為我做很多事？或者這是他們的問題？」有時候孩子不願和父母分離，很大一部分原因，是父母不想要放棄教養的角色。如果你的父母屬於「直升機父母」，總是主動幫你解決所有問題，一開始你可能會很感激他們，但是長期下來你會變成巨嬰。下一章我將探討過度教養（overparenting）問題，還有過度教養會如何讓家庭功能失靈。

我在一本專門寫給青少年父母的教養書中看到這段話：「我們（父母）必須給他們（青少年）

空間，同時緊緊抓住他們。[15]所有人都說這很難做到。」看完這段話，我想建議年輕人：「在實體空間和／或情感層面，你必須與父母分離，但是不要離開太遠。如果原則上他們可以接受你離開，就應該溫柔對待他們，當你跌跤時，他們也會溫柔對待你。你一定會跌跤，希望情況不至於太嚴重或持續太久，沒有人一輩子不跌跤。」

對於那些受到父母傷害、或是沒有父母的年輕人，我只能說很抱歉。這對你們來說非常非常艱難。你們應該努力尋找其他依附對象尋求支持，例如親戚、治療師、社工、老師、朋友的母親或是一些好友，而且要誠實告訴他們你發生了什麼事、需要什麼幫助。你必須堅持下去。如果你沒有和父親或母親建立依附關係，這有可能會成為你人生的一大課題。但是我們可以一起努力，盡力去理解這問題會如何影響你、幫助你成長，而不只是求生存而已。

依附關係是父母／照顧者和小孩共舞的繁複舞蹈。這支舞蹈可以持續一輩子，我們也可以學習新舞步或全新舞蹈。如果你能在小時候就學會跳舞，當然很好；但如果不行，故事也不會就此結束。你可以在任何時候學習依附舞蹈。

15 Hohnen, B., Gilmore, J. and Murphy, T., *The Incredible Teenage Brain*, Jessica Kingsley Publishers, London, 2019.

2

你的家庭
Your Family

「很少人能擺脫父母的期待，過自己真正想要的生活。很多人因為內疚、恐懼，所以動彈不得。有誰真的能夠承受因為選擇不同人生道路所引發的情緒後座力？」

——作家蕾貝卡．沃克（Rebecca Walker），《寶貝之愛》（*Baby Love*）

「但是有一天你會知道，不論你在哪、不論你遭遇什麼事情，這些人都會讓你覺得，在這世界很安全。」

——澳洲歌手提姆．明欽（Tim Minchin），〈陽光下的白葡萄酒〉（White Wine in the Sun）

所以，如果依附連結是父母和孩子之間的繁複舞蹈，那麼住在家裡就好比在夜店跳舞。你父母負責經營這家夜店，由他們挑選音樂、飲料、顧客和裝潢樣式。當你還是嬰兒時，父母輪流把你抱在懷裡跳舞。當你長大一些，你會握著他們的手，搖搖晃晃地來回學走路。或者，你握著他們的手，站在他們腳上，他們會溫柔地移動腳步，幫助你學習走路。接著你開始跟兄弟姊妹手牽手跳舞，你會調整自己，順應他們的舞蹈風格，避免太常撞上他們或踩到他們的腳；或者，有時候你就是故意要這麼做，惹他們生氣。有時候你和家人會共舞，有時候你們又像是各跳各的。有時候其他人會加入，隨你起舞；有時候他們會留下來，有時候他們會離開。在即將入夜之際，家中某個人可能覺得累了或是受傷，他們或許會用雙臂勾住父母的脖子，再次讓父母帶著他們跳一段慢舞。

然後你邁入青少年時期，突然間你發現這間夜店裝潢有些破舊，你父母對於他們自己的跳舞方式、播放的音樂，覺得有些難為情，因為過去二十年從來沒有變過，你根本不想在那裡跳舞。你開始懷疑，這地方是不是太掉漆了。你擔心被朋友看到，有時候，你真的很痛恨這個地方，天啊，這裡簡直是遜斃了。你朋友全跑去新開幕的夜店，那裡的音樂夠酷、雞尾酒美味順口。你也很想去。

如果你和父母之間建立了穩固的依附連結，當他們看到你離開或許會有些傷心，你也會因為離開父母而感到有點難過（過去你一直覺得他們很酷）。為了讓自己好過一些，你和他們大吵一架，這樣你就可以怪罪是他們讓你離開的，接著怒氣衝衝地走出家門。一開始他們會想你，但事實上，沒多久他們就學會新舞蹈，不需要有你參與。過了一段時間，他們跑來你的夜店和你一起跳舞，你發現自己會在這家店播放父母喜歡的懷舊音樂。你回到家後發現，他們已經重新裝潢夜店、設計新酒單，整體看起來和你的夜店有點像。

如果你夠幸運，必定會經歷上述過程。但是因為種種原因，事情出了差錯。當你還只是個嬰兒，父母不會把你抱在懷裡跳舞，他們丟下你不管，或是把你一個人留在舞池，你因此覺得很受傷。邁入青少年之後，他們不怎麼在乎你是否在家，也不會注意你是否離開。

或者很不幸地，你遭遇了完全相反的情況：父母過度在意你。或許他們從沒有丟下你，從不鼓勵你自己學會走路。他們從不讓你自己跳舞，不讓你找到自己的節奏或風格，因為他們過度擔心地上會有玻璃，或是其他小孩行為粗魯，或是存在有他們憑空想像的其他危險。或者，當你開始要獨自一人或是和另一個人跳舞時，他們會再度把你抱進懷裡，告訴你這樣不安全。當你終於擁有自己的夜店，他們真的很希望和他們的夜店一模一樣，如果不一樣，他們就會覺得不安或是百般挑剔。

艾狄（Edie）是試管嬰兒，也是家中唯一的小孩，父母老來得子，所以非常溺愛她。她來找我治療飲食失調（eating disorder）問題。她才十六歲，但這很難記住，因為她看起來成熟許多。我聽她說，她從小就很理智，家裡沒有階級之分，他們三個人就像個團隊一起生活。在她還小的時候，就大量參與各種活動，她父母和同時參加這些活動的其他小孩的父母成為了好朋友：週末時她常常行程滿檔。讀小學時，學校校長就是她父親，母親則通常會跟著一起參加學校旅遊，擔任家長志工。艾狄生活中任何小事，例如字彙測驗或體育競賽，父母都會和她一起做好準備。如果有任何意見不合的地方，也會受到尊重、彼此充分討論。

幾年前，艾狄開始對動物福利議題產生興趣，結果全家人都跟著投入其中。為了研究道德飲食（ethical eating），艾狄開始吃素（vegetarian diet），父母也非常支持，甚至跟著吃素。後來她會詢問食物來源，漸漸變成純素主義者（vegan diet）。〔1〕她來我這裡接受治療時，只吃水果、蔬菜和某些豆類食物，完全不吃動物脂肪和碳水化合物。那時她體重過輕，非常危險。

青春期的搖擺

先前我曾提到，青少年的心理發展任務是個體化和分離。你會長大成人，離開家庭，這裡指的不只是離開實體空間，還包含隱喻意義。當青春期結束，你就是成年人了，你成為了獨立個體，必須自己做決定。有些決定和你家人非常不一樣，有些則完全相同。

就好比鐘擺會離開原本的靜止點，左右擺盪，在青少年時期，年輕人會更進一步遠離原生家庭的做事方式，像是要刻意凸顯他們與家人之間的差異。但是到了成年期，他們又會擺盪回到某個位置，更接近父母的生活方式。

當你擺盪離開家庭時，會發生重大改變，這不只對你來說很重要，對社會來說更是如此。每個世代的青少年都會設法突破界限。看著你們這一代全力投入氣候變遷和「黑人的命也是命」（Black Lives Matter）等議題，我深感欽佩。我這個世代強調，我們不應該根據婚姻狀態定義自己。我們希望結婚後使用「小姐」或「女士」稱謂，或是保留自己的名字；你們這個世代則更進一步，推動性別中立或自由選擇希望使用的代名詞。

但是在青少年時期，有時候你的擺盪幅度太大、離開父母太遠，很容易忘記他們其實很了解你、幫你支付費用，父母也需要維持心理平衡，你應該尊重他們。在這段期間，你可能會經歷不少風雨。

家庭是複雜系統〔2〕

我觀察到年輕人心理存在某些共同性和相似之處，或是頻繁出現某些行為模式，我會盡力在本書一一說明。這不是容易的事，因為你們每個人都是獨一無二的。一旦蒐集更多家庭案例，就更難找出共同性，因為人數愈多，就愈可能出現不同的行為模式，也就更難觀察到相似之處。你的家庭人數愈多，你就會建立愈多關係，複雜度也會呈指數上升。這是一個複雜網絡。

在心理學領域，我們會把家庭比喻成飛機引擎系統，有非常多可移動、相互連結的零件。我們要如何理解這個系統？如何掌握這套系統的本質？

你的父母可能結婚或是單身，離婚或再婚；他們可能是同性戀、異性戀；可能亡故、生病，

1 譯註：vegetarian是指不吃肉的素食者，包括全素和蛋奶素。除了遵守全素飲食，還包括生活上盡可能排除動物虐待和剝削，例如拒絕傷害動物的消費行為（參觀動物園、海生館等），或是拒絕使用讓動物痛苦的產品（皮革、羊毛、羽絨、蠶絲等）。

2 這些概念源自於某種治療法，稱為「家庭治療」（family therapy），現在有更精準的名稱：「家庭與系統取向心理治療」（family and systemic psychotherapy）。以下這本書雖然年代有些久遠，卻是最早探討此領域的文本：Burnham, J. *Family Therapy*, Routledge, 1986.

或非常注重養生。他們可能溺愛你或是冷落你，過度焦慮或者很少與你互動，要求嚴厲或寬容。他們可能態度和善或刻薄，大方或自私，溫柔親切或疏離冷淡。

你可能沒有兄弟姊妹或是有很多；你可能有非常多同父異母、同母異父，或是沒有血緣關係的兄弟姊妹，家庭網絡複雜；你可能是年紀最大、最小、或是處於中間的孩子。你和兄弟姊妹有非常多、或是完全沒有共同點，你們之間相處融洽或者痛恨彼此，或是介於兩者之間。你和兄弟姊妹可能相差好幾歲、或年紀相近、或是同年。上述提到的每個因素和其他上百萬個因素，都會影響你和其他人互動時的心理狀態，形成獨一無二的獨特家庭系統，這個系統會持續不斷地變動。

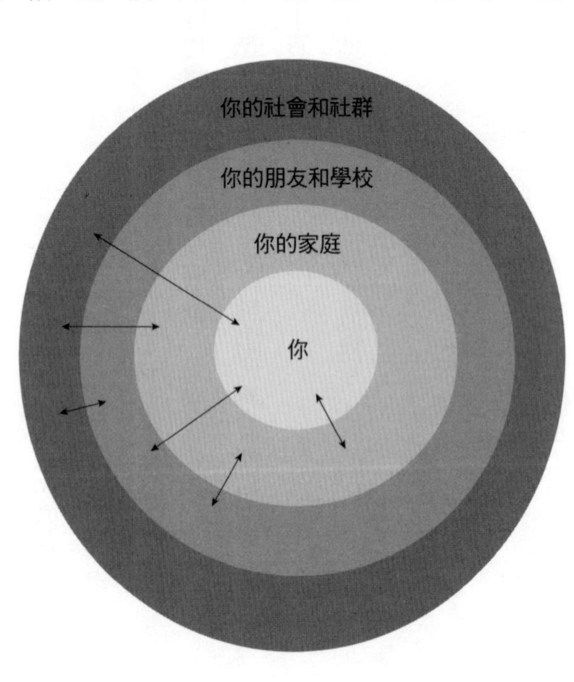

此外，你的家庭並非孤立存在。除了你和家人之間、你的家人彼此之間會有各種互動，你的家庭和你生活、工作、遊玩的社會群體之間，也會產生互動。現在你們生活的社會、或是你全家先前居住的國家做了哪些決策、建立什麼樣的文化，都會影響你個人和你的家庭。這些社會和國家必定存在著某些根深蒂固的宗教和傳統期望。此外，你目前所屬的社群也會影響你：這個社群安全嗎？友善嗎？有偏見嗎？歡迎外人加入嗎？同樣地，每所學校都有特定的風格和期望，你的同儕團體和你加入的好友圈會如何行動，也會對你造成影響。

每個世代都會經歷不同演變，年輕人和父母之間常發生文化衝突。如今螢幕和網路早已成了年輕人的生活重心，但是老一輩通常不了解TikTok或Instagram等網路社群。我也遇到很多女孩陷入了不同世代移民的文化衝突：他們居住地的文化，與父母出生地的文化、宗教或社會規範之間，存在明顯差異。

家庭就像一台構造複雜的機器，被安裝在更龐大、甚至更複雜的系統之中，透過電線和系統相連，所以要找出你們所有人的共同性就變得更加困難。每個人都生活在獨一無二的系統中。

當教養變成動詞

一開始我和出版社討論出版這本書，幾乎每個人都對我說：「這想法真的很好，但是你能寫一本給父母、不是給青少年看的書嗎？」

你知道，有多少書是在談論青少年教養問題嗎？當我在亞馬遜網站輸入「教養青少年」關鍵字搜尋，出現超過兩萬筆資料。市面上已經有兩萬多本關於青少年教養的書，為什麼所有出版社認為還需要另外一本？是不是對父母來說，教導人們如何當父母的書永遠不嫌多？

我想是因為接近上個世紀末，也就是你出生前某個時間點，「教養」成了指稱某種「作為」（doing）的動詞，不再是描述「成為」（being）某種角色的名詞。換句話說，你們當中有許多人是第一代「被積極教養」的孩子，你們不再像過去的世代那樣，只是「擁有父母」而已。以前父母多半採取良性的忽略型教養方式，他們會慈愛地在一旁看著自己的小孩，然後繼續過自己的生活；他們認為沒有必要過度干涉小孩的生活。我們提過「先天與後天」的辯論，以前的父母非常看重「先天」因素：小孩的天性很重要，因為他們遺傳自父母；基於同樣的理由，父母或許認為小孩未來一定不會有問題。但是接近西元兩千年的某個時刻，「後天」論點開始得到更多關注。父母受到鼓勵要積極培養小孩：類似「小小莫札特」（Baby Mozart）的心態被大肆宣揚[3]，具有教育性質的黑白視覺玩具開始大量出現，產品的行銷文案刻意強調這些玩具能夠強化腦波、產生刺激。從此小孩成了需要積極管理的專案，父母必須把握各種機會，盡可能激發孩子的潛能。

如果你父母主動關心你、積極與你互動，時常思考要如何盡力做到最好，想必是「好事」吧？因為他們花時間、金錢和精力栽培你？誰會如此在意你的需求，參與你的生活？我知道，如果你父母沒那麼細心、體貼，你一定會覺得這一切根本就像夢。但是，當然啦，那種教養方式也有缺點。

根據我在治療室的觀察，隨著教養意義改變，現在父母不再像以前那樣，只是在親子關係中扮演父母的角色，而必須為孩子做很多事情——但是小孩卻因此變得不快樂。當父母所有努力都是為了孩子，那些青少年反而覺得壓力沉重：父母強迫小孩去上公文式（Kumon）數學課[4]、學小提琴；要求小孩參加哈里斯體育俱樂部，干涉大學申請；檢查考試成績，安排家教。每次聽你們這個世代和父母說話，我的腦海便會浮現一幕景象：童年就像一條生產線，嬰兒是原料，過程中會不斷添加新材料，例如分數、成就、有可能申請到的最好大學，最後生產出完好的成品。童年生產線最後會產出一名「成功的」年輕女性。但我認為你的童年不該如此：我認為你應該擁有一段空閒時間，任由你自由探索、猜想、閒晃，只不過你還是要完成某些例行工作，而且必須遵循某些規則和架構。

再回到我的夜店比喻：如果你父母採取這種教養方式，他們不會和你跳舞、玩樂、嘻笑，而是會想盡辦法讓這裡變成最好的夜店，在TripAdvisor網站上獲得最高評價。我稱這種做法為「結果導向教養」（outcome-parenting）模式。你產出什麼結果才是其重點。

如果你父母採取類似的教養方式，他們很可能是不自覺的：畢竟他們就是自己那個時代的產物。這種教養方式完全符合當下的時代精神：從當時店面販售的玩具、你學校回傳的訊息、報紙文章和電視節目，就明顯看得出來。就文化層面而言，這已經成為優秀父母的同義詞，多數父母也渴望成為那樣的家長。

但是，如果讓孩子覺得自己就像是父母用心製造、持續改善的產品，這對你們這個世代的心理健康究竟是好是壞，我不敢確定。你們有些人似乎已經將這種心態內化，認為自己必須有些「作為」、而不是「成為」你自己。你因此覺得，你的價值來自你獲得的所有成就，而這對你並不是很好。稍後我們會深入討論這個問題。

3 譯註：《小小莫札特》是迪士尼出版的幼教學習系列產品，收錄了莫札特的音樂作品，並重新編曲，讓音樂旋律更適合嬰兒聆聽，希望從小培養小孩對古典樂的喜好。

4 譯註：公文式是創立於日本的教育連鎖機構，教學方法強調引導孩子自己思考、自己解決問題，目前在全球五十多個國家設有據點。

過度教養

一般來說，年紀愈小的兒童，愈喜歡身邊有依附對象；這樣能讓他們有安全感。我認為這對年幼的孩子來說確實是好事。但是當你邁入青少年時期，尤其如果你是家中年紀最小或唯一的小孩，那麼假使有人一直在你身邊，你反而會覺得喘不過氣。如果父親或母親持續把教養你當作全職工作，情況會更嚴重。有些父母無法從他們的生活獲得滿足，或是開始把你的成功當作指標，藉此證明他們是優秀的父母，他們會過度投資你的人生，導致你很難個體化、與父母分離。

有時候是因為其中一位父母很容易焦慮，之後我們會提到，焦慮的人會想要掌控周遭環境，以便更有安全感。如果你的父母容易焦慮，就可能會想要掌管你生活中所有大小事，好降低風險，感覺一切都在他們掌控之中。他們會以愛為名，掩飾自己的焦慮，「只因為我在乎你」。他們可能會製作試算表、設計接送小孩上下學的輪值表、規定嚴格的生活作息。當然，這種教養方式確實對你有好處（上下學永遠有車可搭），但是當你邁入青春期，就會因為缺乏自由而感覺窒息，然後跟著父母一起陷入焦慮。如果家中只有你一個小孩，父母的教養模式會變得更極端，因為獨生子女永遠是父母的心肝寶貝。

財富因素也會導致教養模式變得更極端。有錢的父母會將生活雜務外包，這樣他們就有更多時間管控孩子的生活作息。另外，由於有錢的父母生活上總是能得到他們想要的，所以他們對小孩也會有某種期望。他們更相信，小孩是他們投入時間、金錢和精力之後，得到的成果：這類型父母會希望自己的投資能有回報，所以或許會不自覺地期待孩子能有所成就。如果小孩無法達成他們的期望，他們就會帶孩子去看醫生，希望找到答案解釋孩子為何無法符合他們的期望。你們當中的某些人一旦被診斷有閱讀障礙（dyslexia）或過動症（ADHD），會感覺彷彿鬆了一口氣，因為你終於能得到需要的幫助。如果能在對的時間獲得正確診斷，將會徹底改變你未來的人生。但是，對於另一些人來說，如果被父母拖去看不同專科醫生，可能會讓你們覺得自己是問題兒童，因而覺得自己不夠好、或是不符合家庭標準。〔5〕

某些年輕人的父母在孩子離家後，不太清楚自己該扮演什麼角色。他們會不經意地說服孩子要是沒有了父母幫助，他們就無法打理好自己的生活。對這些父母來說，看到孩子有能力打理自己，只會讓他們更清楚意識到，小孩正在長大、逐漸遠離他們，不再像以前那樣需要父母照顧。如果父母從不督促自己的孩子進入（龐大、糟糕的）世界，孩子就會以為自己沒有能力應對，永遠學不會自食其力。

所以，或許你會在父母身上看到我描述的某些行為特徵。你可能會覺得：「那又怎樣？如果我父母想要過度保護我，替我支付所有費用、載我到任何地方，有差嗎？」嗯，到了青少年晚期，大約十六歲或年紀更大一點時，你就應該保有一定程度的自由，自己決定某些事情。讓父母插手為你解決所有事情不是好事，你會變成巨嬰，或變得有點像暴君，習慣為所欲為。或者，如果有這樣的父母，你會開始變得有些「漂亮而可愛」〔6〕，在家總是得到特殊待遇。但是生活必定充滿

5　我不是質疑診斷的有效性，例如感覺處理障礙（sensory-processing difficulties）或計算障礙（dyscalculia），我也沒有要否認這些疾病會帶來精神困擾。但是在任何子群體，他們都被過度診斷，有錢人會付錢私下取得報告，額外占用過多時間。請參考：www.bbc.co.uk/news/education-38923034.

混亂與騷動，這很正常，可在你眼裡卻覺得處處不公平、或是困難重重。你會很容易就縮回自己家裡，享受家人的疼愛，因為家庭比真實世界要舒服得多。

到最後，你會很難離開父母。如果你希望過著和他們一樣的生活，這或許不成問題。但如果你希望開創不一樣的人生，可能就會有強烈的罪惡感，因為你清楚知道父母會擔心你，他們為你付出了愛和時間、全力投資你。你知道父母對你很好，當他們知道你的決定之後，可能會隱約覺自己受到指責、或是心裡很不好受，這又會讓你覺得自己太不厚道了。我見過某些年輕人不得不滿足父母的期待，勉強過著父母從未擁有、或是父母想像他們應該擁有的生活。這會導致你完全無法離開父母，因為你無法承受可能產生的不良後果；或者你為了建立自我意識，會過度反抗、挑戰父母的界限，卻因此傷了他們的心，或是傷害到你自己。

在這本書中，我想要送還給你一項不可剝奪的權利，這也是本書希望傳遞的重要訊息：身為成年人，你有權利做自己。如果這抵觸了父母對你的期望，你也不需要感到內疚。當你還小的時候，你父母一直對你很好，但是到了青少年晚期，正是你要從兒童變成成年人的過渡期。你與父母的關係也必須成長、轉變，你才有可能變成大人。

我見到了艾狄全家人，治療過程中我必須不斷勸說她父母，不應放任她不吃東西。艾狄一定要進食，但是當我設下這道界限，另一面的艾狄出現了——她父母從未見過她這一面。只要提到食物和進食，艾狄就會大吼大叫、嚎啕大哭、或是用力甩門。過沒多久，她又會覺得非常愧疚，沒想到自己竟然對一直包容她、真心愛她的父母如此刻薄。她似乎是透過飲食失調，表達分離和個體化需求：唯有透過這種方式，她才能離開父母，變得和父母不一樣。

我和艾狄、還有她父母一起討論分離和個體化需求，我鼓勵她父母劃定界限，讓艾狄擁有自己的空間。後來艾狄體重開始增加、逐漸康復，我便趁機向她父母解釋，他們過度干涉她的生活，只會讓她變得依賴，對其他人際關係產生不切實際的期待。由於父母總會立即解決問題，艾狄沒有空間犯錯；加上父母無時無刻不關注她，她沒有機會探索新的興趣、然後放棄，於是新嗜好只會胎死腹中。我鼓勵她別透過拒絕進食來傳達自己的想法，而是用其他方式來讓父母知道，她希望他們別介入她的生活。艾狄的父母必須放手，讓她自由探索一段時間。她必須找到更健康的方式，展現自己的獨立。

當然，你可以自己決定想要成為什麼樣的大人，但是在這段過渡期，你也有責任傾聽照顧者的想法，特別是你住在他們的房屋裡、花他們的錢。他們是付錢的人，所以有權說話，但是你可以利用週末或是晚上外出打工，這樣就能取得更多自主權。你父母也擁有某些權利：例如，你無權干擾他們的睡眠，或是在他們的地毯上嘔吐。你承擔的責任愈多，例如自己洗衣、生活維持整潔，就能爭取到更多自由。但最終，這是你自己的人生，當你長大成人，就能擁有不可剝奪的權利，用自己的方式過生活，不用因為父母不喜歡而感到內疚。他們必須放手。多數父母都能做到這一點，但有些會陷入掙扎，還有一些父母則完全做不到。

6 我們會在〈第七章：食物、飲食、體重和身材〉更深入討論。

紀律、界限和規則〔7〕

我大膽推論，市面上兩萬本談教養的書籍當中，有將近一半是教導父母如何讓小孩順從父母的意願。他們希望小孩未來的人生道路能夠更加順暢，如果你愈早順從，你的人生就會愈順利。為什麼現在會有這麼多人，想閱讀這些探討如何培養紀律的書？

我想有幾個原因。如果把「教養」看作動詞，就必須搞定非常多事情。現在社會變遷快速，小孩更有必要順從父母的權威，才能適應這個環境；如果再加上時間壓力，一旦小孩不順從，父母會更惱火。此外父母會認為，他們花這麼多時間教養小孩，孩子應當要順從他們，例如乖乖聆聽《小小莫札特》或是上芭蕾課。他們只是不希望像自己父母那樣忽略小孩的教養。難道你不應該感激他們嗎？！

此外，你們正好碰上社會階級扁平化的時代。在上個世代，我必須稱呼父母的朋友為某某先生、女士；學校老師會用藤條體罰學生，沒有人聽過兒童權利的概念。小孩不可以質疑大人的權威，前幾個世代的年輕人甚至會直接服從指令，因為他們不認為自己有選擇。（或者，至少他們更善於隱藏叛逆行為，否則就會挨巴掌。）但是你們這個世代可以更自由地表達意見、說出自己的想法、擁有更多權力。你們可以更輕易地和其他人、和這世界溝通。你們可以看到各種做事方法，不像之前的世代，只會看到父母那一方小天地。你可能會挑戰父母的做事方法，或是更激烈的，挑戰他們個人、或他們希望你成為的樣子。

所以我認為，父母之所以想購買教養書籍，是因為有個完美風暴正在形成：整體而言，父母付出得更多，對你們的期望也就更高，但是整體社會愈來愈不強調順從，你也擁有更多知識與力量。在青少年時期，你會開始探索自我認同，試圖突破權威的界限。我們曾提到整體來說這是好事，唯有如此社會才能進步。一旦你觸犯父母的界限、或是他們沒有設定界限，就有可能導致你犯錯；如果父母設定合理界限、而且立場堅定，但同時允許你擁有空間，那麼你犯的錯通常會落在安全範圍內。

多數教養書籍都會針對教養的嚴格與溫暖程度提出建議。依據這兩大面向，我們可以再劃分成四種教養類型。

所以，其中一個指標是你父母的教養方式有多嚴格，從要求嚴厲、立場堅定、設定一堆規則，到放任、順其自然。另一個教養指標是你父母的態度有多溫暖，從溫柔、充滿愛心，到疏離、吹毛求疵。

7 若要了解整體概況，請參考：Smetana, J.G. (2017), 'Current research on parenting styles, dimensions and beliefs, *Current Opinion in Psychology*, 15: 19–25.

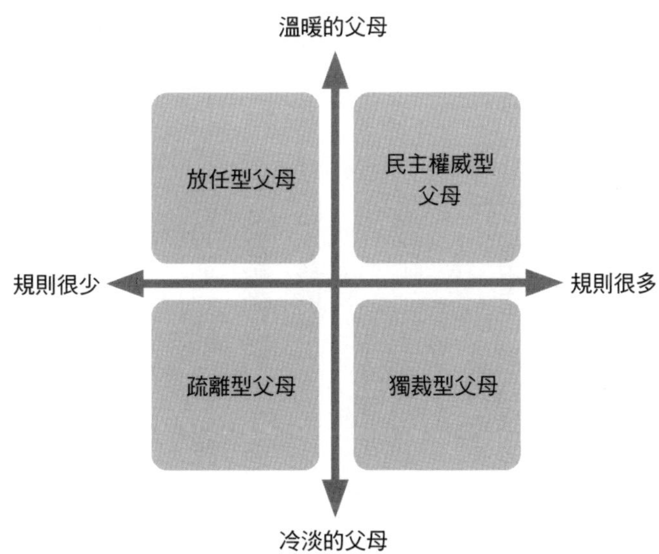

我將父母分成以上四大類別，但這麼做其實過度簡化：因為多數父母很難完全歸類於「溫暖」或「冷淡」或「嚴格」或「放任」。教養風格比較是某種行為傾向，而非指稱特定類別，父母可能會針對不同話題或是在不同時間點，採取不同回應方式。舉例來說，你父母可能會放任你飲酒，卻嚴格要求你的學業成績，反之亦然。多數時候他們可能對你溫柔體貼，但是當他們下班回到家，卻很容易動怒、發脾氣。不過，我們可以運用這兩大指標，分析這四種教養風格的行為傾向。

- 權威、民主型父母會設定非常多規矩和界限，但是他們會和小孩討論這些規定，也會投注大量時間、關注、愛和情感在孩子身上。雖然他們要求嚴格，但是你能感受到他們對你的關愛，多數時候他們還算理性。如果你的父親或母親採取類似教養方式，（多數時候）表示你中了教養樂透彩券。你比較可能會遵守他們的規定，也不會對他們說謊。你認為他們已經取得擔任父母的正當性，稍後我們會再深入探討這個議題。
- 放任型父母也會為了你付出時間、關注和愛，但是不會批評你的行為舉止。他們傾向於照你的意思走，由你自己做決定。這類型父母會說「我們處得不錯」、「我們比較像朋友」、「在廚房餐桌抽根菸吧」之類的話。如果你父母採取類似教養方式，你在學校比較不容易取得好成績，除非你能激勵自己。你也比較不容易離開父母，這是因為父母缺乏規則，所以更難反抗他們。如果你試圖找出父母的界限在哪，可能會有風險，也就是你可能會不安全。

- 獨裁型父母態度強硬、要求嚴格，毫無樂趣、溫暖或情感可言。他們熱衷設定規則、檢查功課或是要求小孩學音樂。他們認為小孩應該遵照父母的要求。他們確實很愛你，但愛你的方式是要你服從他們。
- 疏離型父母不太在意設定規矩，對小孩態度冷淡、不怎麼關心孩子的一舉一動。他們大多時候會無視你，除了懲罰你的時候——但這通常是由於你激怒他們，而不是違反規矩，因為他們的規則模糊、而且不是強制要求。小孩通常會故意搗蛋，只為了吸引父母注意。這是最糟糕的教養類型，最極端的情況就是虐待。如果你父母屬於這種教養類型，請試著找機會和同住家人以外的另一位成年人談一談。

我很好奇，你們是否認得出父母屬於哪種教養類型？還有，父母的教養類型會如何與你的人格類型以及社群網路相互影響？

如果你確認父母屬於其中某個類型，這裡有個小小提醒：和父母吵架時，千萬別利用這些資訊指責他們，這樣完全於事無補。如果你事後回想，認為他們太嚴格，不夠溫暖、缺乏關愛，應該要想辦法和他們溝通。你可以先讀完這一章，然後拿給他們看。問問他們覺得自己屬於哪種類型。你可以告訴他們，對於晚上外出這件事，你覺得他們的做法有些獨裁，或是你希望他們能更疼愛你，然後看看他們會說些什麼。我無法保證他們會聽進你說的話，但這麼做是對的。

西蒙（Simone）家中有三個小孩，她排行中間，有個姊姊和一個妹妹。她一直感到很痛苦，全家人也被拖下水。她父母對她束手無策。在家的時候她總是吵不停，不斷打破界限。她常常喝得醉醺醺回到家；有時候回家時情緒很亢奮。她父母覺得她總是給姊妹惹麻煩：她會偷姊姊的東西，故意激怒她；或是對妹妹發號施令，要她守規矩，她自己卻老是違反規定。但是，每當他們想要斥責她或約束她，雙方就會大吵。過沒多久西蒙又會感到很不安、內疚，覺得自己不受父母疼愛。有幾次西蒙決定自殘，把父母嚇壞了。

西蒙的父母明白，她的人格特質和其他家人很不一樣。他們有明確的期望，多數與他們的宗教信仰和社群有關。他們循規蹈矩，舉止溫文有禮。他們認為，和社群裡其他人相比，他們算是相當開明的父母，但他們覺得西蒙總是得寸進尺。例如，她曾保證在晚上十一點離開派對回家，但卻直到凌晨一點才回到家，而且醉得不省人事。她父母當然愛她，也很佩服她的精神，但不得不承認她不在家時大家會好過一些。其他家人的性情都很溫和，所以西蒙不在家時不會有任何爭吵與衝突。小時候別人向西蒙說「不行」時，她總愛問「為什麼」由此可見她非常固執己見。

你對父母教養方式的接納程度

隨著年紀增長，你們會變得更獨立，不過每個人的轉變速度各有不同。這不只取決於你和父母的性格以及你們之間的關係，還受到你的家庭所屬的眾多系統影響：包括你的朋友圈、你的學校、你的社群、你的宗教和整體社會標準。例如：有研究顯示，不同國家的小孩回應父母教養風格的方式很不一樣，同一個國家隸屬於不同文化群體的兒童，也會有顯著差異。某些文化比較強調個人主義，不鼓勵父母設定規矩；有些文化則更強調團體紀律，鼓勵父母設立規矩。

不過在這過程中，你個人的獨特人格與期望也會產生影響：不論你是急著想獨立還是逃避獨立；或者在某些領域非常獨立，但是在其他領域又過度依賴。所有人都同時擁有獨立和依賴的性格。有些人喜歡獨處，個性獨立；有些人比較容易焦慮，習慣依賴別人。許多成年女性只要聽到任何評論，即使它們多麼無關緊要，還是會覺得自己受到指責；或者，她們會遵從母親的意見，凡事徵得母親同意，從不會自己作主。

不論你是接受或反抗父母的權威，首先要看你是否認為應當讓父母為你的日常事務設定規則（也就是說，你是否賦予他們教養的正當性）；其次要看你是否認為有必要服從他們。

◎教養的正當性〔8〕

當你年幼時，你（或許）認同父母應該為你的日常生活設定規則。雖然你可能不會一直遵守這些它們，但也不會質疑父母有權制定規矩。大約到了十一歲，你或許會進入更大規模的學校就讀，再也不會無時無刻受到成年人直接監督。你開始自己去上學，你父母很可能不認識你同學的父母。你或許沒有意識到，但是這個時候你父母能否約束你，更關鍵的因素是你對他們說了什麼，而不是因為他們或他們熟識的成年人能否直接監督你。你或許會認識自己的朋友，發展自己的興趣，有自己喜歡的音樂和服裝。在西方社會，當小孩踏入青春期早期，父母多半會給予更多自由，當然並非所有父母都是如此，有些社群甚至會密切掌控青少年的日常生活。

從那時候開始直到你離家，你會逐漸擺脫父母對你生活各個層面的掌控。「教養的正當性」是指你和父母是否同意父母有權替你做決定。當你和父母吵架，有時候只是在爭論你想要什麼，但有時候爭論的焦點在於父母是否有權利替你做決定。多數時候這正是你想要爭取的權利。例如，是否由你或你父母決定：

- 安全問題（例如：你是否要戴自行車安全帽？父母是否允許你深夜時獨自一個人回家？）
- 道德、宗教和文化議題與社會規範（你能罵髒話嗎？感到挫敗時能不能脫口而出「天啊」？能否和男友或女友一起過夜？）
- 家庭習慣和瑣事（你必須在家吃晚餐嗎？星期天要去阿嬤家嗎？）
- 學業、工作和生涯議題（誰決定你要主修哪些科目？）
- 金錢（父母會給你零用錢嗎？會替你付手機費？還是他們希望你找到工作，自己付手機費？）

邁入成年後，你必須自己決定這些事，至於應該什麼時候從父母手中接下責任、自己做決定，並沒有嚴格規定。全部由你自己決定？還是都由你父母做決定？你是否和父母達成共識，確認哪些事情由你決定、哪些由父母決定？一般來說，父母和孩子多半會同意，小孩可自行決定個人的生活事物（穿著、朋友、喜好），父母則負責決定家庭規範和安全問題。至於學業方面的事情，多數父母傾向由小孩自己決定，不過我遇過很多孩子之所以選擇某條生涯道路，是為了努力實現父母的夢想，或是因為承受龐大壓力，只能選擇某些主修學科。

但如果不是那麼明確的議題，情況就會變得複雜。例如：你交了哪些朋友，通常你認為這是你個人的事，但父母多半認為這關乎你的安全或學業成績，因為他們擔心某些朋友會讓你惹上麻煩，或是荒廢學業。雙方的爭執焦點可以從特定事件，例如那天晚上你是不是要去某個朋友家、要待到什麼時候，迅速轉移到一般性問題，例如這應該由你個人或是由他們做決定。

當青少年同意某個議題由父母決定，等於賦予他們父母教養的正當性。雖然成年人有權管教青少年，但是所有人心知肚明，成年人的權威本身存在著矛盾，有點像是成年人**獲得你們同意教養你們**。權威的展現多半是隱晦的或是出自於善意，但是你們當中有些人比較敢於表達意見，所以可能會對父母說：「你們不能替我做決定。」或是直接忽略他們的規則。

我見過這樣的案例，如果孩子太早爭取獨立（或者說，父母太早讓他們獨立），或是因為他們太害怕惹父母生氣，所以從不爭取獨立（或是父母不鼓勵或不讓他們獨立），不論是哪種情況都可能出問題。我看過許多極端案例，例如十三歲的小孩不受父母控制，或是十九歲的孩子完全順從父母權威。

放任型父母多半太早讓小孩擁有太多自由，雖然孩子會覺得開心，但是也很危險。你的成年期將會持續很長一段時間，如果你太急著轉變成大人，將會陷入你無法理解的處境，遇到許多只想剝削你的人。

8 請參考南西・達林的文章：https://www.psychologytoday.com/us/blog/thinking-about-kids/201001/the-language-parenting-legitimacy-parental-authority

◎服從與說謊傾向

所以，當你年紀漸長，即使你已經接受父母擁有正當性，有權設定規則，你也從不公開與他們爭論關於制定規則的權利，但你可能還是覺得不需要遵守他們的規則。例如，許多年輕人同意，父母可以規定子女能否飲酒或應該準時回家，但是這些年輕人覺得並不需要遵守這些規則，因為他們認為自己已經長大了；他們理解父母會擔憂，但是他們自認會評估實際情況後做判斷。

然而，你可能會因此不得不說謊。事實上是**非常有可能陷入**說謊的處境。不同國家的研究報告都得到了相同結論：九十五%的青少年會對父母說謊。[9]還有哪種罪過像說謊一樣，儘管遭到痛罵，但我們所有人仍然一犯再犯？常見的說謊方式是只說出部分事實，隱瞞父母想要知道的關鍵資訊；或是轉移話題，迴避不想說的主題，例如故意挑釁、暴怒甩門走人，就是很常見的技巧。有時候你會厚著臉皮說謊。你會為了哪些事說謊？最常見的就是喝酒和學業。

但是，當父母發現你說謊時，千萬別引用那個統計數據，合理化自己的說謊行為。父母不喜歡你宣稱「每個人都這麼做」來為自己辯解，這樣做只會更激怒他們。他們希望和你建立不一樣的關係：他們希望你屬於那百分之五（或者，很可能是那五%的人欺騙研究人員，說他們不會對父母說謊）。

研究顯示，如果規則**較多**，你比較**不常**說謊；反之規則**比較少**的話，你會**比較常**說謊。聽起來似乎有違常理，對吧？如果沒有太多規則，你何必說謊？

如果你父母屬於民主權威型，雖然規則很多，但是態度溫暖、寬容，你可以和他們聊天，有必要的話也可以和他們討論調整規則，所以你比較不常說謊。如果規則不明確，但是你猜想父母可能會拒絕，於是便只說出部分事實來搪塞。例如，避開話題；只提供部分資訊；討論其他議題，讓父母分心，避開關鍵話題；或是說：「歐拉父母讓她去，」卻沒有提到貝蒂、莫亞和卜莉的父母都拒絕。

你為什麼要說謊？嗯，研究再次顯示，你之所以說謊是不想讓父母擔心，或是不想和父母爭辯。你看！你可能會說謊，不過是出於好意——不想讓他們操心。青少年之所以說謊是出於天性，一旦你們擁有了自由，就會想要突破界限、對父母撒謊，這似乎是離開父母、追求獨立的必經過程。你心裡可能會想：「我很想去參加狂歡派對，但是爸媽不希望我吸毒或是在外面玩到太晚，可是我又不想騙他們。」你不可能化圓成方。這些願望彼此抵觸，不可能同時實現。在心理上，你很不喜歡面對這種情況：我們稱之為「認知失調」（cognitive dissonance），你知道這些訊息雖然相互矛盾，卻都是事實，所以心裡覺得不安。這時候你的大腦會加速運作，試圖消除不安的感受。你會批評父母，從而認為自己有理由對他們說謊、或是無視他們。「我要告訴他們，我會待在愛歐納家（事實：狂歡派對結束後我會去她家）；我會說，我們要去跳舞，但我不知道地點在哪（事實：會在最後一刻宣布）；只是我父母太誇張，過度保護我，任何正常的父母都會選擇讓我去。」

我研究的是心理學，不是倫理道德。所以我不會斥責說謊有多邪惡。不說出全部事實，或是避免談論父母可能不贊同的話題，這些說謊行為似乎是青少年的天性使然。這些行為不會讓你變成壞人，只會讓你變成這個年紀的正常人。根據我的觀察，就一般情況來說，說謊實際上並不是

9 請參考南西・達林的文章：www.psychologytoday.com/gb/blog/thinking-about-kids/201703/why-do-teens-lie-part-1

好策略，因為通多半會被父母拆穿，破壞雙方之間的關係。此外，如果你真的對父母說實話，他們並不會像你想的那樣情緒激動。父母就和你這一生遇到的其他多數人一樣，（除了安全問題之外）最在乎你如何對待他們。更多時候，父母擔心的都不是什麼大事，常常是你以為的小事，例如你會依照他們說的去做、你會說到做到。歸根究底就是信任問題，如果你希望父母信任你，最好的做法是讓他們看到你已經長大了，有能力應付眼前的處境，不會對他們說謊。所以，可以的話，請好好和父母溝通。例如，你可以告訴他們：「我們要去參加狂歡派對，之後會住在愛歐納家。」你很可能會發現，還是有一些協調空間。「你可以去參加派對，但結束後就要立刻回家，這樣我們才能確認你沒有吸毒。我們會幫你付計程車錢。」在狂歡派對現場，你可以翻白眼、抱怨你母親「太嚴格」。多數父母都希望你說實話，這樣他們才能更信任你，給你想要的獨立與自由。多數父母都希望你能如自己所願變得獨立。

我承認，這個建議不適用某些父母，特別是如果你父母極度焦慮、或是過度保護你，或者必須謹守宗教信仰習俗或傳統保守的文化規範。

西蒙很討厭待在家。她喜歡在學校和朋友待在一起。她不常和來自相同文化背景的女孩出門，她所有朋友都比她自由多了。她必須在晚上十點前回家。她父母會打電話給她朋友的父母，媽的，那有多尷尬？接受治療期間，她試著和母親聊這件事情時，有幾次她母親忍不住落淚，這令她很受不了。如果這件事讓她母親這麼焦慮，她為什麼不乾脆放手呢？根據西蒙的說法，她母親一直干涉她的生活，對一些事大驚小怪。她愛她母親，但是希望母親別再管她。事實上，她愛她父母，但為什麼他們有這麼多不滿？

「西蒙是不是讓你們想到哪個家人？」我問。她爸媽面露微笑，神情有些緊張，彼此對看了一下。她和她姑姑非常像：總是一意孤行。她姑姑在青少年時期時常和父母吵架，現在幾乎很少和父母見面。西蒙的爸媽不希望女兒重蹈覆轍，他們不想失去西蒙。

西蒙第一次聽到這件事；她從沒想過自己和姑姑這麼像。這就是他們擔心的事嗎？她不想像姑姑那樣把事情搞砸。

有非常多證據顯示，青少年比成年人冒更多風險，主要原因應該是青少年想要融入朋友圈，所以會低估潛在危險。你父母可能經驗相當老道，對此你或許很難相信，但畢竟他們也年輕過，所以恐怕比你還要了解會有哪些風險。你可能會發現，讓父母了解你當下的處境是有好處的。我不想嚇唬你，導致你不願冒險，因為冒險是青少年階段的必經過程。但我也看過冒險會帶來哪些不幸：因為持有毒品而被捕；對毒品有不良反應；遭到性侵或懷孕。這些都不是都市傳說，雖然不常見，但都是確實發生過的事，每天都有像你們一樣的青少年發生這些事情。

兄弟姊妹

除了戀愛，很難想到還有哪種關係能夠像你和兄弟姊妹之間那樣，引發如此強烈的情緒：不論是親生、繼兄弟姊妹，還是同母異父、同父異母的兄弟姊妹，都會產生同樣強烈的情緒。

不過，很多時候這些情緒都很負面，和戀愛很不一樣——手足之間相互仇恨或是暴力相向，其實相當常見。現在我確定，某些情緒與他們有關。我確定他們很討人厭、經常惹麻煩、總是吵鬧不休，我也確定是他們起頭的。我確定他們真的溜進你的房間／借用你的東西／對媽媽說謊／沒有受到處罰。

但不是所有情緒都和他們有關，有些是你自己造成的。

我得告訴你，其他所有人也都很討人厭。每個人都有壞習慣。我知道，你朋友看來似乎沒有像你兄弟姊妹那樣討人厭。他們當然沒有！因為他們和你同年紀，而且興趣相同，所以和你更像。但是就定義上來說，習慣是不斷重複的行為，而且時間久了會開始惹人嫌。我相信，如果你朋友一輩子住在你家，他們的小怪癖和小毛病一定會讓你抓狂，就像你弟弟成天掛在PS4遊戲機上、或是你姊認為自己永遠是對的，這常常令你受不了。讓我們失去耐性的主因是，長期忍受最親近的人固守某些習慣，永遠無法擺脫。也可能是因為你已經將某些社會制約（social restraint）內化，無法在朋友面前表現出最糟糕的一面，但是當你和家人相處就不會有顧忌。如果是在家裡，你不太會擔心要保持禮貌或是讓其他人喜歡你，所以一旦出什麼狀況，就可能迅速惡化。

從心理學專業角度來看，當你邁入青少年時期，還有很多事情會發生。在你發展自我的過程中，兄弟姊妹可能會導致你出現難以化解的心理問題。在青春期階段，你會不斷改變：這段期間所有與你有關的一切都會發生變化：你對未來感到茫然，不確定自己想要什麼，或者即使你現在知道，也不確定能不能做到。甚至在十六到二十歲這段期間，你可能會改變裝扮、更換居所、結交新朋友，也會自己作主、確認由誰決定你生活上的大小事。當事情急速變化，一定會讓人焦慮不安，如果是發生在青少年時期，就更難應付，因為你的自我意識愈來愈強，對自己也愈來愈不滿。如此一來便形成了完美風暴：你快速改變，而且自我意識非常強烈。在這段改變時期你努力了解自己，所以當然會犯錯，做出後悔的事，被朋友說服一起幹壞事、說謊。

其間兄弟姊妹會密切關注你的一舉一動，你做什麼事都逃不過他們的眼睛。你嘗試新髮型、但不適合你，他們會在一旁品頭論足。你因為遲到惹上麻煩，他們會在一旁沾沾自喜。你交了第一個男朋友或女朋友，他們會在一旁大聲唱著：「坐在樹上，接——吻——。」

這一切都讓你懷疑起自己，自我意識也變得更為強烈。

此外，你還會經歷「投射」(projection）這種心理歷程，意思是會（不自覺地）將你厭惡的某部分自己投射到另一個人身上(例如兄弟或姊妹)，痛恨他們表現出這些行為，例如：你的外貌、不愛聽父母的話、常把衣服丟在浴室地上。就心理學角度而言，投射能保護你逃避不舒服的想法和感受，你不會覺得自己不夠好。你在周遭親朋好友身上看到了這些特質，然後做出回應，對他們說他們實在太不像話了。換句話說，你因為不喜歡自己的某些特質，於是將某個親近的人妖魔化。而和你關係最親密、一起長大的人，通常就是兄弟姊妹。

西蒙痛恨她姊姊；她實在太完美了。她說她姊姊從來不會和父母吵架，學業成績優異，社區居民都對她讚不絕口。她會對西蒙發號施令，總是表現出優越感，抱怨西蒙不尊重她。西蒙覺得她很討厭，認為她就是偽善，但為什麼其他人看不出來呢？西蒙幾乎無法和她待在同一個房間。從許多方面來看，西蒙非常疼愛妹妹，兩人在一起很開心，但是她不會要妹妹做這、做那。如果她對妹妹發號施令，媽媽就會大聲斥責她。這不公平。西蒙很討厭每個人都把她妹妹當成寶貝一樣地寵愛，這也完全不公平。西蒙覺得自己沒有長女或么女具備的優勢。

根據心理學理論，你的內在有個想像的主體，稱為「自我」（ego），基本上就是自我感知（sense of yourself）或自尊。當你看到兄弟姊妹犯了和你一模一樣的錯誤，你的自我就會趁機膨脹一些，暫時產生了道德優越感。但這是好事嗎？很可能不是。因為這是藉由否認（你也犯了同樣錯誤）以及相互比較（我比他們優秀）來膨脹自我。[10] 心理上你可能想要保護自己，不去面對自己的錯誤，因為面對錯誤令你非常難受。但是，當然啦，你和兄弟姊妹都會犯錯，沒有人是完美的。事實上，無論是外貌、成就還是人格，完美根本不存在，因為並沒有適用所有事物、所有人都認同的標準。我們都是人，一定會犯錯。從心理健康的觀點來說，完美是非常危險的想法（因為這會傷害我們的心理健康。之後我會在另外兩章探討焦慮和網路問題）。

人們會相互比較完全是出於本能，兄弟姊妹之間確實很難不去比較：某個人比其他人熱愛運動、愛發脾氣、懶惰、聰明。人類天性就愛相互比較，如果是發生在家人之間，就會產生如諷刺漫畫般的場景，很難避免。確實，很多成年人發現，他們一回到家，就會變回青少年的德行。

最後一點，即便這些都不足以讓你和兄弟姊妹陷入激烈爭執，你們還是會免不了一直相互比較。你必須爭取父母關注或是正面評價，希望他們提供你金錢或其他有用資源。只要貶低兄弟姊妹，就能讓自己處於有利地位。

我養了一隻狗叫蘇琪，這名字是不是很可愛？雖然我們把她當成家人，細心照顧她（參見照片），但是她會本能地把我當成「領頭羊」回應我。如果我不在，她就會自動走向家中第二年長的人，依此類推。人類也是群居動物，核心大腦會不自覺地要你與手足競爭。即使你勇敢挑戰父母教養的正當性、拒絕服從他們的規則，你還是會去爭奪自己在群體中的地位。雖然有部分的你等不及要離開家、獨立生活，但同時你也希望得到家人的正面評價。即便兄弟姊妹所擁有的並不是你想要的，你還是會嫉妒他們，例如：爸媽會抱抱他們、把他們當成寶貝寵愛，雖然你不想要這種相處方式，還是可能覺得這些行為令你「厭煩」（嫉妒）。如果你生長在混合家庭，這種感覺會更強烈。我相信，你在家裡偶爾會全力爭取其實沒那麼在乎的事，之後又會為自己的行為找藉口，說是因為家人令你厭煩你才會那麼做。這是群居動物才會有的行為：出於本能去爭奪自己的位置。

所有那些習慣、惹麻煩、投射和競爭等行為，都會引發嫉妒心理。當你想到朋友，總會想到他們好的一面；但是想到自己的兄弟姊妹時，你往往只看到他們最壞的一面。這是因為：你已經和那些令你厭煩的習慣共處多年，這讓你產生優越感，

10 若想要了解為何藉由否認（你也犯了同樣錯誤）、相互比較（我比他們優秀）來膨脹自我不是好事，克莉絲汀・娜芙（Kristin Neff）的著作是很好的入門。《隱藏的大腦》（*Hidden Brain*）播客節目有介紹娜芙的著作：hiddenbrain.org/podcast/being-kind-to-yourself/。也可以參考娜芙撰寫的自我疼惜（self-compassion）學習指南：Neff, K and Garner, C., *The Mindful Self Compassion Workbook*, Guildford Press, 2018

特別是如果你也擁有那些負面特質。你可能會嫉妒父母給哥哥、姊姊更多自由,但同時又跟他們較量,希望自己和他們一樣成功。如果是弟弟、妹妹,當你看到他們和父母關係如此特別,可能會更嫉妒他們。但其實你根本不想和父母如此親近,因為你想要離開他們,然而這件事還是令你覺得不爽。弟弟、妹妹就像年輕時候的你,有時候你看到他們,就覺得難以忍受、覺得厭煩。〔11〕

如果無法避免和兄弟姊妹比較、競爭,那要如何保護你的自我、你的自我感知?嗯,如果你是姊姊,可能會想對弟弟、妹妹發號施令,維持內心的優越感。如果你是妹妹,可能會故意無理取鬧激怒兄姊,或是遇到他們做錯事就去向父母告狀。大腦可能會過濾記憶,所以你會記得所有你做對而他們做錯的事,例如:你做過的所有家事、他們從沒有做過的所有家事;或是每次父母溺愛他們、對你視若無睹的時候。

這些策略會有幫助嗎?嗯,看你所說的「幫助」指的是什麼?心理上,這些策略在短期內或許能幫助你度過難關,但是隨著年齡漸長,如果你想要擺脫這些行為模式,可能要深入了解兄弟姊妹,察覺他們的想法。手足關係中本來就存在多重現實,大家對同一個事件有不同的理解與詮釋。

西蒙承認有時會覺得難過,將憤怒內化。她很氣自己讓大家這麼難過、失望。她感覺自己受困,覺得自己糟透了,她開始自殘。為什麼她這麼不一樣?她希望他們不如就讓她消失好了。她告訴父母別把心思放在她身上,要更愛其他姊妹,因為她們不會像她一樣惹麻煩。她既厭煩父母對自己太好,又厭惡自己對父母如此刻薄。她不斷在責備自己和責備父母之間擺盪。

家庭：最好與最壞的年代

家庭是一種無形連結。理想上這些連結夠鬆散、有彈性，能讓你們青少年可以漫遊到遠方（包含實體距離和隱喻意義），真正做自己。但同時，我們希望這些連結由某種極為堅韌的東西構成，無論你去到多遠、不論你多麼與眾不同，它們都不會斷裂。那就是幸福的家庭。

但是關於連結要謹記一點：**你們所有人都相互連結**。這是一種多向（multi-way）關係。這些錯綜複雜的連結一旦散落，你也會被拖累。年幼時，你早已習慣一直有這些連結，也因此獲益不少。但是倘若你想和父母建立更成熟的關係，就必須接受以下事實：如果要家裡所有人都保持穩定與運作和諧，你也得承擔部分責任。

在治療期間，我必須思考各種兩難困境：西蒙要如何爭取在家中擁有更多自由，但又不會覺得自己太不聽話？就西蒙的家庭情況來看，西蒙的父母是否會認為，她表現出那些行為不單純只是青少年的叛逆？西蒙要如何理解父母的想法？哪些事情可以由她自由決定？哪些事情沒有商量餘地？關於這些問題並沒有標準答案，他們必須不斷溝通，這是西蒙和她父母之間持續進行的舞蹈，但是透過治療，他們可以彼此尊重，共同找出解答。

11 根據我父母的經驗，我會說十三歲的弟弟最讓人覺得厭煩。十三歲的弟弟總愛虛張聲勢、自以為是，很容易激怒姊姊。當然，最根本原因是他們內心深處有強烈的不安全感。但順便提一下，如果你告訴他們這一點，他們絕不會感激你。

同樣的，你的家庭也不完美。實際上，你很可能正是從家人身上第一次體會到：沒有什麼是完美的。父母會犯錯，兄弟姊妹會令你分心。但是你希望你的家庭能提供一個安全的空間：夾雜著愛、接納、競爭、爭吵，以及惹人厭的習慣。當事情出了差錯，你會出於本能回家舔舐傷口。正如某個青少年會對我說的：「如果我姊有需要，我當然會捐腎給她。但是要借用我的手機充電器？門都沒有。」即使你家總是烏煙瘴氣，你還是會受它吸引、想要回家，或許你會不自覺地希望這次變得不一樣，能得到以前感受不到的家庭溫暖。不論你的家人或是你先前犯了什麼錯，幾乎可以肯定的是，家人通常還是會收留你，他們也希望解決問題。那些家庭連結其實相當深厚。

3

朋友 Friends

「自從荷馬時代以來，男人的友誼便獲得眾人稱頌和喝采，但是女性的友誼……不僅得不到讚美，甚至還被嘲笑、貶低、錯誤解讀。」

——女性主義作家薇拉・布里頓，《友情的證明》（*Testament of Friendship*）

「我努力回想過去的閱讀經驗中，是否看過描寫過兩位女性好友的故事。」

——作家維吉尼亞・吳爾芙（Virginia Woolf），《自己的房間》（*A Room of One's Own*）

我想我在治療時，和女孩以及年輕女性最常聊到的話題就是友誼。但是每當我絞盡腦汁搜尋是否有描述女性友誼的作品，只能想到《辣妹過招》（Mean Girls）。這部電影捕捉到校園女孩友誼的某些重要特點，例如喜歡在背後捅刀、縱容暴行；不過女性友誼有可能比這更糟、或者更好。當你還是小女孩或是剛邁入青春期，必定會經歷種種考驗和磨難，最終某個問題獲得解決。所以多數我認識的成年女性都有很多女性密友，她們願意捐腎給這些好友（也願意出借手機充電器）。女性間的友誼深厚、複雜，而且情感強烈。在兒童時期，女孩之間的情誼通常令人難過、心痛，但是度過青春期之後，將會成為你一生中非常重要而美麗的篇章。

女性友誼是女性生活中不可或缺的一部分，帶給她們許多快樂，但是我們的公開演講、文化生活、書籍、音樂、遊戲、電影裡，卻很少探討女性友誼。事實上即使有探討，也往往是呈現女性友誼惡毒、刻薄的一面，總是重複上演女人爭奪同一個男人的戲碼。當我用谷歌搜尋「與友誼相關的名言」，大多只能找到男性作家寫的文句。原本我想，珍・奧斯汀（Jane Austen）應該會針對友誼提出一些看法吧，但是並不多。一般來說，電影、書籍和電視節目描繪女性角色時，焦點多半是她們心儀的對象、或是他們的家庭。美國知名漫畫家艾莉森・貝克德爾（Alison Bechdel）凸顯了這種傾向，她（於一九八五年）提出並開始推廣以她名字命名的「貝克德爾測驗」（Bechdel test）：電影、書籍或電視節目若要通過測驗，必須有兩個女性角色一起聊天，但是沒有聊到男性。儘管有跡象顯示，整體潮流已經開始轉變，像是《伴娘我最大》（*Bridesmaids*）和《A+瞎妹》（*Booksmart*）等電影的劇情，女性友誼成了主題，但令人遺憾的是，即使貝克德爾測驗出現已經超過三十五年，還是有非常多電影沒有通過這項測試。〔1〕

你或許不認同，但我認為女性友誼確實是人生的隱藏寶藏。當下你的友誼可能令你備受折磨、總是衝突不斷。你可能覺得沒有人喜歡你，只有你自己一個人。雖然你有朋友，但是他們讓你很沒有安全感；或者，你可能感到很孤單或是覺得被人利用。根據我在臨床工作和生活中的觀察，兒童和青少年時期的女性友誼，就像時常出現狂風暴雨、充滿亂流的海洋，你得航行穿越這片海洋，才能抵達成年女性友誼的美麗寧靜港灣，真正體會到這段友誼帶來的安全感和歡樂。沒錯，這座港灣也偶爾會掀起海浪，驚嚇到你，但是多半時候，女性間的友誼就像溫暖、平靜水面上的輕柔波動。在多數情況下，那裡會是個舒服、安全、可靠的地方，你可以在經歷漫長、顛簸的旅程之後在此歇腳。年輕女孩和青少女的友誼有時會很粗暴、耗損精神，但是歷經這個過程之後，你似乎就能想清楚某個深刻而重要的問題，所以多數女性會和女性好友建立深度連結與溫暖的情感。你可

友誼

1 我在本章開頭引述了一世紀之前薇拉．布里頓和維吉尼亞．吳爾芙所說的話，從這兩段話可看出，主流文化很少以女性友誼為主題，這其實是存在已久的問題。你們是未來世代的作家、藝術家和說故事的人，能否拜託你們為女性化解這個難題？

以從你母親和她好友身上觀察到這一點。

女性友誼的模式

我們對於女性友誼有哪些了解？我們知道，從很早開始，女性就比男性更期待建立友誼；一般來說，和男孩相比，女性在兒童時期建立友誼，主要是為了分享心理空間（mental space），比較少是為了共享利益。也就是說，女孩們在一起玩樂、聊天時，她們想的是同一件事。有時候我會想像，她們在兩個人的腦袋之間創造了可以共享的「想法泡泡」。

女孩就讀小學時通常會合力創作「想像遊戲」（imaginary game），但是當她們逐漸長大，多半會分享新聞、八卦，或聊聊自己的感受。她們會分享想法泡泡，從別人的角度思考問題，這從以下這點可以看出來：女孩會說「她真的在我身邊陪我。」意思是當她們陷入情緒困擾時「在她們身邊」陪伴，也就是我們所說的「同理心」。同理心是指某個人花時間傾聽你說話，理解你，對你的經驗感同身受，這是本書要傳達的第二個重要訊息。接下來我們會更深入討論同理心。

> 凱西（Cassie）是非常受歡迎的年輕女性，上學最後一年她來我這裡治療焦慮症。雖然表面上她擁有一切，但是她總認為自己「神經緊張」。大約在六個月前，情況開始惡化。當時凱西因為喝醉，和另一個人的男友上床，不料兩人的不雅照片外流，凱西被人羞辱行為不檢點。她原本的社交圈分裂，人們開始選邊站。這是凱西人生中第一次成了不受歡迎的人。她覺得

心煩意亂，陷入焦慮循環。

我們兩人聊了她的友誼史。在小學，她一直不缺朋友，而且聽起來，女孩們會爭相引起她注意。她向來是眾人的目光焦點，凡事都會邀請她參與。為什麼？當時她就像是什麼？她不太確定。她認為自己並不是班上最亮眼的女孩，也不是最有趣的。就某方面來說，她比較像是冷眼旁觀，不是參與其中。大家覺得她很冷靜。其他女孩會把自己的祕密告訴她，她也很常和她們竊竊私語、聊八卦。她承認自己擁有很大權力，很多人都想跟她交朋友，在這段期間她的交友圈也轉換了好幾次。所以我很好奇，她和父母的關係如何。

在小學階段，女孩間的友誼有時候相對比較直來直往。兩個女孩整天膩在一起，成了最要好的朋友，兩人就像拼圖一樣契合，對方不僅滿足了你的情感需求，你還能從對方身上找到歸屬感。兩人會一起加入其他女孩，參加規模更龐大的想像遊戲。參加遊戲的其他團隊成員都知道，這兩個人是最要好的朋友。如果你也擁有這類友誼關係，那麼對你們兩人來說，這段關係相當穩定、相互依賴，因為你們兩人的權力對等。不太有自信、不希望生活有太多衝突的女孩，多半很喜歡這種關係模式。

如果是三人成群，那麼這段友誼之路就會有些顛簸。這段關係通常包含三個角色，每個角色掌握的權力大小不等：一個是領導者，另一個是最要好的朋友，剩下的那個則被排除在外。領導者通常會利用她的注意力作為權力工具，決定誰是最要好的朋友、誰被排除在外。對於這群體裡的三人來說，這段關係很不穩定，而且與預期正好相反，多半是三人當中的領導人最沒有安全感。

根據我的經驗，領導人在家裡通常面臨著依附問題，她可能不確定父母是否愛她、是否會一直陪在她身邊。領導者之所以接下這個角色，是因為她和父母之間的依附關係有所缺失，因此她覺得需要和朋友建立緊密關係。而和朋友保持關係緊密的最好辦法，就是行使權力。如果你覺得在家裡缺乏良好而信任的關係，那麼任由另外兩人想盡辦法爭奪你的注意力，確實是很合理的策略。但是，我們現在談的是小學階段，所以領導者的操弄行為必定是不自覺的。我們不應責怪這個年幼的女孩領導者。她不知道自己在做什麼，而且通常有自己的問題要處理。

◎開關型友誼

接下來我們要討論女孩友誼中最基本的模式：開關型朋友（on/off friend）。你在一生中可能會遇到開關型朋友，或許是你朋友、老闆或老師，或者你實在太倒霉，他們是你父母或你的伴侶。但是多數女性第一次遇見開關型朋友，會是在學校遊樂場。

什麼是開關型朋友？當你星期一去上學，某個人跑來找你，而且是單單找你，竊竊私語地告訴你她的祕密，使你有歸屬感。有人注意到你，讓你感覺自己很特別。從此你再也不是孤單一人：你是這個特別的兩人團體的一份子。人類天生就需要連結，就和我們需要空氣、水和食物一樣，我們也很需要和其他人建立連結。但是你認識開關型朋友之後，隔天會發現她和另一個人做相同的事，卻將你排除在外。你簡直不敢相信會發生這種事。你覺得很尷尬，是不是大家都在看你？他們會不會以為你沒有朋友？你覺得很孤單。但是當然啦，你還是希望能夠恢復之前的緊密關係；愈是得不到的東西，我們愈想要。你開始爭奪領導人的注意力，希望獲得她認可，然而遊戲規則不斷改變。你愈想要找回與他們之間的親密感，他們就愈想要遠離你。「我到底是哪裡做錯了？」你開始懷疑。然後突然間，你的疑問消失不見，與領導人再度恢復友誼。但是你們的友誼反覆出現斷裂，這讓你很焦慮。你開始覺得自己只是第二好，每天提心吊膽會發生什麼事。

年輕女孩很熱衷建立開關型友誼，因為它會產生我們心理學家所說的「部分增強時制」(partial reinforcement schedule)，讓人更有歸屬感：當你和某個人親近，你會覺得開心，感覺自己被接納。部分增強時制指的是，每次你做同樣的事情，有時候會得到回報，有時候不會。人類容易對事物上癮，因為我們想要得到回報、我們想念最後一次的美好時光。舉例來說，人們會一直賭博，因為他們想再次體驗贏錢的感受。由於想要和領導人成為朋友，不再困惑自己為何被排除在外、或是被對方無視，你可能會對開關型友誼「上癮」。常見的情況是，三人之間的關係最後變成：對於兩名「屬下」來說，領導者變成了他們的開關型朋友；不過在規模更大的團體裡也會出現類似情形。雖然領導者並非有意要成為另外兩人的開關型朋友，但是這種行為會讓人覺得不舒服，而且很可能對領導者身邊的人造成傷害。

為什麼領導者會出現這種行為？你是否還記得前一章討論家庭關係時，提到「投射」這個概念？也就是當你陷入某種情緒困擾時，也會讓其他人產生同樣的情緒困擾。在開關型友誼中，領導者通常會讓其他人覺得很沒有安全感，藉此化解自己的不安全感。她透過這種方式，在自己大腦內重寫了一份劇本，從而不再覺得缺乏安全感、不再自認是受害者——現在的她掌握了權力。不過，多數校園女孩會隨著年紀增長，逐漸遠離開關型友誼。

凱西和我聊到她與父母之間的關係。她父母已經離婚，她輪流在兩邊住。父母兩人的生活都非常忙碌，她笑著對我說，她常常到其中一方的家時，發現他們忘記她要過來，但是他們還在外頭。他們態度很冷淡、也很放任，允許她帶朋友回家，對於她喝酒和吸菸也只是睜一隻眼、閉一隻眼。她一直以為自己可以告訴他們任何事，但是當她告訴父母，自己意外和人發生性關係、希望尋求他們支持時，他們卻大發雷霆。他們擔心網路上散播的照片，會影響她日後申請大學和求職的機會。

這使得她重新評估與父母的關係。她更小的時候就想要獨立，很快就懂得如何自己解決問題。例如，她會假造父母的筆跡簽同意書，學校出遊時她會自己準備餐盒，因為她知道父母一定會忘記。他們家裡通常沒有準備食物，她只能自己訂餐。她朋友都認為她父母很棒，因為從來沒有規定她什麼時間回家，但是這反而令凱西感覺缺乏依附、不安穩。她終於明白，之前她一直費盡心思想討好父母，不想太麻煩他們。

社群媒體出現後，我們比以往更容易認識開關型朋友。特別是WhatsApp，這個軟體讓人們更容易形成小團體，利用排容原理（inclusion and exclusion）大玩權力遊戲。甲、乙、丙開了一個WhatsApp群組，但是甲和乙又另外開了一個群組（討論丙），甲和丙也開了另一個群組（討論乙）。照理說乙和丙也可能有另一個群組，但是很少使用，因為他們兩人都在爭取甲的關注，最終由甲來劃分和控制一切。

◎「被喜歡」vs「受歡迎」

影響開關型三人友誼的，比較不是成為好朋友，而是運用隱性權力。到了中學階段，權力問題便成了友誼的核心。

某些人會和就讀同一所直屬預備小學（feeder primary school）的一群朋友[2]，進入同一所中學。另外有些人可能轉去另一所中學，在那裡你幾乎不認識任何人，但是其他人很可能彼此熟識。這會是你重新開始的大好機會，但你也可能面臨排山倒海的壓力。

不論哪種模式，都有可能打亂你的友誼。對我的許多病人來說，從小學升上中學是非常關鍵的時期，因為這段期間充滿不穩定，多數人必須重新建立新的交友圈。這種不穩定有可能使你選擇退縮，重複在小學的交友模式，和新認識的人迅速成為最要好的朋友，或是重新建立不穩定的三人小團體。

許多針對青少年初期和中期友誼關係進行的知名研究顯示，青少年在中學階段，常搞不清楚「被喜歡」（being liked）和「受歡迎」（being popular）這兩種概念。[3]研究人員曾進入中學校園進行社會心理學實驗，他們詢問某個班級的學生：「你們喜歡誰？」「誰受到歡迎？」許多研究顯示，只有一小群人同時「被喜歡」和「受歡迎」：大家最喜歡的孩子，受歡迎程度通常只是普通；最受歡迎的孩子通常不是特別討喜；但是有一小群孩子同時被大家喜歡、又受到大家歡迎。

2 譯註：直屬預備小學是指與知名私立中學關係較密切的預備小學，就讀這些私立中學的學生有很高比例來自這些直屬小學。

3 Parkhurst, J.T. and Hopmeyer, A. (1998), 'Sociometric Popularity and Peer-perceived Popularity: Two Distinct Dimensions of Peer Status', *The Journal of Early Adolescence*, 18 (2), 125–144.

研究人員發現，「被喜歡」的人通常「不會表現出讓人不舒服的行為，具備有利於社會、能夠帶給人們快樂的人格特質」，例如態度親切、樂於合作；不會挑起爭端；能夠忍受被戲弄；誠實、風趣、不會自視甚高、不會為團體帶來破壞。至於「受歡迎」，似乎與社會權力、地位或支配等概念比較有關，例如：成為領導人、穿著時尚、外表好看、有個性、有錢。對女孩來說，是否受到其他女孩歡迎，也跟有沒有男孩喜歡你有關。

幾乎接受我治療的年輕人都發現，如果能釐清兩者之間的差異、思考自己想要成為哪一種人，對他們會很有幫助。

> 凱西在治療期間，必須正視她父母注意力有限，還有他們如何影響她與其他人的關係等問題。他們確實很愛她，但是沒有每天陪在她身邊，他們幾乎沒有設定界限，也很少給予指導。她發現自己在家裡非常孤單，很希望和父母聊聊她的感受和問題。她覺得很難過。凱西不想要態度如此冷淡的父母，她需要的是能夠全力給予支持的父母。她漸漸明白，和朋友相處或是談戀愛時，她總是與人保持距離，朋友或愛人必須想辦法引起她注意，就如同她努力想要得到父母的關注一樣。她必須一直掌握權力，表現得風趣、機靈、精明……但是不能示弱。她希望擁有不一樣的未來。她想要表現更真實的自己。

接納與承諾療法（acceptance and commitment therapy）這種心理治療方式，可以幫助你理解自己的友誼關係。進行治療時，我們會要求人們找出自己的價值觀。價值觀就像人生的指南針，它反映出你希望成為哪種人、過什麼樣的生活。價值觀與目標不同，目標是你要達成的某個里程碑，你必須列出清單。羅斯・哈里斯（Russ Harris）是接納與承諾療法的權威，他列出了大約八十種可能的價值觀〔4〕，包括尊重、魄力、權力、獨立、關愛、友善、樂趣、平等、興奮、冒險、順從、公平和謙虛。〔5〕

在某種程度上，你可以選擇想要從友誼中獲得什麼，但是你不可能全部都要。舉例來說，在某段友誼中，如果你認同權力、魄力和獨立等價值，就很難同時認同順從、公平和謙虛等價值。你更希望自己受到歡迎、不是被喜歡，這件事本身並沒有錯，不論是受歡迎或是被喜歡，都會產生相對應的成本與效應。「受歡迎」有時候反而令你覺得孤單，讓你陷入權力鬥爭；但是另一方面，如果你「被喜歡」，也就意謂著必須壓抑自己的想法，附和團隊的意見，不強求脫穎而出，或者不能只在乎自己的需求。你得要選擇自己想要成為什麼樣的人。

融入：找到你的同類〔6〕

我們在第一章曾提到，當你從青少年時期逐步邁入成年初期，你的心理任務就是離開父母，追求個體化。當你愈來愈獨立、自由，就能接觸到愈多元的生活方式，自然而然就會和其他人比

4 我們會在〈第八章：螢幕與網路〉再深入探討價值觀問題。

5 節錄自：Harris, R., The Confidence Gap: From Fear to Freedom, Penguin Australia, 2013。羅斯・哈里斯實踐自己的價值觀，在網站上免費提供實用的工作表格給大眾：russharris@actmindfully.com.au

較、對照。你也知道，自己可能會開始批評父母的選擇，甚至被他們激怒。你們當中有不少人會認為，同儕朋友比父母有趣多了、更能讓你開心，他們似乎更了解你，和你有更多相同的興趣、嗜好。這些改變都將有助於你更順利地離開父母。

但是對你們某些人來說，要找到自己的同類實在難上加難。我看到許多女孩覺得無法融入學校或社會的文化。例如，她們就讀的學校有非常多人信奉社會保守主義、沉默寡言、勤奮好學，但是她們自己完全不是這樣的人。或者，你有許多同儕朋友喜歡研究穿著打扮，希望成為「散發少女味的女孩」，但你不是。如果你的興趣和認識的許多人大不相同，就很難找到自己的同類。例如：身為女孩，如果你喜歡英式橄欖球或電腦程式，有時候就會覺得，在學校的同儕團體中很難找到志趣相投的人。「受歡迎」的女孩掌握了社交貨幣、能夠行使權力，所以有時候你會覺得自己被排除在外。不過你放心，隨著年紀漸長，你會認識更多人，一定能找到同類。但現在，可能會非常困難。

友誼必定會有高低起伏。剛升上中學時，特別是如果你們當中許多人來自同一所直屬預備小學，你會固守兒童時期建立的友誼，好更有安全感。但是當你開始個體化、離開父母，就會逐漸遠離過去一起上小學的女孩。或許是因為你們不再有共通點，或者她們只是你母親為你安排的玩伴，她們不懂你的幽默感，和她們相處令你緊張而不自在。一旦友誼陷入低潮，青少年通常會回到家裡舔舐心理的傷口。所以，雖然你常和父母吵架，但有時候會更依賴他們，尋求他們的慰藉，這是很正常的現象。

在你轉換不同朋友圈的期間，情緒上會覺得難受。你或許覺得自己不被喜歡〔7〕；在休息時間或課堂空檔，你可能不知道自己一個人可以做什麼。你覺得每個人都看到你「沒有任何朋友」。或許你開始覺得，自己一定有不對的地方，所以才沒有人喜歡你。

我和蕾貝卡（Rebecca）見面時她十四歲；她是九年級年紀最大的學生，也是家中年紀最大的孩子，能力強、個性成熟，是天生的領導人。直到她來我這裡接受治療之前，她父母幾乎不怎麼擔心她。她進入中學之後，立即建立了新的好友圈，三個女孩關係緊密、情感深厚：每個人都很勤奮好學，個個都是怪咖，也都熱愛曲棍球和運動競技。但是她們三人對於健康和養身有些關注過頭，蕾貝卡後來罹患飲食失調，她錯把領導特質和自律精神應用在食物和體重管理上。

蕾貝卡飲食失調、她朋友面臨心理健康問題，都反映了一件事：成年人需要走進友誼，但是女孩們需要短暫離開朋友。蕾貝卡必須和父母或老師一起吃午餐，而不是和朋友。後來她父母特地請假陪在她身邊。晚上蕾貝卡會和父母一起看電影，不再用WhatsApp和朋友聊天。有時候她真的陷入恐慌，當天晚上她就會睡在父母床上，她父親或母親則去睡她的床。感覺她又變成了小屁孩。後來她逐漸恢復正常體重，克服飲食失調。

6　荷莉．斯梅爾（Holly Smale）曾公開表明自己有社交尷尬症，也分享了親身經歷，甚至將這些經歷寫成書，出版「怪咖女孩」（Geek Girl）系列書籍。如果想要閱讀學術性文本，請參考：Kim, C., *Nerdy, Shy and Socially Inappropriate*, Jessica Kingsley Publishers, 2014。這本精彩著作是以第一人稱撰寫。

7　感受是真實存在的，但不一定是基於事實。那些感受通常是基於「不真實」的想法，也就是說，我們常常會感覺某些不真實的東西。這問題很複雜，請參考〈第四章：情緒、想法和感受〉。

但是，蕾貝卡康復後，三人好友圈開始出現裂痕，其他兩人排擠她。蕾貝卡不在的時候，另外兩人找了別人填補空缺，再也沒有她的位置。她感覺自己一無所有、難堪、孤單。更實際的問題是，她不知道要找誰一起吃午餐。她不想走進餐廳，因為覺得每個人都在看她，以為她只有一個人，沒有任何朋友。但是蕾貝卡也承認，對原本的好友圈有些失望。她的情感非常敏銳。她開始明白，原本的社交圈並不適合她；之前與她成為好友的女孩比她更害羞、更安靜，她反而比較勇於表達自己。她們不想表現得太高調、過於招搖，特別是不想談論自己的感受。然而蕾貝卡不一樣：她天生就愛交朋友、活潑外向、熱愛冒險，但是個性和她相像的女孩似乎都已經有了自己的社交圈，她找不到門路和她們交朋友。她感覺自己似乎完全不擅長社交，但事實正好相反，正因為她社交技巧比較純熟，所以不適合原來的好友圈。

我建議蕾貝卡，只需要度過這個難關，所有問題便能迎刃而解。我認為她只是正好處於好友圈轉換期，她在社交和情感上已經具備一定成熟度，長遠看來不會有問題。她最終會找到適合的團體。只不過短期而言，每一天她都覺得難以忍受，她努力不去胡思亂想，不要去想所有人都在看她，不要覺得別人不喜歡她、當她是怪胎。當然，其他人根本沒有這樣做，他們只是顧著煩惱自己的友誼和難題。這次蕾貝卡仰賴父母的幫助，他們非常開心地為她安排一切、陪伴在她身邊，校外的朋友也成了她的支柱。到了隔年，學校再度重新編班，女孩們開始花更多時間參加校外社交活動，蕾貝卡加入了另一個團體，成員彼此的興趣更契合，她也變得比以前快樂。當她回頭看以前的好友圈，她清楚自己其實不適合和她們做朋友。

這讓我想到我們一生中必須具備的一項重要技能，它也是我想要傳遞的另一個重點：獨處的藝術。不要害怕單獨一個人。要努力保有自信，相信自己沒問題。當友情（或是日後的關係）陷入低潮時，去做一些能讓自己開心的事或是打發時間。友誼將會陷入低潮有以下原因：不同朋友圈的板塊移動，或是朋友有了戀情，或者只是因為你朋友有參加學校旅遊、而你沒有。

朋友之間難免會爭吵或意見不合：你可能覺得沒有人喜歡你，你或許約不到人一起消磨時間。你應該培養能力忍受這些：自我價值需要接受社交回饋，但不應被它牽著鼻子走。你當然要檢討你個人、你的動機，以及你的行為對別人造成什麼影響，但不要過度執著。

就像人生中許多事情一樣，它需要講求平衡。如果你完全不在意、或是聽不進別人的意見，有可能變得自大；但如果過度在意其他人如何對待你、怎麼看待你，也會出問題。你得設法找到兩個極端之間的甜蜜點，這能幫助你忍受獨處。

友誼的問題：社交尷尬、社交焦慮，以及自閉症類群障礙

每個人一生中難免會遭遇友誼難題。友誼必定有起有落，有時候你正好轉換新的朋友圈，或是找不到可以交朋友的人。另一種常見情況是，有時候你在社交場合會覺得尷尬，或是感到焦慮。但是這些感受就像光譜，只是程度上不同，有些人更常、或是經常有這兩種感受。自閉症類群障礙（autistic spectrum disorder，簡寫為ＡＳＤ）也會破壞友誼。

◎社交尷尬症

什麼是社交尷尬症（social awkwardness）？我會在兩種情況下使用這個詞：第一，指稱你在某個社交場合感到沒辦法理解或交流時，內心的真實感受；第二，描述某些人如何表現出不當的社交行為。不過，我們與其他人的互動，會受到許多不成文社交規則約束。例如，說話不能粗魯無禮；站著時與其他人要保持多少距離、要有多少眼神接觸等等。但是當你的感受變得強烈，例如很焦慮或很沮喪，就很難察覺其他人的內心感受或社交線索（例如：你和他們站得很近時，他們是否感覺自在）。女性之間的友誼，通常是為了創造彼此可以共享的心理空間，這就有可能引發社交尷尬症，令你感覺自己似乎做錯了什麼。

簡單的三層大腦模型，能幫助你了解自閉症類群障礙。人類的核心大腦負責所有基本功能，像是心跳、呼吸、睡眠。人腦的這部分和動物大腦最為接近，舉例來說，哺乳動物大腦的一項核心功能是，在年幼時依附一位照顧者。大腦的中間層是邊緣系統（limbic system），其中杏仁核非常重要，是觸發與感知自身情緒的重要區域。最外一層是皮質，這區域負責人類更高階的技能，例如語言、規劃和思考。

先前我提過，女孩的友誼常常建立在彼此共享的心理空間上，每個女孩都記得朋友在想什麼，因此談話或玩樂得以循序漸進、一步一步一起進行下去。在青春期，如果要同時維持友誼和你自己的受歡迎程度，你的心智化（mentalise）能力——也就是理解自己和其他人心理狀態的能力——就變得非常重要。青少女多半會花很多時間和朋友一起打發時間，她們能察覺彼此的心理空間：她們會分享自己的想法與感受、談笑尬聊，而且無所不聊。你必須理解和在乎朋友的感受，才能維繫友誼：如果無法顧及團體裡每個成員的感受、相互妥協，那麼有誰能決定大家要一起去哪裡、或是做什麼事呢？

但是，對所有女孩來說，這種親近感會產生問題。女孩通常對朋友有很高的期待，這使得雙方可能會因此感到愧疚、失望。青少年的情緒感受非常強烈，而且很難控制。當你感覺受傷，或是非常沮喪、擔憂，就很難體會或回應別人的感受，無法創造共識感。你埋頭陷入自己的感受和心理空間，不懂得察言觀色。在這段時間，你困在核心和中間層大腦中，情緒變得高昂，但是說不出來什麼情緒、也不知道要如何面對，而且很難察覺其他人的心理狀態，這會導致友誼出現裂痕。

一般來說，當你陷入困境，朋友會挺身而出採取行動，他會察覺你的情緒，理解你的處境，但有時候你們倆都不知道該如何是好。總有某些時候，人與人之間很難產生連結，但這不是你的錯。值得注意的是，當你的感受特別強烈時，就不一定能夠像平常一樣，敏銳地察覺到其他人的情緒，這可能會引發問題。

◎社交焦慮症〔8〕

就跟社交尷尬症一樣，每個人都難免會感到害羞，或是有社交焦慮症。社交焦慮症會有程度上的變化：每個人都有個設定值（set point），它會隨著你在特定時間、實際面臨的情況而上下變動。可惜你們當中有某些人屬於極端情況，隨時隨地會陷入社交焦慮，妨礙了日常生活。接下來就更詳細了解一下。

幾乎所有青少女都會花很多時間想朋友：她們去哪了？和誰出去？如果你有社交焦慮症，你和她們的差別就在於你不會想起朋友，大概只會想著朋友如何看待你。事實上，不只你朋友。你很可能還會猜想你遇到的每個人怎麼看你，包括熟人、學校同學、公車乘客、老師。就好像當你看著別人，實際上並沒有真的在看他們。每個人都成了你的一面鏡子，將他們對你的看法——或者應該說是你自以為他們對你的看法——反射回來給你。

你相信他們不只會想到你，還會用你能想到最難聽的說詞來描述你：別人覺得你愚蠢無知、長相醜陋、沒有朋友、令人難堪。只要一想到這點，你就會不知所措。簡單來說，你相信其他人時常想到你，而且對你的看法非常負面。

你必須區分以下兩種心理狀態：「想到其他人」以及「想到其他人如何看待你」，這點非常重要。青少年通常很容易混淆這兩者，但是這兩種心理狀態是不一樣的：前者是成為富有同理心、能夠察覺其他人心理狀態的朋友；後者則是接近自我中心、自戀。我時常看到許多青少女努力想成為好人、被人喜歡，最後卻因為過度擔心別人如何看待她，而嚴重干擾自己的認知，完全忽略了朋友的實際感受和想法。她們開始變得偏執，容易想太多。「他們這麼說是什麼意思？」「他們為什麼不理我？」「他們為什麼不回答我？」

有時候你會發現，自己正想著別人如何看待你。這很正常，但是必須小心別失控，因為這些想法很可能令你感覺不自在、陷入焦慮。你甚至不再做任何事，以免別人說三道四（事實上，是你假設他們會說三道四）。你可能會舌頭打結或尷尬臉紅，或是當下說服自己相信你自己說的全是廢話，其他人也認為你沒大腦、粗魯無禮或是刻薄。有社交焦慮症的人很難有幽默感：你不能開玩笑，因為玩笑話必定會冒犯到人，而你很害怕冒犯別人。

我通常會畫以下這張圖向病人解釋。我先畫一個人（也就是我的病人），他們腦子想到另一個人（也就是他們的朋友），而他們的朋友正想著他／她。這就是左側那個人，他認為朋友時常想到他們，而且對他們的看法通常相當負面。接著我要他們想像，他們的朋友真正在想什麼？全都是他們嗎？難道這些朋友沒有其他朋友？或是除了他們之外，沒有其他興趣嗎？然後我在右側畫了另一個人，顯示他們的朋友真正在想什麼。

這個練習多半很有效。我的病人當下便能理解，朋友的大腦比他們想像的還要忙碌。更重要的是，他們開始明白，自己因為焦慮而變得自我中心，事實上他們根本不知道朋友的心裡在想什麼。他們先入為主地以為朋友只想到他們，所以無法正確理解朋友的真實想法。如果你有社交焦慮症，就沒辦法知道、無法分享另一個人的心理空間，

8 這部分內容是根據大衛・克拉克（David Clark）和阿德里安・威爾斯（Adrian Wells）合寫的文章〈社交恐懼症的認知模型〉（A Cognitive Model of Social Phobia），這篇文章收錄在一本價格昂貴的書籍內（*Social Phobia: Diagnosis, Assessment and Treatment*; Guildford Press, 1996），所以原本可能是要給能夠進入圖書館的心理學系學生看的，如果你想了解這個主題，「心理學工具」（Psychology Tools）網站有提供精簡的介紹：www.psychologytools.com/resource/social-anxiety-formulation/

也就意謂著缺乏同理心。

因此，有社交焦慮症的年輕人只想成為一個好朋友，但是他們勢必會陷入兩難：如果你一直擔心別人是否喜歡你，反而更難讓別人喜歡你。我用「自我中心」來描述似乎有些過於嚴厲，因為你們最不希望自己變得自我中心。但實際上當你抱持這種心態，就不會考慮到其他，而是只想到自己，只想到你在其他人心目中是什麼形象。

我認為，這與我在第二章提到的「結果導向教養模式」有關：如果在孩子的成長過程中，父母只在意他們的成就，等於間接鼓勵他們只需要關注自己。你和朋友相處時，可能不太關心自己是不是稱職的朋友，而更在意別人如何看待你。如果你的友誼也屬於結果導向，就代表你只在乎別人是否認為你是稱職的朋友，而不太會去想你是否喜歡這個人、或是和他們相處是否快樂。

我想，你們應該都會在某些時刻出現社交焦慮，例如：當你開始體驗新的情境、或是遇見新朋友，或者在社交場合失言的時候。但是，如果你的內在一直有個聲音，時常透過別人的眼睛批評自己的所作所為，你一定會很疲累。為了讓我的病人理解，我要他們想像我的治療室裡還有第三個人，這個人批評我：為什麼她穿那件洋裝？她看起來真的很惹人厭。她為什麼那樣說？真的很蠢。我告訴病人，如果我認真聽那個人說話，就無法把注意力放在病人身上。那會讓我分心，無法成為優秀的治療師。

我的病人都大致了解我在工作上表現出色，能夠同理他們、理解他們。如果真的發生這種事，必定會影響我的工作表現。他們知道，我穿的洋裝或是我說的蠢話完全不重要，真正重要的是，我是否有能力進入他們的心理空間陪伴他們。他們明白，他們自以為知道朋友想什麼，然後根據這個假設批判自己，這樣反而使他們無法真正理解朋友在想什麼。

如果你太過擔憂朋友怎麼看你，就無法和他們建立連結，共同創造屬於你們的體驗：例如為了同一件事而笑，或是只要看對方一眼就知道他在想什麼（可以參考第七一頁的共享思考泡泡圖案）。有社交焦慮症的人很難做自己，因為你害怕朋友不接受真實的你。只要你不說出真實想法、不去冒被拒絕的風險，就不會暴露自己的脆弱（vulnerability）——然而脆弱正是友誼的核心。

病人離開前，我會交給他們一項任務：搞清楚他們朋友究竟在想什麼。如果朋友並沒有那麼常想到他們，那麼他們到底在想什麼？他們朋友最好奇、最擔憂、最覺得開心的事情是什麼？透過這種方法，我的病人便能學會，如何成為他們一直渴望成為的稱職朋友。

◎自閉症類群障礙

就如同我所說的，我們理解和運用社交規則的能力並非固定不變，每一天、各種情況下都有變化。被歸類為自閉症類群的年輕女性，幾乎在所有社交場合都有類似的感受，因此更容易有社交焦慮。接受我治療的某些年輕女性，很少用「自閉症類群障礙」這個診斷名稱，而比較常用「亞斯伯格」（Asperger）這個說法，所以我會同時使用兩者。

長期以來，人們有某種刻板印象，認為診斷有自閉症的人多半是男性，他們嚴重失能、身體可能會前後搖晃，但是或許在某個領域擁有特殊天賦，例如繪畫或數學。這種刻板印象並非全是對的，就連男孩和女孩的情況也大不相同。格雷塔・通貝里（Greta Thunberg）為了挑戰這個刻板印象做了非常多努力[9]，她完美地向世人證明，當一個人執著鑽研某個興趣，那就有可能成為他的個人優勢，但也有可能是弱點。被診斷為自閉症類群障礙的女孩，與患有同樣疾病的男孩，行為表現大不相同，女孩會更想要融入同儕團體。女孩主要是透過模仿「神經典型」的同儕玩遊戲〔10〕，藉此「掩飾」或「隱蔽」自己的自閉症症狀。一直要等到女孩們進入青春期，她們的問題（和優勢）才會被診斷出來，因為會愈來愈難隱藏。青少年非常強調共享心理空間，他們能夠直覺地理解周遭發生的事；領會各種諷刺與暗示：但是自閉症類群障礙患者很難做到這些。

我們可以把自閉症類群障礙看作是杏仁核（情緒中心）和皮質（思考中心）之間的神經發展出現落差。我見過患有自閉症類群障礙的女孩和年輕女性，看似感受得到所有情緒，實際上很難想起、或是說出自己或別人的情緒感受。在治療患有自閉症類群障礙的年輕女性時，我發現對她們來說，感受就像在她們體內流竄的某種外國語言，她們需要花更長時間才能清楚表達，或是搞清楚這些感受代表什麼。接受我治療的自閉症類群障礙病人，通常很難想起自己或其他人的心理狀態，因為他們缺乏溝通技巧，不知道要如何「指稱和駕馭」情緒。

朋友之間的界限

青少年時期經常充滿騷動。你們許多人在這個階段還搞不定自己。你們苦苦掙扎。依附關係不好的人在青少年時期會覺得特別難受，到最後他們會操弄其他人，以滿足自己的需求。在你認識的朋友當中，可能有某些人就屬於這類。一開始你或許沒有察覺，但很快就會明白，對你來說他們是有害的朋友。他們或許不是一直都有害（或者可能是），但現在他們變得可怕，令你恐懼。

友誼應該互惠：施與受、傾聽與說話。如果你和朋友之間從沒有發生這些情況，或是每次對話焦點都回到他們身上，你就應該想辦法避開他們。有一些警訊值得注意，例如：朋友在大半夜抓著你不放，沒完沒了地發洩自己的焦慮；在網路上發文，透露他自殘的消息；虛構你從未見過的朋友；威脅你說，如果你不繼續和他通話，他就會自殺。你一定要聽從這些警訊，退出這些友誼關係。如果你發覺友誼已經對你造成傷害，就應該立即斬斷這段關係，這不表示你無法扮演好「朋友」這個角色；你是為了**保命**。在幫助別人之前，我們自己得先戴上氧氣罩。

心理健康問題其實是會傳染的，因為渴望有歸屬感會使好友之間形成團體思維，比如將不進食或自殘等都視為正常之舉。記住，治療心理健康問題，從來就不是朋友的分內事。即使是受過訓練的治療師，這麼做也是違反道德的。對於我們的好友、夥伴和敵人來說，我們實在太親近了。我絕對不會在治療室替任何我在社交場合認識的朋友治療。雖然絕大多數有心理健康問題的人都很可愛，但是有少數人喜歡操控別人。這多半是因為他們缺乏成長需要的依附關係，因此長大成人後就沒有能力感受和理解他人的看法。這種人通常會藉由成為開關型朋友，或是在生活感覺有些乏味時帶來刺激與冒險，以吸引你。你可能會對他們著迷。

當然，有益、無毒的朋友一定會遭遇危機，你會希望到時候自己能陪在這些好友身邊。但是

9 譯註：格雷塔・通貝里於二〇〇三年在瑞典出生，小時候經診斷有亞斯伯格症候群。她十五歲時，每週五會在瑞典議會大廈前舉著「為氣候罷課」的牌子，抗議全球暖化，被媒體譽為「瑞典環保少女」。

10 自閉症類群障礙的患者通常自稱是「神經多樣」（neuro-diverse），而稱呼那些沒有被歸類為自閉症類群的人是「神經典型」。有些自閉症類群障礙患者喜歡使用「以人為主」（person-first）的語言表達方式，有些則偏好以身分為主的「自閉人」（identity first 'autistic person'）說法，在書中這兩種說法我都會用。

如果這段友誼有害，情況就不同了，這種人必須持續處於危機之中，才能獲得他們需要的關愛和注意力。如果他們無止境地索求人們的關注、永遠不滿足，你就要懂得保護自己。

一般來說，你個人和其他人之間應該設定界限，這點很重要，如果是有害的友誼關係就更重要，因為這些「友誼」會把你榨乾。如果有需要，你可以想辦法找藉口推託：像是你媽要你晚上關手機，或是說你週末必須去探望表親。你可以讓這朋友以為你父母的要求非常嚴格，這樣你就可以拿他們當擋箭牌，避開你不想做的事：「你也知道我爸是什麼樣的人。（翻白眼）」或許你希望能夠逐步遠離他們，擺脫原本的好友圈，只不過有段時間你身邊會沒有朋友。

朋友之間保有祕密很正常，保有某些隱私不讓大人知道也很重要，這代表你愈來愈獨立，但是請別煩惱必須一直保守祕密。要是發生重大事件，例如自殘，就不應該保密。我之前說過，你不需要為其他人的心理健康負責。成為稱職的朋友，並不是說得隨時隨地陪伴在某個人身邊，這是不可能的；所謂稱職的朋友，只是說你要經常陪伴某個人。同理，友誼的意義並不是說你絕對不能戳破對方，或是不能說「這樣不好」。

盡力陪伴在朋友身邊很重要，但同樣重要的是，你對自己的期待也應該符合現實，這就牽涉到界限問題。隨著行動通訊普及，人與人之間的界限也變得愈來愈錯綜複雜。在以前，朋友之間是不可能隨時保持聯繫的。現在人們會設定沒有人能達成的期望：問題是我們不可能隨時保有同理心。我雖然是治療師，可是我也做不到。在我們有心理空間去想其他人之前，必須保留一些空間想想自己。在你將空間留給自己的同時，也應當讓朋友保有他們的空間，如果他們暫時無法陪在你身旁，不要因此生氣，或者認為他們是刻意針對你。

關於界限，我還要說一件重要的事：很不幸的，現在這個詞被當作武器使用。有人會用它捏造虛假的前提：「我的感受應該要一直被聽到、被尊重。」身為心理學家，我這一輩子都在傾聽、尊重感受，但這並不代表我能一直這樣做。不論你的感受有多強烈，有時候你是依據錯誤假設、而不是根據現實，下一章我會另外說明。你不應該拿感受當作行為不良或是控制他人行為的藉口。記住，有人傾聽我們的感受是一種榮耀、不是權利。我們不應該利用自身感受作為藉口，忘記我們的責任或是變得自戀。最重要的是，絕不能利用自身感受去壓制其他人的感受。設定界限是明智的舉動，說出你個人的界限也很好（「我不會那麼做」、「我沒有得到允許」、「我不喜歡」、「我不想」），但是如果把界限當作武器使用，去傷害或指責別人，就是有害的。

所以現在我已經告訴你，友誼有可能是這樣

所以，友誼不會一直是你希望的樣子。友誼不時會有高低起伏。我希望這一章能夠幫助你了解友誼中，某些你意想不到的問題，這麼一來當你真的碰上了，也不會覺得太孤單。另外，我也希望你對未來的友誼有信心。如果你現在遇到問題，不妨把它想成是友誼訓練，情況一定會愈來愈好：很少有成年女性無法建立良好、長久的友誼關係。就好比健身，有時候你必須受點傷，才能收穫成果。你可能結交了開關型朋友、被其他人排擠、感覺有些孤單、遇到有害友誼，這些都是很好的練習，能夠幫助你在未來真正遇見和結交願意捐腎給你的朋友。

4

情緒、想法和感受
Emotions, Thoughts And Feelings

「心理健康的人會感到不安，就好比身體健康的人也會生病一樣。我們只是擔心這個人沒辦法復原。」

——心理學家麗莎・達默（Lisa Damour），《解謎》（*Untangled*）

「我不想被情緒擺佈。我想要善用情緒、享受情緒、主宰情緒。」

——作家奧斯卡・王爾德（Oscar Wilde），《道林・格雷的畫像》（*The Picture of Dorian Gray*）

我曾為某家網路期刊撰寫文章，探討年輕人的心理健康，有個讀者每次都會留言，例如：「肉麻兮兮（lovey-dovey）的精神科醫師就和 Tara 一樣[1]，總是刻意迎合年輕人的感受。」我覺得這句話有點搞笑[2]，因為我的病人從來不會說我刻意迎合他們。傾聽、理解、重新梳理、正視與挑戰他們的感受，倒是有的；刻意迎合，那可沒有。有個病人在治療結束時告訴我，她以前一直不想接受治療，因為可以想見實際情況大概就是：我會語氣溫和、眼神憂心、頭歪一邊地問她：「那件事你感覺如何？」她痛恨這一切。但她其實不需要害怕，因為我不是那種治療師。

你的感受在你生活中扮演了關鍵角色。但是你也不希望成為感受的受害者。你很希望自己可以控制部分感受，而不受它們控制。感受是**重要**的事，但不是**唯一重要**的事情。它們的確存在，就如同海洋裡的一道波浪：它確實就在那，但也只是短暫出現；你必須尊重它、絕不能忽略它，但也別被它淹沒。

如今我們生活的社會情緒氾濫，目光所及都有情緒過度表露的問題。這和前一個世代形成鮮明對比，在上個世代，英國人最為世人稱道的是情緒內斂、壓抑。

不論是《舞動奇蹟》（*Strictly Come Dancing*）[3]或《X音素》（*X-Factor*）[4]，還是日間電視節目或肥皂劇，當然還包括社群媒體，現在觀看、傾聽、或是閱讀任何媒體時，一定會不斷被問到：「你感覺怎麼樣？」感受是舞台的焦點。要成為受歡迎的媒體，就必須分享全新或與眾不同的內容，這使得情緒性內容愈來愈多。當你在電視節目直播現場，面前排滿了麥克風，你其實很難好好回答以下問題：「你覺得他是什麼樣的人？」你不會回答說：「嗯，他們人很好，我們相處得還不錯，但是我想長期來說，我們不會保持聯絡。」現在日常生活充斥著各種浮誇說詞，例如：「她是我的一切。」「真不知道要怎麼感謝他們才好。」「他實在太了不起了。」它們激起了情緒性反應，但也將情感與多愁善感混為一談，而後者是誇張、自我中心而且自我耽溺的。下一章我將會探討絕對化（absolute）的說詞如何加深我們的焦慮。

現在我們不再像傳統英國人那般壓抑，轉而默認表達情緒是好事。但我不是那麼確定。心理學領域有「高度情緒表露行為」（high expressed emotion）的概念，指家人公開表達自己的所有負面感受，但是這舉動會傷害其他人的心理健康。〔5〕我在媒體和某些病人身上也確實觀察到這種現象，有時候人們的情緒火焰需要撲滅，卻因為家人過度表露負面情緒，反而火上加油。

你需要培養情緒能力（emotional competence）。什麼是情緒能力？意思是你對於自己的感受具備某個程度的控制能力。而就像書中提到的許多問題，保持平衡很重要。我在臨床治療時，看到許多情緒問題都是因為過度極端：也就是情緒覺察過度極端，或是為了管理情緒做出極端決定。所以，當你的感受太微弱或是太強烈，像是刻意忽略自己的感受或是迎合別人、刻意隱藏或是過

1 譯註：Tara是韓國人氣女團，團名源自英文的Tiara，意指期許自己成為歌唱界女王。《Lovey-Dovey》是她們在二〇一二年發行的第五張迷你專輯中的主打歌。

2 他真的很討厭這本書，卻又一直看不停，這不是很詭異嗎？他為什麼要那樣對自己？我想這對他的心理健康不太好。我也學到一課，即不是每個人都喜歡你，但時間非常重要：他第一次留言會讓我不安，但是連續留言幾次之後，我明白是他自己覺得不安、不是我。

3 譯註：《舞動奇蹟》是英國BBC推出的舞蹈比賽節目。

4 譯註：《X音素》是源自於英國的歌唱選秀節目。

5 這個心理建構理論已經獲得確認，可以很容易用谷歌搜尋到。許多開創性論文都引用這項統合分析。Butzlaff, R.L., Hooley, J.M. (June 1998), 'Expressed emotion and psychiatric relapse: a meta-analysis,' *Arch. Gen. Psychiatry*. 55 (6): 547–52.

度強烈表達，問題就產生了。當然。如果你刻意掩飾感受，得要自行承擔風險；但是過度表露也有風險。

我認為，情緒能力是指你有意識到自己的感受，有能力辨識、說出來那是什麼感受，你能夠以對自己最有益的方式管理它們，過著幸福快樂、精彩充實的生活，你能敏銳察覺其他人的感受，但不會被他們的情緒淹沒。

什麼是感受？情緒？想法？

即使是心理學家，也很難回答這些問題。

根據科學定義，**情緒**會牽動生理機制，在體內引發神經、荷爾蒙和生物反應，同時顯現在臉部表情上，此外也會影響心理；情緒具有普遍性，動物也會有情緒。〔6〕不過，心理學家至今仍在爭辯，普遍存在的基本情緒是由哪些要素構成。〔7〕過去我們一直認定核心情緒有六種：憤怒、快樂、悲傷、恐懼、驚訝和厭惡，有些心理學家認為還要加上羞恥。但近期關於臉部表情的研究顯示，核心情緒應該只有四種：憤怒、快樂、悲傷和恐懼。〔8〕

用顏色來類比最清楚易懂：我們很早就知道有三種基本色：即紅、藍、黃，黑色和白色則可以用來調整色深（depth）〔9〕和色調（tone）〔10〕；除此之外我們看到的其他顏色，都是由上述顏色調和而成。所以如果只有四種基本情緒，那麼其他許多情緒就都是這四種的混合：例如驚訝是輕微恐懼加上少許的快樂。震驚是極其恐懼加上一絲絲悲傷。你可以將這些情緒看做情緒世界裡的綠色、紫色和橘色——它們只是混合兩種顏色而已。

那麼，情緒和**感受**有什麼不同？嗯，一般來說，這兩個字沒有差別，你平常使用它們的時候也不會刻意區分。在本章我會交替使用這兩個字，所以不用太拘泥於嚴格的定義。但是我確實認為值得花點時間思考兩者的差異，唯有如此才能更加凸顯感受的重要性。感受是指整體的情緒體驗，包含你的思考、情境和身體反應，情緒則是更原始的基本生理反應。

感受＝身體情緒＋你的思考＋你的情境

你看，如果加上**思考**和**情境**這兩個要素，我們就能正確解讀許多感受。舉例來說，你只有在「被獨自留下」時，才會覺得自己「被拋棄」。但是當你受夠了父母，加上兄弟姐妹不停吵鬧、碎念令你抓狂，這時候如果你「被獨自留下」，就不會覺得自己「被拋棄」。

為了幫助你理解什麼是感受，我需要向你介紹「認知方格圖」。當年輕人因為感受問題來找

6 有趣的是，這也是為什麼科學心理學家（scientist-psychologist：另一種是臨床心理學家，我就是）不承認「愛」是情緒，因為愛沒有特定的臉部表情。他們將「愛」視為一種本能慾望（和口渴或飢餓一樣），但我不是那麼認同他們的說法。

7 Ortony, A. (1990), 'What's Basic About Basic Emotions?' *Psychological Review* 97(3), 315–331.

8 Jack, R.E. et al, 'Dynamic Facial Expressions of Emotion Transmit an Evolving Hierarchy of Signals Over', *Current Biology* 24, 187–192.

9 譯註：色深指的是色彩深度，常用單位元為位元／像素（bpp），色深愈高，代表可用的顏色愈多。

10 譯註：色調指的是色彩的明暗、強弱、深淺和濃淡等等的變化。

我，首先我會想辦法了解，他們有這種感受時是處於什麼情境。（是因為那種情境，所以引發這種感受？）接著我會從四種層次盡可能釐清、剖析他們的感受：

一、他們的生理變化：他們的身體出現哪些反應？例如：心跳加速？精力充沛或是無精打采？是否有冒汗？是否睡得著？

二、他們的行為表現：他們正在做什麼？如何行動？正要著手處理？還是逃避？隱瞞？

三、他們的認知（也就是一般所說的想法）：對於當下發生的事情他們有什麼想法？他們的內在聲音對自己說了什麼？在這種情況下，他們的判斷和期望是什麼？

四、他們的情緒：他們提到什麼感覺？愉快或不愉快？強烈還是微弱？他們能用文字形容嗎？

感受是有意識的感覺（conscious sensation），包含上述四個層次，彼此密不可分，通常很難切割出來，主要原因是：這四個部分並非你內在的不同部位，而是相互融合在一起。我藉由條列和方格圖來說明，只是為了幫助你理解自己，這當然無法忠實反映真實情況。通常我會為年輕人畫出這個圖表，以幫助他們了解如果其中某個層次改變，會如何輪流影響其他層次，就如同以下我畫的兩個圖表。這兩個圖分別顯示，兩種類型的年輕人在相同處境下，四種層次的反應會出現哪些差異：他們被獨自留在家中，其餘家人全部外出。你有發現哪些不一樣嗎？

沒錯，他們的反應非常不一樣。這點很重要，因為有時候，你的感受是源自本能的生物反應，你無法控制。但有時候不是。有時感受是因為你的生理、思考、行為或是情境所造成或放大，對

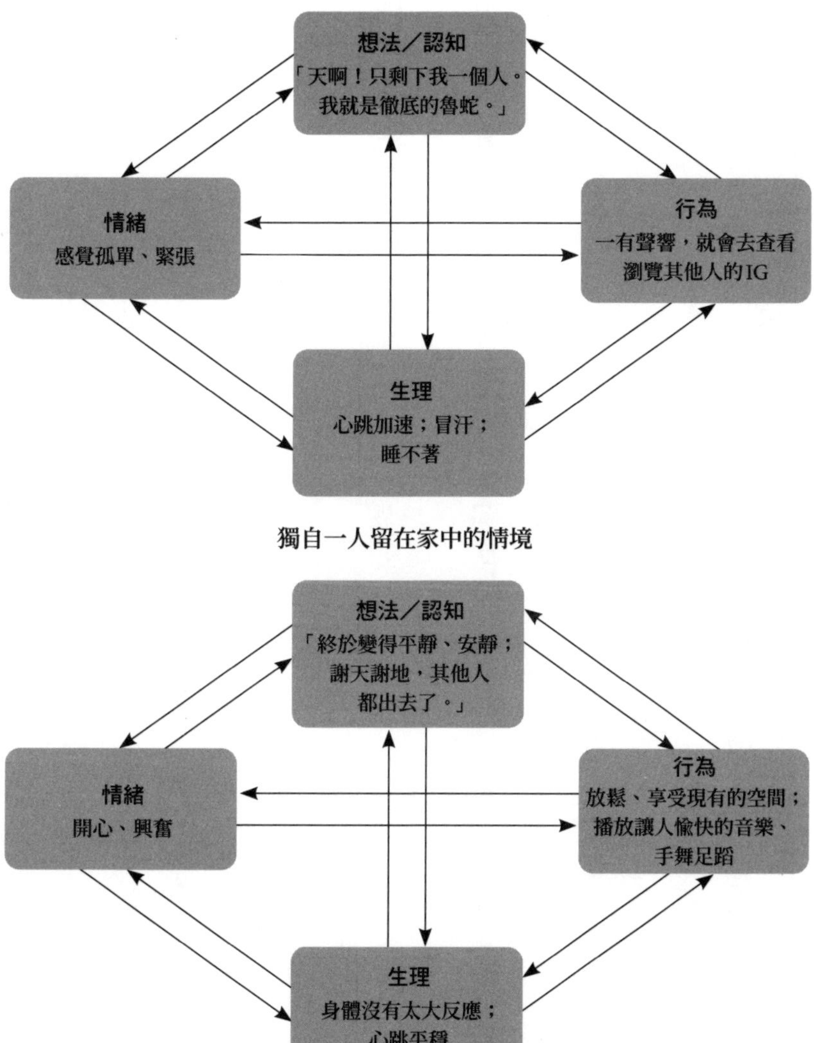

獨自一人留在家中的情境

於這類感受你有部分控制能力。如果你不希望成為感受的犧牲品，就必須幫助自己運用健康方法管理感受。

我希望你們能積極管理自己的感受，但這不是說，當你們感受到負面情緒時，就一定是你們的錯。絕不是這樣。有上百種情況會令你們陷入悲傷、憤怒或恐懼，例如經歷重大損失、或是遭受攻擊或欺騙，在這些情況下，你們的情緒反應本身並沒有錯、也沒有不妥。但是也有非常多情況，你們必須為自己的感受負責，你們要控制自己的想法、行為表現和身體反應，如果你們有選擇，也必須為身處的情境負責。

你的感性思維和理性思維〔11〕

情緒就好比是身體的早期預警系統，告知你現在正發生什麼事情，讓你知道身體的大致情況。我們的心情究竟是快樂、憤怒、恐懼，還是悲傷？有令你難以置信或感到意外的事情發生嗎？你是瞬間暴怒，還是覺得挫敗？你的情緒反應和自身感官密切相關：你的情緒幾乎是瞬間產生，完全不受控。

隨後你的思考會立即跟上。首先大腦會分析眼前情境以及你的應對能力，然後浮現某些想法。有時候這些想法對你有幫助，有時候則於事無補。偶爾你的想法有助於穩定情緒，但有時則可能火上加油。有時候我們的想法會被情緒綁架，以致我們無法看清現實。傾聽自身的感受真的很重要，但是如何看待自己也會嚴重影響你的感受。

舉例來說，有時候你是否覺得自己的成績不會很好？有時候你是否覺得自己可能會讓老師和父母失望？

就定義而言，你感覺自己在校成績不會很好，這不是感受，而是想法。這個想法是：「我的成績可能不會很好，我可能會讓別人失望。」這種想法會引發焦慮、悲傷，而觸發這種情緒的情境是學校。當想法和情緒結合並且相互影響，就很難解開。這時候你很容易會忘記實情。但實情是，你通常成績很不錯，所以很可能不會表現得那麼糟；如果真的考不好，老師和父母對你或許會暫時有些失望，但是他們可能沒有那麼在意，失望情緒也不會持續很久。我們實話實說吧，他們還要忙著照顧其他學生／自己的生活。如果你能這樣想，就不會像想到自己可能令人失望那樣，那麼痛苦。

人們對於週遭事物都會產生感受，不過這些感受是根據你自身想法、而不是現實。感受具有強大影響力，會讓人們相信是上帝要他們劫機，衝撞世貿大樓。換句話說，長話短說就是：小心，別讓你的感受綁架大腦。

情緒與想法結合的狀態，在心理學中稱為「感性思維」(emotional mind)，使用「感性」是因為這些想法是由「身體情緒」所引起，「思維」則是指你對於這些情緒的看法。它就是我們日常口語常說的感受。若要在競爭激烈、變遷快速的世界培養情緒能力，就得聽從你的感性思維，但又不能讓它主宰你的生活。你還必須運用理性思維，加入大量現實進行調和。你的想法和感受是第

11 這是根據瑪莎．萊恩漢（Marsha Linehan）的說法，請參考：www.youtube.com/watch?v=X_BmPxd0Eiw

一道真相，但真實情況是第二道真相。當你的感受過於強烈，就很難記得或是不願意尋求不同真相。

要培養情緒能力，就不能忽略感性思維，但是你要知道不能過度聽從它。你也要聽從你的理性思維。有時候和朋友或家人聊天，分享你的想法和感受、說出感性思維，能幫助你辨認真實情境，與你的理性思維保持連結。

那麼，感受和現實重疊的狀態稱為什麼？那真的是很特別的境界。那就是你的智慧思維（wise mind）。當你專注傾聽自己的感受、認清現實，並根據感受和現實為你自己做決定，就能培養智慧。當所有證據顯示不是那麼回事，你還要繼續聽從自己的感受嗎？那樣做不是浪漫、不是下定決心，也不是做出承諾；也不是你用來說服自己相信感受的任何理由。事實上，這是精神疾病：妄想。

> 蕾娜（Lena）相信自己「很胖」，因為她「覺得自己很胖」。她有這種感覺是因為她做的每件事（她的行為）和她的想法，都是為了找到她發胖的證據。舉例來說，她三不五時就會照鏡子，仔細端詳身材；檢查身體的背面、

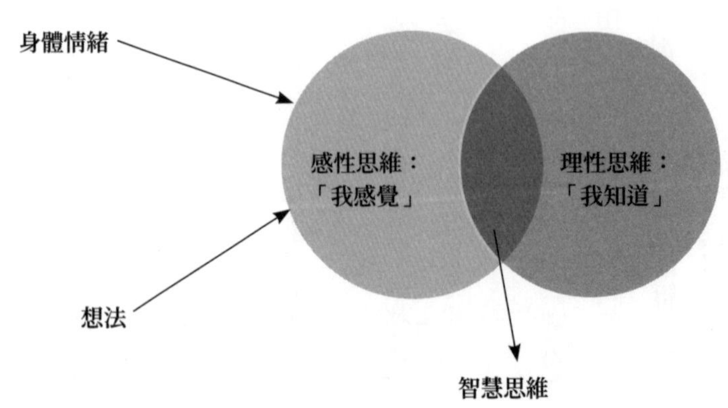

正面和兩側，站著和坐著的樣子。她坐下的時候，會看著大腿肉在椅子上壓開，說自己胖了。她還會自己做身體檢查，彎腰、掐著皮膚的皺褶，然後說自己胖了。如果她覺得「自己吃太多」，就會去照鏡子，仔細檢查身體是不是有什麼變化。她會利用店面的櫥窗或汽車的後照鏡檢查身體，特別是大腿，然後和那些大腿比自己細的人比較。她告訴自己，她朋友可不認為她有厭食症，而是覺得她很胖，因此她在朋友面前很難進食，因為擔心朋友覺得她很貪吃。她每天的生活就是不斷照鏡子查看身體，尋找各種證據證實自己的想法。

蕾娜相信自己的感受，真的覺得自己很胖，但真實世界的證據並非如此：她經診斷有厭食症，在飲食失調門診接受治療。她的生理表徵明明相反，例如：體重不足，月經沒來，總是覺得很冷、頭暈，但她就是相信自身感受，任由自己的想法被感受牽著走。所以她告訴自己，她比來看飲食失調門診的其他病患還要胖，我們所有醫生和治療師都錯了。她的行為表現也導致她長期體重不足，例如：她會騙爸媽說她吃了多少，或是找各種藉口不和朋友一起吃披薩。

蕾娜活在自己的感性思維泡泡中，總覺得自己胖，所以她的感受完全主導了想法。她罹患了與食物、飲食、體重和身材相關的精神疾病，卻從不運用理性思維花時間思考這些問題。反之談到其他主題或議題時，她的思考卻非常理性而有邏輯；她勤奮好學、熱衷參與各種活動與政治、論證條理分明，還加入了某個相當活躍的朋友團體。

家人和朋友都知道她飲食失調，卻不了解她的感性思維在想什麼——他們不知道她的想法與感受結合到什麼程度。蕾娜從不向朋友透露半分。她說她害怕面對現實，只好對朋友隱瞞。

她害怕面對自己「確實發胖」，也害怕面對自己「確實瘋了」，擔心朋友和家人會覺得她的想法太詭異或可笑。

但是如果沒有人挑戰她的想法、改變她的行為，就永遠無法治好她的飲食失調症。

所以，如果要保持精神健康，就必須了解自己的感性思維和理性思維在想什麼。了解你的感性思維有時候意味著：不要讓你的情緒反應（悲傷、氣憤和擔憂）和想法（「我很笨／很胖／很醜」）結合。你在自我對話時，是不是對自己說了一些任誰聽了都會難過的話？你在自我對話時，是不是對自己說了一些刺耳、你從不會對別人說的話？你在自我對話時，是不是說了一些不符合真實、而且無濟於事的話？如果我可以將我的耳機插頭插入你的大腦、聆聽你的想法，我會聽到什麼？

接下來你是否做了什麼好證明你的感性思維是對的？你的行為舉止不僅不去質疑自己的負面想法，甚至是最壞的情況——只是為了證實自己的想法？例如，我常看到有些年輕人覺得沒有人喜歡自己，他們只是躺在床上，用棉被蓋住頭部，滑著ＩＧ看其他人外出玩樂，卻不和任何人聯絡，也不想開始改變自己的行為。他們的行為只是更加證實自己的假設：沒有人喜歡他們。

我們會在這一章與探討焦慮症的下一章，說明該如何最有效的掌控你的想法、行為、生理反應和處境，盡可能讓自己感覺好一些。沒有人能完全控制自己的感受，但是你可以提升成功這麼做的機率。

這麼說來，情緒健康就如同身體健康：你不可能百分之百控制它，但是可以增加成功的機率。從不抽菸的人也會得肺癌，做對所有事情、保持心理健康的人，也會得精神疾病。無論如何，必定會發生嚴重打擊你情緒的事情。但是這一章我們會告訴你，如何盡可能讓自己心情愉快。

要想掌控好自己的情緒，就得傾聽你的情緒和感受，但又不受它們主宰。此外，還要考量現實情況。如果你希望為自己做出明智決定、有能力為其他人提供情緒支持，有時候你需要傾聽自己的感受，有時候則需要穩定情緒。

你和自己的感受是什麼關係？

在我們開始思考要如何管理你的感受之前，要先釐清你與感受之間的關係。這聽起來很像心理學家的話術，所以容我先解釋一下。在任何時候，你和自己或其他人的感受之間的關係，可能屬於以下四種類型：[12]

- 自私
- 察覺
- 理解
- 同理

12 Goleman, D., *Emotional Intelligence: Why it Can Matter More than IQ*, Bloomsbury, 1996.

有時候你會在很短時間內，在這四種關係之間變化。

剛出生的嬰兒完全是**自私**的，心中只有自己，沒有其他任何人。他只顧著自己的感受，只在乎外在世界與他自己、以及他內心感受之間的關係。我們情緒亢奮時也會變得和嬰兒有點像，這時候我們就很難想到其他人或任何事。

但是當我們情緒平穩時，不僅能**察覺**到自己的感受，還包括周遭其他人的感受：我們會從他們的臉部表情、肢體語言、他們說的話、身處的環境等等，解讀他們的情緒。只有當你的情緒沒那麼強烈、或者相對來說處於空檔，或是沒有被自己的情緒綁架時，才有可能做到這一點。換句話說：朋友，你要懂得察言觀色，一定要會察言觀色。

如果你有多一點時間和（精神）精力，或許會更用心**理解**情緒。首先是情緒與其他人之間的關係，你得稍微了解他們身處的情境，以及在當下是什麼事情引發他們產生那些情緒。至於情緒和你之間的關係，你應當要考量現實情況，不妄加論斷。

情緒運作的第四階段是**有同理心**：之後你會記得，同理是這本書相當重要的核心主軸。同理是指能夠**切身明白**他人的感受，也就是察覺到其他人的感受，理解他們為何會有那些感覺，然後準備好讓自己的內心與那些感受連結。你是帶著理解和善意，去感受其他人的情緒。

我其實不希望稱之為「同理心」，因為這個字和「同情」（sympathy）太接近了，但我們必須清楚區分同理和同情的差異。這兩個字都包含pathy這個字根，這是源自希臘文pathos，意思是「感受」，但是請別搞混這兩個概念。同情通常是將同情對象放在被動位置，差不多是受害者的角色；這個字隱含階級意識：事情的發展對我比較有利、對你比較不利，所以我很慶幸我不是你。同情是對某個人感到抱歉或遺憾，它可以是出於善意，但也可能是某種自以為高人一等、帶有敵意和優越感的行為。

同理則是主動行為：盡可能深入理解另一個人的看法，甚至你自己的觀點，了解其中的複雜性。不是你對某個人做了什麼，而是你和某個人聊聊他們的想法。這正是治療的基礎。每天我都覺得很神奇，同理竟然能在我的工作中發揮如此強大的力量。它可以發生在朋友之間、家人之間以及治療期間。當我和病人談話，我會設法理解他們內心在想什麼、以及思考模式是怎麼樣，這樣就能幫他們說完想要說的話。他們發現，每當我領會他們內心的想法、分攤他們的精神負擔，就會產生不可思議的力量。我感覺自己得到了肯定：「啊，我懂了，這就是你的專長；那我知道了。」他們覺得自己被認可、被關愛。但最重要的是，當你抱持同理心，就有可能創造改變。當人們真正了解自己、覺得自己被接納，就會開始思考要如何改變現狀。

彼此擁有共同經歷也能引發同理心，這也就是為什麼你會感覺自己的情緒受朋友牽動——不過實際上同理的力量來自於擁有共同的情緒，而不是共同的經歷。同理指的是進入另一個人的內在思維，而不是站在另一個人的立場思考。

如果是關於你自己，那麼同理是指承認自己的感受，根據自身處境去理解它們，但同時能看清現實。換句話說，要極力避免你的感性思維沉溺於你自己的心情，也就是只關注你在自己的故事裡究竟扮演受害者還是英雄。此外，也要盡可能避免你的理性思維否定自己的情緒或是覺得丟臉，認為這些情緒毫無意義、無關緊要；或者更糟的，因為出現這些情緒而懲罰自己。同理的意思是理解你自己、理解現實，但還是要對自己寬容。

這真的很難做到。

強烈的負面情緒：負面應對策略

有時候，你的理性和智慧思維會拋棄你，你會發現自己陷入自私的負面情緒裡。當你的思考被負面情緒反應左右，便會陷入了負面循環，表現出某些行為，原本的負面感受更是揮之不去。我畫了以下圖表做說明，請依照箭頭所指方向閱讀。先是某件事觸發你的情緒，產生某些生理反應。緊接著你的認知會評斷自己的情緒反應，產生某種感受，隨後你出現了某些行為。這些行為反應很可能導致你對自己產生更多負面想法，引發更多負面感受。

對於這本書的某些讀者來說，你現在可能已經被自己的感受淹沒。或許你覺得悲傷、擔憂或憤怒，而且持續了很長一段時間、或是感受非常強烈，以致你認為應該要做點什麼（什麼事都好），好壓抑這種感受。如果這正是你現在的感覺，我真的真的感到很遺憾。

有時候，你會有很長一段時間陷入那種感受，只能想到藉由懲罰自己或是對自己做某些殘忍的舉動，來轉換內心的感受。這些做法不僅對你自己相當殘酷，長期而言也會產生反效果。雖然它們能暫時緩減你的情緒，但只會導致情況變得更糟，或是令你對自己更加不滿。這種情形最常在深夜時發生，累積了一整天的情緒，最終形成了完美風暴，你感到無力，沒有其他事情讓你分心，也沒有人能幫你。

你可以用更友善、更有智慧的做法，處理自己的情緒和感受，也可以採取懲罰、負面的方式，或是介於兩者之間。每個人都可能選擇不那麼正面的「解決方式」處理感受，也許是抽菸、酗酒、嗑藥或是吸食非法毒品，或是吃太少或吃太多。它們雖然短期有些幫助，但是長期來看卻可能使情況惡化，或是引發更多問題。

但是很不幸地，現在年輕女性在處理情緒問題時，最常採取的負面方法就是自殘。

在西方國家，自殘已經變成流行病。例如在英國和美國，自殘情形原本相當少見，但如今有多達二十％～三十％的年輕女孩選擇自殘。[13]在以前，自殘案件與悲傷情緒或自殺行為密切相關，沒想到現在幾乎變成了常態，非常多年輕人選擇透過自殘，來處理自身的各種負面情緒，包括：厭惡自己、挫折、壓力、焦慮和憂鬱。自殘行為的嚴重程度和意圖各有不同，比較正常或可以接受的行為包括：咬手指頭、肉刺，或是將指甲掐

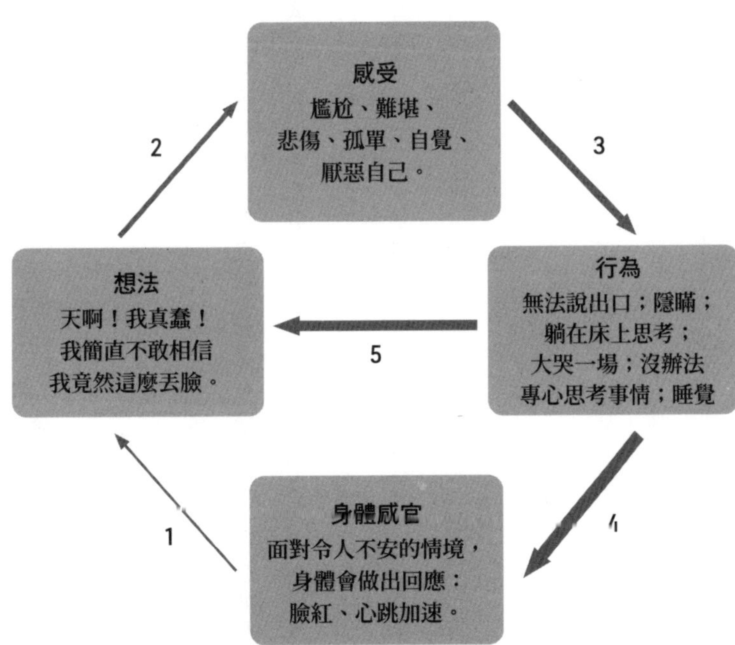

入手掌或手臂裡；至於嚴重一點的，可能是用指甲或其他物品抓傷手臂，或者用某個物品割傷自己。自殘的嚴重程度不一定能正確反映你的情緒有多低落，但是某些自殘方式確實會對身體造成更嚴重的傷害。千萬不要覺得必須採取更嚴厲的自殘方式，展現或是證明你的憂傷：這不是證明或是處理痛苦的好方法。還有更多方法可以使用。

蘇西（Suzi）來找我的時候，情緒相當低落。她只有十五歲，對一切感到絕望，覺得所有事情都不會變好。她三番兩次自殘，完全不想活在這世上。她之前在學校成績優異，現在卻無心上學；她常常熬夜到很晚才睡覺，隔天太晚起床，導致上學遲到。每當她陷入恐慌，就得提早離校。她父母非常擔心她的狀況：他們感覺已經失去了這個孩子。但是蘇西有許多行為令父母相當反感。他們不喜歡她在弟弟、妹妹面前對父母沒禮貌；蘇西上小學的妹妹曾看到她手臂上有新的自殘傷口，她妹妹感到很不安。他們不只一次看到她抽大麻，而且經常違反門禁時間，直到很晚才喝得爛醉回家。

每當我聽年輕人談到他們的自殘行為，就會想到我們這個世代如何利用抽菸排解負面情緒。我希望你不會因此覺得我在貶低自殘行為。我不是這個意思。你們年輕人現在生活的世界，遠比以前更複雜、更緊張、步調更快。可想而知，你們這個世代更難表達內心的苦悶，或是處理排山倒海而來的感受。但是需要藉助某樣東西紓緩自己的情緒，是不分世代的。

目前針對青少年的調查顯示，抽菸和自殘的發生率（incidence rate）相當。針對適應不良所採取的應對策略，幾乎都包含某種程度的自殘，例如：抽菸傷肺；酒精傷肝，影響判斷力，毒品會引發各種健康風險。

> 關於非法毒品，可否容我簡短說明一下？我看到很多青少年非常珍惜這個世界：他們希望自己的飲食合乎道德，包容多元性別，倡議黑人的命也是命，發動氣候變遷遊行示威。但是他們卻吸食非法毒品，交易非法毒品不僅違背道德，還與組織犯罪、恐怖主義、暴力、以及剝削窮人和弱勢族群等行為有關。我知道我們這一代缺乏道德權威，沒資格告訴你們這個世代該做什麼，是我們製造了這些混亂，況且我們的生活壓力也沒有你們大，不像你們需要借助藥物去應對。我不想加重你們的罪惡感，但我還是想提醒，這麼做可能不符合你們的其他價值觀。

但是這些方法不一定能解決問題，只能暫時紓緩情緒。最好的情況是，維持現狀不變；最糟的情況是令事態惡化。這是什麼意思？我的意思是，透過自殘或其他負面應對策略，只會讓你陷入某種兩難處境。例如：

這只是舉例，但是我在臨床治療時經常遇到類似情形：年輕人內心產生了某種難以化解的可

13 McManus, S. et al. (2019), 'Prevalence on non-suicidal self-harm and service contact in England, 2000–2014', *Lancet*, 6 and Lim, K-S. et al. (2019), 'Global Lifetime and 12-month prevalence of suicidal behaviour, deliberate self-harm and non-suicidal self-injury in children and adolescents between 1989 and 2018: A meta-analysis', *Int. J. Environ Res Public Health*, 16(22), 458.

怕感受，為了緩減這種感受，他／她做了某件事（不吃飯、吸毒、抽菸、自殘、過勞、反社會），結果反倒製造了問題：為了緩減感受所採取的解決方法本身，反而變成了問題。

採取這些負面、懲罰性或是自殘方法處理負面感受，看起來很吸引人。為什麼？

- 當你的情緒異常低落或變得麻木，有某種感受總比完全無感要好。
- 你覺得應該正視自己的沮喪，但是你的理性思維似乎認為它並不重要，而那些自殘做法使得那些感受似乎變得重要。。
- 你感到無能為力，動彈不得，覺得不可能採取正面方式脫困。
- 你感覺不應該採取正面方式處理自己的情緒。
- 你覺得沒人理會你的痛苦，所以想要向別人證明這對你來說有多糟糕。
- 你或許想要藉由傷害自己，去傷害其他人（父母或是前伴侶）。

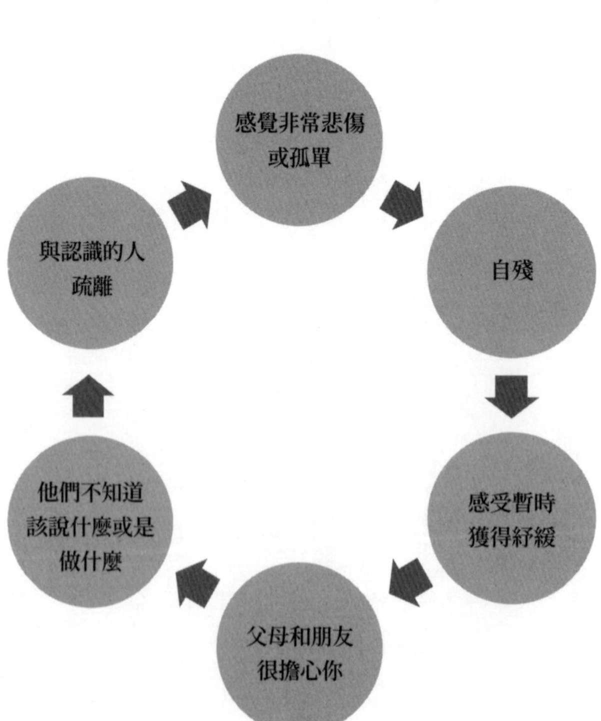

- 你的感性思維充滿戲劇性，這樣生活才不會顯得太乏味。你或許對於受害者或是受盡折磨的女性英雄角色相當著迷。這一點可以理解，因為你隨處可見這種女性特質。
- 有時候，表現得很理性或明智反而顯得無趣或不正常：你明明很痛苦，這樣未免過度理智（即使能減輕痛苦——為什麼會這樣呢？）

如果你真的感覺很不好受，因而受到負面應對策略吸引，我很同情你，但是我也想鼓勵你打破這種行為模式。每個人都偶爾會採取負面做法，來處理難以緩解的感受，但是別讓這種做法變成長期固定的應對模式，或是變得極端。

當然，我希望你們能夠運用以下提供的建議，找到正面應對策略。或許你覺得你不夠珍惜自己，你做不到。但如果你要開始珍惜自己，就必須採取正面策略，這樣才能提升你面對自身情緒的能力，保持心理健康。

保有心理健康的基礎

心理健康的基礎是什麼？嗯，有時候是運氣，例如正好有個稱職的依附對象、得到很好的基因遺傳、進入適合的學校就讀、認識契合的朋友——而這些事有些是你無法控制的。不過，你的確可以做某些事情，努力提升自己的心理健康，妥善管理日常生活中的感受，為自己的情緒能力建立最穩固的根基。

◎身體活動

好的，現在我明白了。如果你不愛運動，對你來說學校體育課簡直是浪費時間。之前有很多年我一直沒有運動，因為在學校的體育課上，我就是個廢物。我就是不在乎球是否會射門得分或者球是否會過網。後來上學時，每次遇到體育課我索性翹課，跑去城裡和男孩約會、抽菸。

我真的缺乏運動細胞：父親葬禮結束後，當時三十多歲的我告訴一名體育課老師，我計劃跑一萬公里為「癌症研究」（Cancer Research）募款，以此紀念我父親。那位已經上了年紀的體育課老師聽了之後大笑不已。她笑我竟然在父親葬禮上想到運動這件事，還希望透過體育活動紀念他。這話聽起來非常刺耳。這告訴我們兩件事：第一，我不是天生的運動選手；第二，某些體育老師認為，體育只適合天生的運動選手，而我們這種人對體育課唯一的想法就是好玩。很抱歉，我想這種態度根本是錯的，我想女孩們也都很討厭這種態度。

為什麼討厭？學校的體育和運動老師多半愛好體育競技，他們比較擅長學校有開課的體育活動：像是足球、田徑、籃網球（netball）[14]、曲棍球、橄欖球、游泳。這些運動在我們的社會享有優越地位，所以願意積極學習、擅長這些運動的人，會受到鼓勵。現在我明白了。我知道許多人確實有那種感覺，而且非常在意球在哪、誰贏了、誰又輸了，但這也導致其他不在乎這些結果的人喪失了運動熱情。

許多學校的體育課以傳統的男性團隊運動為主，你們有些人非常熱愛這些運動，但不是每個人都喜歡。事實上研究顯示，你們當中只有二三%的人喜歡學校的體育課。[15]你們覺得體育課太強調競爭、很幼稚，讓人反感，你們希望去做其他更適合大人做的事情。你們許多人對自己的身體很不滿意。邁入青春期之後，男孩多半擁有傑出的運動才能，但是女孩們參與運動的障礙卻愈來愈高，因為你們必須穿上運動胸罩，要決定如何處理體毛，如何在更衣室和換穿體育服時做好生理期防護。另外，體育屬於分級活動（你是在A隊或B隊），所以你又有了新的焦慮，擔心自己是否足夠優秀。

因此，到了青少年時期，女孩參與體育活動的比例會如懸崖般陡降。有很多男性熱衷團隊運動，但是沒有那麼多成年女性感興趣，不論是直接參與或是單純當場邊觀眾，都是興趣缺缺。女性更喜歡去健身房、或是參加以舞蹈為主的活動，可惜學校通常沒有提供類似課程。為什麼呢？為什麼小學除了足球以外，沒有加入舞蹈課？

這是隱性的性別歧視嗎？學校體育活動是否愈來愈偏向男性的喜好，忽略女孩的需求？還是因為女孩必須遵循社會規範，得看起來「漂亮、可愛」，不能像運動好手那樣健壯？

女孩厭惡體育活動的另一個原因是，現在她們關注的焦點是身體外型，不是身體感覺。說到這一點，語言其實很有趣，「保持健康」（fit）的含義已經從身體感覺轉移到身體外型。這個字不再指稱內在感覺或是量化事實，而變成了用來評價他人的詞語。嗚呼！這正是我們需要的：用更多字彙去評價我們身體的相對吸引程度！但是你的外型怎麼樣不應該是唯一重要的事。你的內心

14 譯註：籃網球源自籃球，是以女性為主的團隊運動，比賽共分四節，每節十五分鐘，和籃球一樣要將球射入對方的籃框內取分，不過籃網球的籃框背後沒有籃板。

15 Women in Sport and Sport England, 'Puberty and Sport: An Invisible Stage. The impact on girls' engagement in physical activity', August 2018.

感受更重要。我知道，我知道，你可能會說：「有好身材才會有好心情。」這當然沒錯，如果說保持身材比起寬容體貼、聰明睿智來得重要；如果你投入所有時間和金錢維持身材；如果這已經變成與你個人有關最重要的事，那麼你就得要努力維持。你的外表可能是你的一部分，但絕不是最重要的部分。我認為，你的內在以及你如何寬容對待他人，比起外貌更重要。

活動身體對於你的肉體和心理健康至關重要。我認為學校可以做的最重要的一件事，就是找到年輕人熱愛、而且可以支持他們未來人生的體育活動。[16]為什麼？某個超過一百多萬名美國人參與的大規模研究顯示，經常活動是保持心理健康的最有力因素，這個結果令人意外。[17]心理健康會影響你的學業成就與經濟生產力，所以這不是一個頭腦不清的心理學家為了迎合感受所提出的建議，而是相當務實、符合經濟效益的建議。問題是，要從事哪種活動？任何一種都行。活動你的身體可以創造神奇力量，而且方法有很多種。

- 首先，所有類型的身體活動（看來連做家事也算）都會釋放腦內啡（endorphin），這種荷爾蒙與快樂、愉悅、興奮等感受有關。
- 所有身體活動都有助於降低體內的壓力荷爾蒙皮脂醇（cortisol）和腎上腺素分泌。
- 對某些人來說，體育活動和團隊運動有助於大幅提升心理健康。你可以加入某個超越個人的組織（某個團隊），參與社交活動，滿足競爭欲望，這些都有助於維持良好的心理健康。
- 對某些人來說，瑜珈和走路也能產生類似效益，也許是減緩疼痛和痛苦，維持身體靈活度，讓你變得年輕、有活力，也能幫助你進入正念（mindfulness）狀態。（請參考以下內文）

- 你可以騎自行車、去健身房，或是從事其他類似的有氧運動，雖然一般來說會感覺比較孤單，但是對心理健康同樣很有幫助。這是有氧運動單一因素產生的效益嗎？還是有氧運動能夠幫助你進入正念狀態？又或者有氧運動能促使你達成目標、提升自尊？

有研究顯示，有些人覺得戶外運動帶來的效益高於室內運動。這或許是因為，戶外運動同時包含了運動以及身在戶外這兩種好處，似乎能避免你繼續胡思亂想。當你的感性思維開始陷入惡性循環，只要轉換場景就有助於踩煞車。其實只要做一些簡單的事，例如喝水，往往就能帶來意想不到的改變。轉換場景有助於清空思緒，有好幾次我親身見證了走到戶外對心理健康帶來正面影響。

> 蘇西的父母認為他們已經找到了答案。他們認為，如果週末時蘇西有一半時間起床和爸爸一起做些事情，例如做運動或是到戶外，而不是賴床，也許她會好過一些。他們也認為，如果她吃得更健康也會感覺好一些，但是蘇西不愛吃家裡的飯菜，習慣在深夜吃零食。他們覺得她的睡眠品質很差，因為到了大半夜她還在滑手機。他們曾經建議她怎麼做，但蘇西覺得父母根本不了解她：他們不知道她有多難受。相同劇情反覆上演，她的自我感覺愈來愈糟，她知道父母只是想幫她，但是每當父母建議她想想看有沒有其他方法有用，她就會覺得火大。

16 Porter, T. 'The key to good mental health? Physical Activity', *Times Educational Supplement*, 6 June 2019.

17 Chekroud, S.R. et al. (2018), 'Association between physical exercise and mental health in 1.2 million individuals in the USA between 2011 and 2015: a cross-sectional study', *The Lancet*, August 2018.

◎正念

正念絕對是幫助你消除負面情緒的好方法。你可能已經在學校聽過這個概念。我其實有些希望不要在學校教導正念，因為這樣會讓你們更多人退縮，不願意投入；或者，可能有些人認為正念有幫助，但最後並沒有接受治療。或許兩者之間有相關：認為正念有用的人，懂得保護自己的心理健康。但是，如果學校規定太僵硬，例如強調呼吸和認真冥想，反而會錯失幫助你找到正念空間的機會。

正念的核心是覺察當下，不為了過去懲罰自己或是煩惱未來。反覆做某種身體活動，能夠幫助你進入正念狀態。你可以做什麼來清除大腦的雜念？要在什麼地方才能讓腦中的想法逐漸平息，不會愈來愈混亂？你應該要去哪些地方才能冷靜下來，不會過度亢奮？走路？倒立？擼貓？閱讀？爬山？祈禱？點蠟燭沐浴？編織？你不一定要盤腿坐著，雙手放在膝蓋上，口中念著「唵」。要讓自己覺察當下，其實有很多方法。

當然，我想有很多活動都能幫助你進入正念狀態，只是沒有人想過或研究發現這些活動能產生這種效益，例如：觀看某個你已經看過無數次的節目重播、看報紙、做日光浴。如果你能專注當下，不對自己做任何評斷，就能順利進入正念狀態。

但是很抱歉，我想滑手機不包括在內。我認為，滑手機只會導致與正念狀態完全相反的結果。手機上有太多訊息，無法幫助大腦保持冷靜，反倒會刺激大腦，也就是說你的情緒會愈來愈激動，大腦根本找不到平靜的空間。對大腦來說，這時候不是在打空檔。我們時常會迫不及待或是不得不瀏覽社群媒體，看到的內容全是在比較優劣或互爭高下，大腦完全跟不上它本身的步調。當然，這要看你用手機做什麼事情：如果是閱讀、聆聽安靜的播客節目或柔和的音樂，一樣能幫助你進入正念狀態。至於TikTok則效果比較差，因為它本來的目的就是提供樂趣、分散注意力，而不是幫助你進入正念狀態。

◎睡眠

市面上有大量書籍專門探討睡眠為什麼重要，所以我不想在這裡多做贅述。[18]但有是些事情我想要你知道。首先，你**體內每個細胞**都有固定的生理時鐘。想想看，這真的非常不可思議。每個細胞都有自然的規律，到了晚上就得入睡。但是自從人類發明電燈，整個社會發生了改變，我們開始熬夜到很晚，你可能會抵抗原本的生理時鐘，等到晚點再睡。睡前你通常有一段空閒時間不用工作，可以任意做自己想做的事情，這實在是太讚了，所以你不想放棄這個大好機會，不想上床睡覺。不過，有個概念我們稱之為「睡眠窗口」(sleep window)，指的是你可以輕易入睡的時間點。如果你錯過這個時間點，通常就很難睡著，一直輾轉難眠。這聽起來有些違反直覺，因為你會以為，熬夜到愈晚就會愈疲累，但事實上你已經錯過自己的入睡時間。如果你不停瀏覽社群媒體，大腦就得處理大量訊息，也就更難入睡。如果你的感性思維處於高度警戒，同樣很難入睡。在青少年時期，你的睡眠窗口原本就比成年期要晚一些，但不至於太晚，大約是晚上十一點半、而不是凌晨兩點；此外在這個階段，你需要更多睡眠。不過全世界都是在早上醒來，因此對你來

18 Walker, M., *Why We Sleep*, Penguin, 2018.

說這確實是兩難，因為疲倦會導致你情緒低落、憂慮，而這些感受又會使你更難入眠。

主動管理你的感受

找到你喜歡的方式活動身體、看清現實、找到大腦空間、好好休息和吃飯（這點非常重要，所以另闢一章），是保持心理健康的重要基礎。如果你沒有做到這些事，就不可能維持心理健康，但光是做到這些還不夠。

但如果缺乏強烈情緒，人生將會變得乏味。所以除了做到上述基礎工作，你還得負起責任管理自己的情緒，不受情緒主宰。

◎聊天

身為女性、心理學家和治療師，一開始我傾向透過聊天了解病人的感受。一般來說，比起男性和男孩，成年女性和女孩更願意談論自己的感受。在我的職業生涯中，我發現不是每個人都適合聊天，也不是所有情況都適合採取這種解決方式。也可能是聊天方法錯誤。

聊天方法錯誤？我這句話是什麼意思？我一直認為《愛之島》（*Love Islands*）是見證錯誤聊天方式的最佳管道。[19]當你覺得自己陷入感性思維，就需要有人傾聽你的心聲，理解和同理你的感受；你不應該被另一個人煽動情緒、或是灌輸虛假的現實觀。根據我的觀察，青少女（和女性）的友誼有時候太兩廂情願，很少會去挑戰對方。你需要和能對你的情緒感同感受、同時幫助你找到智慧思維的人聊聊，這個人必須抱持同情心，說出某些真相，戳破你的感性思維泡泡。但是在《愛之島》和類似電視節目上你不會看到這些。你只會看到女孩們各自形成小圈圈，相互支持對方的感性思維，一起編織浪漫幻想。我們會在探討愛與關係的章節中，深入討論這個議題。

那麼，什麼是「正確」的聊天方式？嗯，有非常多種。

有時候，我們實在不吐不快。我們需要有人傾聽，需要別人看見我們的苦悶。在心理學我們稱之為「宣洩」(cathartic)，這是多數諮商方法的基礎。如果你的想法和感受不斷在腦海中盤旋，就不要再多想，趕快去找人聊天，這樣才能幫助你釐清自己的想法和感受。日常生活中充斥太多內容，當你開始和別人聊天，才有時間去反思。但是你必須留意，別讓聊天變成了自我辯護。

> 每天晚上蘇西都會熬夜到半夜一、兩點，和朋友閒聊各自的感受有多糟：他們看不到曙光，不滿意自己的一切。朋友安慰她說她人有多好、多親切、多風趣、多聰明，他們有多喜歡她，她對他們有多重要。但是這些老掉牙的安慰，如今對她來說就像耳邊風，不再有任何作用，她安慰朋友的話也一樣。的確，到了深夜，一般人早已疲累不堪、情感也比較脆弱，朋友的安慰沒有辦法紓緩情緒，也無法解決問題。事實上，一旦成為好友圈的一份子，你也必須跟著表現出悲傷。所以，如果想要好過一些，就別在深夜和朋友一起大吐苦水。
>
> 不幸的是，蘇西有個朋友因為有精神病風險必須住院，她聽到消息後心情非常複雜。她非

19 譯註：《愛之島》是英國的約會交友實境節目。

常難過，害怕很可能就要失去這個朋友；但另一部分的她卻認為該住院的是她。由於她的情況沒有這個朋友那樣糟糕與重要，她感覺若有所失。這件事嚇壞了她的父母，他們擔心朋友之間會相互影響，所以到了晚上直接沒收蘇西的手機。有一陣子蘇西和父母之間衝突不斷。

當暗黑心情占據你的感性思維，你願意的話請找其他人聊聊，將負面想法從腦海中抹除，幫助你從其他角度看待事情。有時候大腦會浮現某個瘋狂想法，但是你感覺它似乎很合理、也有充分理由。如果你大聲把它說出來，就能和它保持距離，站在距離負面想法稍遠的位置，重新審視自己這個想法。把想法寫下來也一樣。當你說出來或是寫下來，就很容易發現你的邏輯是否有誤、感受是否不一致，或者是否過度放大情緒；反之如果你一直憋在心裡，就很難發現。我通常會對病人說：「當你大聲說出自己的想法，你覺得它們聽起來如何？」他們多半會說，聽起來很蠢或是完全沒有幫助。這樣做能幫助他們從正確角度審視自己的想法。

然而，就如同先前我提到的，有時候即使你大聲說出想法，還是找不到自己的理性思維。有時候你的感性思維確實卡關了，你需要好友、父母或是治療師的智慧，好意給你一點刺激，挑戰你的想法。你需要對你據實以告、開誠布公的朋友。但是你也要有足夠勇氣，傾聽不同的聲音。

自從手機被父母沒收之後，蘇西就會在晚上爬窗出去，躺在平坦的屋頂上抽菸。一開始她只是為了激怒父母，但後來她發現自己真的很喜歡做這件事：躺在屋頂上看著星星閃爍、浮雲掠過。比起在室內，待在戶外時她心情好多了，原本的負面想法一掃而空。就某方面來說，這也是一種冥想方式，只不過我沒有告訴她，因為一旦說出口，她很可能就不去做了。後來她的睡眠時間開始增加。

我趁機對她說，或許用不同方式做某些事情，或是用不同角度思考某些事情，能夠改變她的感受。她很抗拒這種想法。我說的是抗拒：我成了另一個告訴她該怎麼做才能好過一些的該死的成年人，另一個以為替她找到答案的成年人。沒錯，她回答說，而且第一次直視我的眼睛。我猜她心裡在想：「沒錯，這個奇怪的女人似乎有點懂我，有點理解我。」

對多數人來說，聊聊自己的感受讓其他人理解，這過程其實非常有用。許多年輕人發現，透過和其他人聊天，他們開始了解自己。和朋友談談你的感受，必定可以幫助你釐清是什麼原因引發某些感受和行為。但是，如果這時候剛好有個好友願意誠實說出他自己的感受，你就能明白，其他人會用很不一樣的方式思考相同的處境；只要採取不同思考角度，就會產生不一樣的感受。

所以，聊天確實有好處，那麼是哪些因素導致你不想和其他人聊天？根據我的臨床治療經驗，許多人會面臨兩大障礙。第一，不想將自己的感受強加在其他人身上；第二，不知道要說什麼。

當你和朋友聊天時，必須在說話和傾聽之間取得適當平衡，你不希望自己情緒失控，但是我發現，如果你擔心會把自身情緒強加在朋友身上，也就代表你可能沒有這麼做。既然你有疑慮，就表示你對這個問題很敏感，或許寧可當個傾聽者，也不願意說太多話。但是我在友誼那一章提過，聊天就是要展現自己脆弱的一面，藉此建立親密感和情感連結。如果你不願意對家人和朋友吐露自己的感受，與他們之間就會變得疏離：如果你不願意對朋友展現自己的脆弱，你們之間就很難變得親近，關係很難維持長久。如果你不讓朋友知道你內心的想法，或許你得問自己，是否要讓他們成為你的朋友？

至於該說些什麼，或許你聽過這句話：「叫得出名字就不用怕。(name it to tame it)」每次療程一開始我都會問：「你好嗎？」對方會說：「很好。」然後我通常會說：「你真的好嗎？」他們就會告訴我實情。但有時候，年輕人說不出口。他們很難找到字眼描述內心正經歷的抽象感受。不過，有能力說出是什麼感受，只成功了一半。在這種情況下，我通常會使用情緒輪盤（emotional wheel）作為輔助，你也會發現，坦白說出內心感受確實很有幫助。

請看下一頁的情緒輪盤：如果你覺得說不出來，不確定自己是什麼感受，就從最內圈開始，確認自己大致屬於哪種情緒類別，然後再移動至下一圈，試著明確指出確切感受。這樣真的會有幫助。

我們在第三章〈朋友〉會提到，你們有些人不知道或是不懂得表達情緒。這並不是說你們沒有感受，你們只是沒辦法察覺、讀取和歸類自己的感受。生活中你必定會有某些時刻情緒特別強烈，像是極度悲傷、憤怒或焦慮，如果你沒辦法確認或是處理自己的情緒，它們就會以其他各種方式宣洩出來。

想要了解自己的情緒，就必須以後設觀點看待它們。後設觀點的意思是，跳脫自我之外，搞清楚自己內在的真實感受。很少有人瞬間就知道自己有什麼感受；幾乎所有人都需要暫停一下，釐清思緒：重新審視自己的身體和心理、情緒和想法，蒐集所有訊息，然後才找到正確的字眼。

接受諮商和治療，有助於你學會如何採取後設觀點看待自己的情緒，因為會有人在一旁引導你。你也不用擔心會將自己的情緒強加在朋友身上，因為在接受諮商和治療時，你可以任意說出自己的想法和感受，不用顧慮另一個人的感受。優秀的諮商師或治療師，會協助你找到適當的字眼表達自己。現在多數中學都有提供諮商服務管道。諮商可以提供你一個空間，談論、反思和釐清你的情緒感受，以後設觀點審視自己。但是，如果你要接受治療，學校通常不提供，一般來說必須前往健康服務機構；如果你的問題已經持續很長一段時間，或是情況比較嚴重，就得要接受治療。好的諮商師或治療師應該具備同理心，理解你的感性思維，但是想法上和你有些差異，

情緒、想法和感受

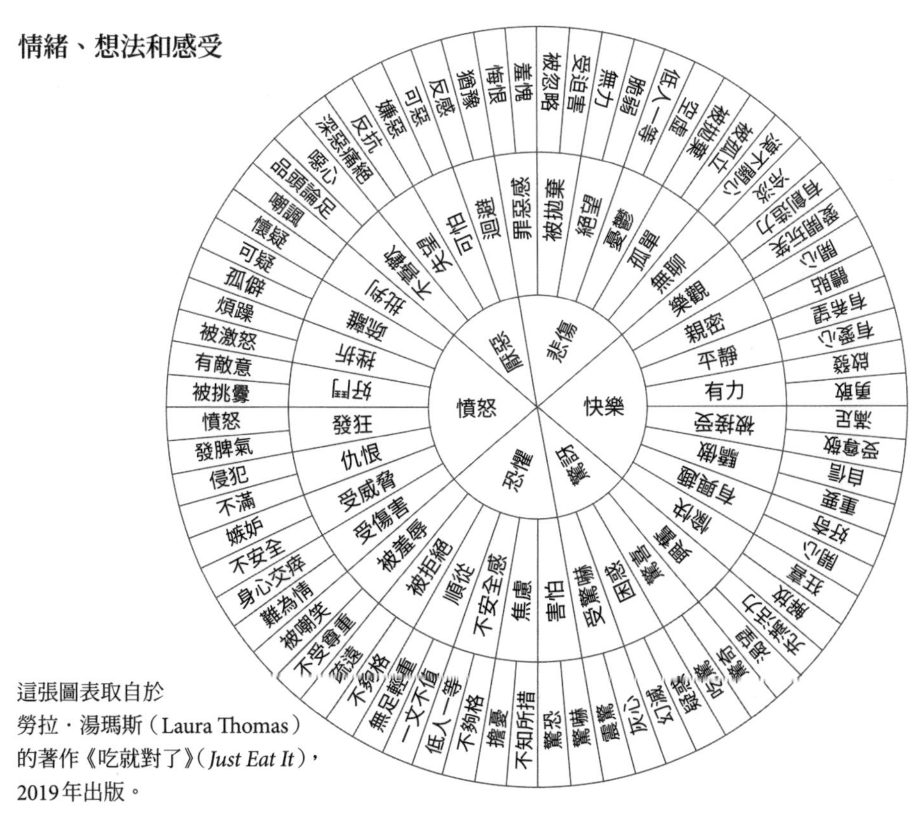

這張圖表取自於勞拉・湯瑪斯（Laura Thomas）的著作《吃就對了》（*Just Eat It*），2019年出版。

這樣才能幫助你擺脫困境。

關於諮商和治療，最後我要說的是：如果你嘗試過了，覺得不喜歡或是認為沒有幫助，那麼你可以在別的時間點、選擇不同治療師再試一次。找到適合你的治療師就和尋找牛仔褲一樣——不是所有風格的牛仔褲都適合你。

因為晚上沒有手機可用，再加上朋友住院的消息令她十分錯愕，但也可能是感覺有人理解自己，後來蘇西開始有些改變。她決定普通中等教育證書考試課程（GCSE）結束後轉學[20]，就讀某所大型預科學院（sixth form college）[21]，但是她知道必須通過考試才能轉學，於是便開始認真讀書。就讀普通教育高級程度證書課程時，她選擇修讀真正適合自己的科目，沒有遵照父母期望。她用不同方法表達自己的認同，惹父母生氣，例如：把頭髮染成綠色，打了新耳洞。後來她找到一份兼職工作，所以不在家的時間更長，變得愈來愈活躍，直到深夜才上床睡覺。她的行為開始改變；情緒也開始轉變。這其實是雞生蛋、蛋生雞的問題。

◎做事

心理學研究顯示，「行為活化」（behavioural activation）和抗憂鬱藥物一樣有效，有助於治療憂鬱症。什麼是行為活化？這是心理學專有名詞，其實就是做事的意思。當你覺得難過或情緒低落，什麼事都不想做。你只想坐在漆黑的房間裡，聽著悲傷的音樂，大口吃著一整桶冰淇淋；你覺得父母很煩，所以故意和他們唱反調——你們懂個屁？這些行為很重要……但只能是暫時的。不論你失去了什麼，都會覺得難過、傷心，但是過了一段時間，你就應該阻止這些行為，否則就會變成自我應驗的預言，使你再度陷入那些兩難處境。聆聽悲傷的音樂，只會讓你更難過；一個人吃完所有冰淇淋，沒有留給其他人，你的心情也好不到哪裡去；你不該對你媽說她的呼吸很大聲，這話太刻薄。去做你喜歡的活動，改變所處環境，走到戶外，連結你的感官。另外，以下建議也很重要，能幫助你擺脫悲傷。

◎為另一個人做某件事

還記得之前提到「感受的四個層次」嗎？（如果忘了，請參考第一〇〇頁）。你難過的時候，有可能進入自私的情緒狀態。當你感到難過或憤怒時，會深陷自己的想法之中，只想到自己有多麼不幸。但是當你想到其他人，就會戳破你的感性思維泡泡，不過只有當你心裡所想的與你個人有關才會如此，例如：「他們不喜歡我」、「他們對我很小氣」、「甚至沒有人在乎我在不在」。我在第三章〈朋友〉討論社交焦慮時，曾提到一個小技巧：想辦法和另一個人的想法真正產生連結，別去想其他人會如何看你；這個方法同樣有助於擺脫不快樂的情緒。接下來你可以嘗試做一件小事，藉此和朋友建立連結或是幫助他們，這麼做一定能幫助你遠離悲傷。你可以傳短訊給他們：

20 譯註：英文全名為：General Certificate of Secondary Education，英國中學生完成兩年的普通中等教育證書課程（相當於台灣的國三與高一）之後，通過考試才可取得普通中等教育證書。若想要繼續升學，可申請就讀普通教育高級程度證書課程（General Certificate of Education: Advanced Level，簡稱 A Level）或其他同等學力課程。

21 譯註：相當於大學先修班，專門為準備大學入學考試的學生提供學習課程，包括普通教育高級程度證書課程，為期兩年。

「你媽媽／男友／你一直很擔心的考試結果還好嗎？」讓某個人知道你一直很關心他們，很**想知道他們感覺如何**，就能避免一直耽溺於自己的感受。做一件讓他們或另一個人覺得貼心的事情，例如：探望你的祖母、坐下來和你的兄弟玩玩樂高、為某個人做蛋糕。這些事情能夠讓你跳脫自私的自我，幫助你重新與那個體貼、好心、總是想到別人的自我建立連結。我知道你是這樣的人。

當你心情難過時，投身某個超越你個人的組織或活動也不錯。每當你閒來無事、不停滑IG，看到每個人的動態都比你的精彩、或是過得比你好，會很容易變得情緒低落。你可以擔任志工、為某個組織或使命發起活動，例如「黑人的命也是命」、國際特赦組織、氣候緊急或動物福利，藉此重新找回自己的價值觀[22]，你會感覺自己是有價值的，不再受困於自身的想法。你可以在自己的臥室發起活動；我特別喜歡國際特赦組織為政治犯和酷刑受害者發起的寫信活動。面對面工作、當志工、發起活動、參加遊行，或是用某種方式貢獻一己之力，例如在安親班陪小孩讀書，這些都能幫助你擺脫負面心態。我們常會落入相互比較的陷阱，只看到別人在某方面比自己還要優秀：更聰明、更漂亮、更有錢、有更多朋友。有了社群媒體之後，人與人之間就更容易比較。而前文提到的那些超越個人的活動，能幫助你掙脫這個陷阱，重新看見自己的優勢、得到的厚待、內心的感激之情。當你開始投入那些活動，代表你已經有了明確目的，能夠創造改變。

◎乘著情緒波浪

先前曾提到，情緒是一種身體反應。即使是在負面情緒最強烈的時候，它們也不會持續太久。例如：某個人過世，你覺得心痛，但是心痛的情緒會有高低起伏，在這段期間還是有某些片刻你覺得心情愉快、放鬆、充滿希望。在心理學領域，我們時常提到「乘著情緒波浪」的概念。你要好好呼吸、連結、聊天、休息、進食、活動身體。你的感受會逐漸變得強烈，然後漸漸消退。每個人都會偶爾受傷，你一定能度過這一關。

◎連結你的感官

當你全力乘著情緒波浪時，如果能連結自己的五感，必定能幫助自己再一次看清現實：

- 你看見了什麼？什麼顏色、形狀？是否看到以前你沒注意到的事物？
- 你聽到了什麼？你周遭的環境中，有什麼聲音是持續存在？又有哪些聲音更加突出與明顯？
- 這些事物帶給你什麼感受？你要穩穩站在地面上。用心感受雙腳站立的地面。把雙手放在座椅上，感受一下臀部和背部的支撐力量。
- 你聞到了什麼氣味？你能擺放一些聞起來讓你身心舒暢的東西嗎？
- 你嚐到了什麼？嘴巴裡是否有能讓你心情愉快的味道？或許是咖啡、巧克力或薄荷牙膏的殘留餘味。
- 這個練習在戶外特別有效，同樣能幫助你不再被自己的想法困住，重新與現實產生連結。

22 關於價值觀，可參考第八章〈螢幕與網路〉。很抱歉，這一章有非常多內容和其他章有關，不過這很難避免，因為情緒和感受是這本書的主軸，它們與其他許多主題都有關。

◎寫下來

有時候你的感受（想法和情緒）確實卡住了。寫下它們也是將這些感受從腦海中抹除的好方法。當你把事情寫下來，它們對你來說就變成了「其他」（other），跟你之間有一點距離，所以你能採取後設觀點看待它們，就像接受適當治療時達成的效果那樣。書寫能把你拉回對你更有幫助、更貼近現實的位置，幫助你繼續向前。但是你必須採取第三人稱視角，才能以後設觀點書寫，改變自己的感受。而我注意到，如果是寫在電腦螢幕上，特別是寫在手機上，似乎沒有辦法像寫在紙上那樣，令你強烈感覺到自己在用第三人稱視角書寫。（我想可能是因為我們一直帶著手機，手機已經成了我們個人、精神的延伸。）另外有證據顯示，每天寫下令你心懷感激的事情（有時候我們稱之為「感恩日記」），也能轉換心情。[23]

最後、也是最重要的一點，我想懇求你們一件事。拜託，拜託，拜託，一定要**好好對待自己**[24]：在〈想要知道更多嗎？〉單元，我列出了一些如何善待自己的資料連結。我的意思是，別為了處理過不去的情緒，而去做那些苛刻自己的事情。但是另一方面，也不要耽溺在自己的感受裡。你要承認自己當下的感受，讓自己去體會它們，但是不要陷入其中、不斷糾結。認清現實，盡可能用對自己好的方法，遠離或擺脫這些感受。不要因為內心產生某種感受，而虐待自己。但同樣重要的是，別一直放任不管，任由感受主宰你。找到情緒平衡點，培養情緒能力。如果很難走出困境，那麼善待自己，尋求其他協助。

23 至善科學中心（The Greater Good Science Centre）有許多關於感激的研究報告：ggsc.berkeley.edu/images/uploads/GGSC-JTF_White_Paper-Gratitude-FINAL.pdf

24 可參考克莉絲汀・娜芙的著作，相關資料可參見第二章。

5

焦慮和擔憂
Anxiety And Worry

「心神不寧非常可怕。你感到害怕、滿身大汗，但是你不知道自己在害怕什麼。」

——楚門．柯波帝（Trauma Capote），《第凡內早餐》（*Breakfast at Tiffany's*）

「世上的事情沒有好壞之分，是想法使然。」

——莎士比亞，《哈姆雷特》

我們有這麼多情緒，卻沒什麼時間去探究它們。那為什麼還要花單獨一章討論焦慮、恐懼和擔憂？因為有非常多調查顯示，現在的青少女和年輕女性普遍有焦慮問題。[1]看來你們似乎得了焦慮流行病。

關於焦慮流行病，目前我們已經知道：前幾個世代的人雖然遭遇許多逆境，不過他們的焦慮程度沒有你們高。但是我認為這不是因為你們這一代不如前幾個世代勇敢。你們擔憂的事情和前幾個世代看起來差不多：不外乎學校、學業、外貌、家庭和朋友。[2]但是引發這些擔憂的情境脈絡已經產生變化，在目前脈絡下，你們的擔憂會受到煽動、變得更強烈。我們不妨用氣候變遷做比喻：全球暖化導致天氣型態的變化愈來愈劇烈、愈極端；同樣的，由於社會變遷，原本如風一般的擔憂心情，演變成像龍捲風一樣的焦慮。如同旋風或颱風，焦慮是一股螺旋力量，它旋轉時強度和速度都會逐漸增加。

那麼，為什麼是現在？什麼樣的社會會煽動焦慮？這問題很弔詭，不容易回答。其中包含多重因素，要了解這個問題，我們得回歸基本面。

什麼是焦慮？

當恐懼或擔憂達到臨床標準（例如它們開始對你的日常生活帶來負面衝擊，而且持續時間太久），我們就會使用焦慮這個名詞。我在這一章會交替使用這些字，所有內容也完全適用於焦慮相關情緒，例如：恐懼、擔憂、強迫意念、恐慌、恐懼症。讀完上一章之後，我們必須記住任何感受都包含五項元素：其中四項與你有關，第五項是情境脈絡。心理學家通常會將與你有關的四項元素畫成「認知四方形」，還記得第一〇一頁的圖表嗎？

一、生理：你的身體有什麼反應

二、行為：你做了什麼

三、認知：你有什麼想法

四：情緒：你有什麼感受

五：這些感受所存在的脈絡或情境

我們也提到了你的想法和感受會落入「感性思維」，一旦發生這種情形，你就不太可能考量現實狀況（情境）。

在談情緒的第四章，我們沒花很多篇幅討論生理面，也就是我所說的身體反應，但是這部分對於理解焦慮非常重要。〔3〕一旦陷入焦慮，你的身體和心理都會感受到。事實上，身體的每個部位幾乎都會做出反應，它們都屬於「焦慮反應」（anxious response）的一部分。一旦你察覺到威脅，你的身體會比意識思考（conscious thinking）更快速反應，這樣才能確保你順利存活，幫助你遠離

1 請參考：www.ons.gov.uk/peoplepopulationandcommunity/wellbeing/bulletins/youngpeopleswellbeingintheuk/2020

2 根據網站報告（www.childrenssociety.org.uk/good-childhood），你們和前幾個世代擔憂的事情很類似，但不完全一樣。年輕人愈來愈擔憂兩大領域：教育和外表。這也是為什麼接下來兩章的主題為教育與體重身材。

3 以下網站清楚扼要地說明壓力反應：www.health.harvard.edu/staying-healthy/understanding-the-stress-response

可能造成傷害的事物。有時候人們稱之為「戰鬥或逃跑」反應——當你察覺到威脅，身體會準備好戰鬥或逃跑。

那麼，身體會如何反應？知覺系統會立即自動刺激腎上腺素和皮脂醇荷爾蒙分泌，促使你心跳加速、呼吸急促、胃蠕動加快、汗腺分泌增加。這些反應會導致體內血糖和氧氣濃度升高，因為如果你準備要戰鬥或逃跑，身體會需要大量氧氣和能量。我們稱這種反應為「交感神經激發」（sympathetic arousal）。你的身體會急速做出反應，就好比你踩到狗爪時狗會迅速作出反應，或是貓看到狗時的反應。

我們不妨回想一下，在更原始的年代，某個穴居的女性從洞穴走出來，正好遇到一隻劍齒虎，她必須非常迅速採取行動。她一看到那隻老虎，所有荷爾蒙便在體內流竄，產生戰鬥或逃跑需要的能量。這就是「交感神經激發」：讓身體為之後的體能消耗做好準備。同樣的，現在如果你走在街上，有人突然從後面跳到你身上，你必須迅速做出反應。

由於一切發生得太快，你的意識思考必定會稍微延遲一些，才做出反應。

我認為了解這個時間差最好的方法，就是有人跳到你身上的時候。當下你的本能反應是立刻跳開，交感神經激發會刺激身體產生這些反應。一切都是無意識的，對吧？不是你決定要跳開或分泌荷爾蒙，這些都是身體的本能反應，就和動物一樣。你可能會嚇一跳，立刻舉起雙手保護胸部；你會露出驚嚇表情。這一切都是無意識反應。

緊接著你的思考系統會開始做出反應，評估眼前的情況是否有危險。如果你發現那個人是朋友，他只是在開玩笑、想要嚇你，這時就會有訊息傳遞給你的身體，讓身體放鬆。一開始情況確實有些驚險，但是當你搞清楚狀況，就沒什麼好害怕的。一開始為了生存，你會基於本能立即做出反應，稍後片刻才會有意識地去理解真實情況，你朋友正是利用兩者之間的時間差開你玩笑。

但是如果那個人是搶匪，你的思考系統或許會立即決定不要戰鬥（他們身上可能有刀）、或是不要逃跑（他們可能跑得比你快），然後很不情願地交出自己的手機。

在討論友誼的第三章我曾經解釋：大腦有三層，其中核心區與動物相近，所有無意識行為都發生在此區；中間層是邊緣系統；最外一層是皮質，負責處理理性思考。一開始的交感神經激發是發生在核心大腦與邊緣系統之間，最外一層的大腦則會在稍後跟上。它雖然速度較慢，但是運作機制更精密複雜。

面臨人身威脅時，焦慮反應是很有用的生存機制。但是到了現在，這種機制面臨兩大問題：第一，我們在情緒那一章曾提到，當你的思考和情緒結合，理性思維就無從介入。第二，現在你面臨的威脅類型，通常不需要做出戰鬥或逃跑反應。

以上兩大因素造成了焦慮的惡性循環，這有很大一部分是你的想法、而不是現實所引起的。

誘發焦慮的內部和外部因素

到目前為止，我們介紹了簡單的焦慮模式，也就是當你遇到野生動物或搶匪的威脅時，本能大腦會受到驚嚇，立即做出焦慮反應。

然而，現在你面臨的許多威脅雖然不會直接造成人身威脅，不需要做出戰鬥或逃跑反應，卻更加複雜。舉例來說，害怕考試或測驗會使你做出戰鬥或逃跑反應，但是你不會去揍監考人員或是落跑。這時候你的身體會出現明顯的交感神經激發反應，例如血糖和氧氣濃度上升，但是這些能量沒有出口可以消耗掉。你們青少女或許常覺得，在友誼關係中或是自己的社會地位受到威脅（「我會被排擠或霸凌嗎？」）這時候你也不可能逃跑，和別人戰鬥更非「良策」。

這類型威脅的不同之處在於，它們是被你自己的想法誘發或誇大的。過程如下：發生某個誘發事件（例如好友們沒有出現）促使你的大腦瞬間產生擔憂的想法（他們不喜歡你），這個想法導致交感神經激發，最終引發焦慮。當然，有時候這些威脅真實存在，而且就發生在你身體外部：考試是真的，與朋友鬧翻也是真的。確實沒錯，但是並非所有人都認為這些事情是威脅。是你的想法賦予了這些事件**意義**，才使得它們變得可怕。所以，如果你覺得考試不重要，或是不在意自己考得好不好，或許就不會焦慮。相反的，如果你非常在意成績卻又不夠用功，而且認為如果自己搞砸了，老師和父母一定會很生氣，那麼你可能會變得更焦慮。雖然一開始的誘發事件來自外部，也就是考試，但最終是**你的思考**決定了是否會引發焦慮。

我說「思考」是引發焦慮的因素並非要貶低你的焦慮。我絕不是說「都是你想像出來的」。別忘記這個重要事實：焦慮絕非「全是你想像出來的」，也絕非「只是身體反應」。當你感覺自己受到攻擊，或是擔心自己的未來，就會陷入焦慮，你的身體和心理會同時做出反應。但是還有一件事很重要，你要記住，即使沒有發生外部誘發事件，你的心理也可能會陷入焦慮：心理完全可以自行製造威脅。或者，更有可能的情況是，你的心理會將某個完全中立的事件解讀為具有威脅性，例如：你朋友之所以沒有出現，是因為他們被留級，而不是因為他們拋棄你或討厭你。

接下來我花點時間做總結。當你感到焦慮，有可能是以下三種因素引起的：

- **外部事件**：某個外部事件誘發了無意識的本能反應，例如：某輛車快速衝向你；某人跳到你身上；一隻洛威拿犬對你吠叫；一顆曲棍球打到你的頭；你搭乘的飛機遭遇亂流。
- **外部事件與你對這事件的想法相互影響**：例如：你要參加考試（外部事件），而你認為自己還沒有複習完；或是看到朋友全部躲在一旁聊天（外部事件），你認為他們是在說你。
- **內部來源**：發生了不重要的外部事件，或是沒有發生外部事件，但是你的感性思維產生了讓你陷入焦慮的想法。例如：你記得昨天朋友都在討論你，你覺得他們三不五時就在聊你的八卦，他們一定都很討厭你；事實上，你覺得沒有人喜歡你，你永遠不可能有朋友。

焦慮螺旋

還記得你的感性思維嗎？也就是你的情緒與你對於某事件的看法相互結合（如果你需要提醒，請參考第一〇四頁）。焦慮之所以特別難應付，是因為情緒引發的身體反應會很強烈（你會感覺忐忑不安、口乾舌燥、流汗、心跳加速），導致思考完全被身體反應牽著走。當身體開始顫抖或臉部漲紅，或是感覺心跳像每小時一百英里一樣快速，這時候你很難不去想是不是哪裡出了差錯。你的思考在回應你的身體、回應內在想法，卻忘了跳脫思考本身去尋找你的理性思維。

當然啦，你的身體可能會回應你自行編織的某些想法。好比說，你懷疑自己能否通過考試。

這就是為什麼焦慮有點像旋風。它可以因為你腦中閃過某個念頭就憑空出現，誘發身體反應，然後反過來刺激更多思考（真不敢相信，我竟然會因為這件事焦慮，實在太可笑了！），不知不覺中你已經陷入了混亂。

以心理學術語來說，這就是「焦慮螺旋」（anxiety spiral），認知四方形的每個部分都有可能成為**誘發事件**，或是對其他部分**做出的回應**。多數心理學家認為，畫出以下圖表會很有幫助。

所以，舉例來說，如果你腦中閃過這個念頭：「天啊，希望老師別點到我回答問題，我完全沒在聽。」你會因為預期心理導致心跳開始加快，接著腦袋閃過第二個念頭：「我覺得自己好沒用，竟然擔心被老師點名。」第二個念頭可能會強化生理激發。你的核心大腦和邊緣大腦會誘發身體反應，應付外部攻擊，例如有人批評說你很沒用。雖然是你自己這麼認為的，但這不重要，不論是你內心對自己說、或是另外一個人對你說，你的身體都會做出相同的反應——血糖升高，呼吸變得急促，焦慮愈來愈嚴重。

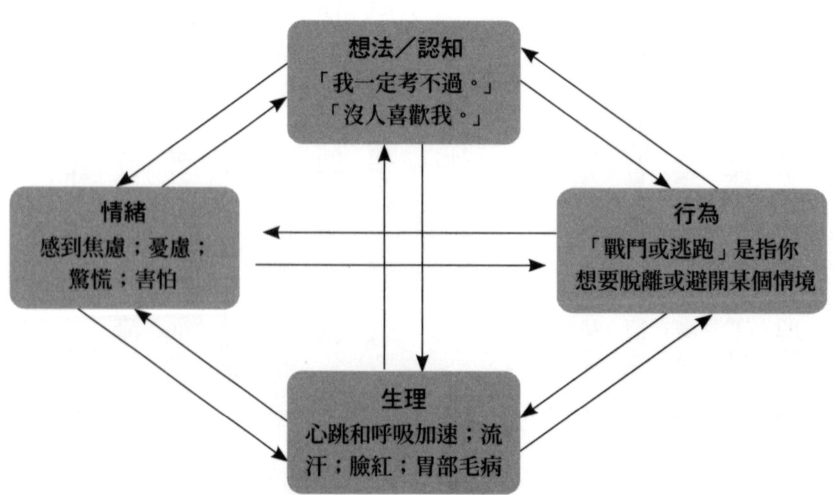

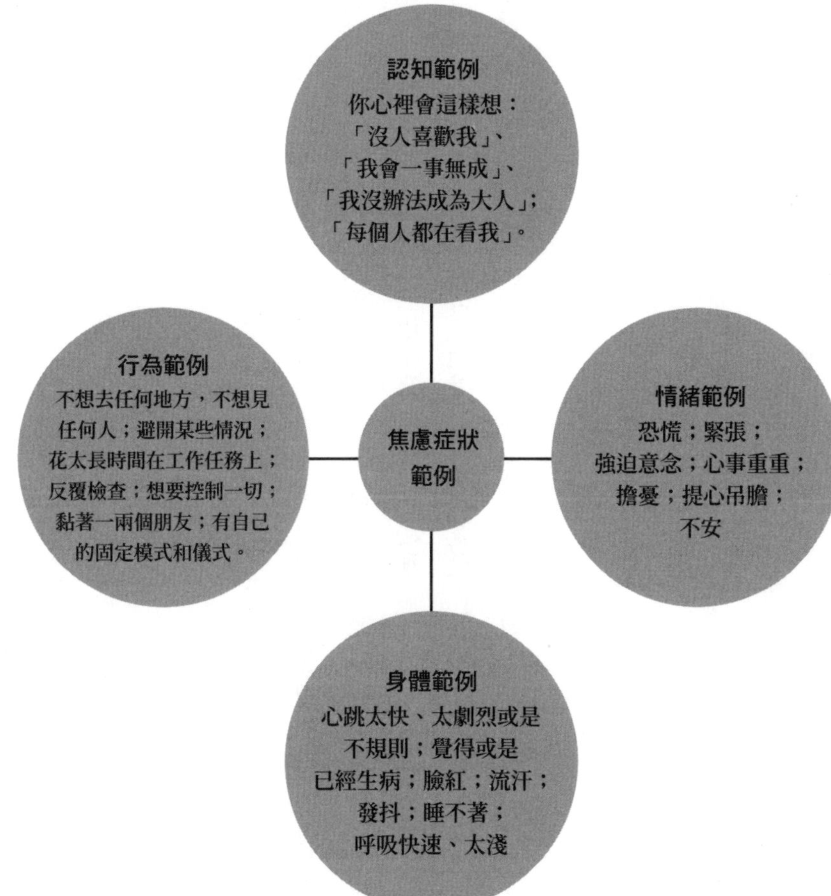
認知範例
你心裡會這樣想：
「沒人喜歡我」、
「我會一事無成」、
「我沒辦法成為大人」；
「每個人都在看我」。
行為範例
不想去任何地方，不想見
任何人；避開某些情況；
花太長時間在工作任務上；
反覆檢查；想要控制一切；
黏著一兩個朋友；有自己
的固定模式和儀式。
焦慮症狀
範例
情緒範例
恐慌；緊張；
強迫意念；心事重重；
擔憂；提心吊膽；
不安
身體範例
心跳太快、太劇烈或是
不規則；覺得或是
已經生病；臉紅；流汗；
發抖；睡不著；
呼吸快速、太淺

出現上述生理反應的年輕人，一聽到這些症狀是焦慮引起的，有時候會覺得自己的症狀被貶低。他們覺得沒人相信他們，或是直接對他們說：「都是你想像出來的。」請放心：你的身體變化都是真的，並不是你憑空想像。不論誘發事件是否來自外部、內部或兩者皆有，你的身體確實出現那些症狀。不一定要有外部原因，身體才會出現症狀。

十三歲的艾蜜莉（Emily）因為不明原因嘔吐、體重下降，轉診到我的診所。她做了一堆體檢，卻始終找不出嘔吐原因，她沒有節食，也不想變瘦。她的情況讓人有些摸不著頭緒，不過當我們討論她的問題時，我注意到艾蜜莉呼吸快速、急促、而且很淺。她很焦慮。艾蜜莉的焦慮幾乎完全透過身體症狀表現出來，但是她心理上卻不認為自己焦慮。她很難想像身上的症狀有部分是心理因素造成的。她覺得這麼想是貶低她的身體症狀、或者令這些症狀變得沒那麼真實，或是覺得我們不相信她。所以我們很難說服她答應接受治療。

社會情境下的焦慮螺旋

到目前為止，我們已經知道焦慮是特別有害的情緒，它幾乎可以憑空出現，當身體開始出現症狀，大腦會產生某些想法回應它們，導致焦慮愈來愈嚴重，反之亦然。

引發焦慮的過程一向如此，那麼為什麼**現在**有那麼多人感到焦慮？

要解答這個問題，我們得要了解你處於什麼社會情境。還記得在探討家庭的第二章，我畫了一張系統圖表（參見第四十二頁）？你和你的家庭並非憑空存在；外部世界之間會相互影響。你其實是生活在某個社會、學校、大學、工作場所、你的同儕團體、你家庭的情境之中。現在由於發生某些特殊因素，你陷入了焦慮螺旋。

會引發焦慮螺旋的有以下情境：

- 事情發展太快，你沒有時間停下來思考。你的身體情緒不斷拉扯你，而你的理性思維無法跟上。是劍齒虎嗎？是搶匪嗎？或者只是朋友跳到你身上？
- 情勢充滿變數，你察覺會失控。由於充滿變數，所以會有無限種可能，這令你完全摸不著頭緒。
- 不斷出現各種比較，或是讓你感覺有競爭壓力：「我夠好嗎？我會達標／成功嗎？」

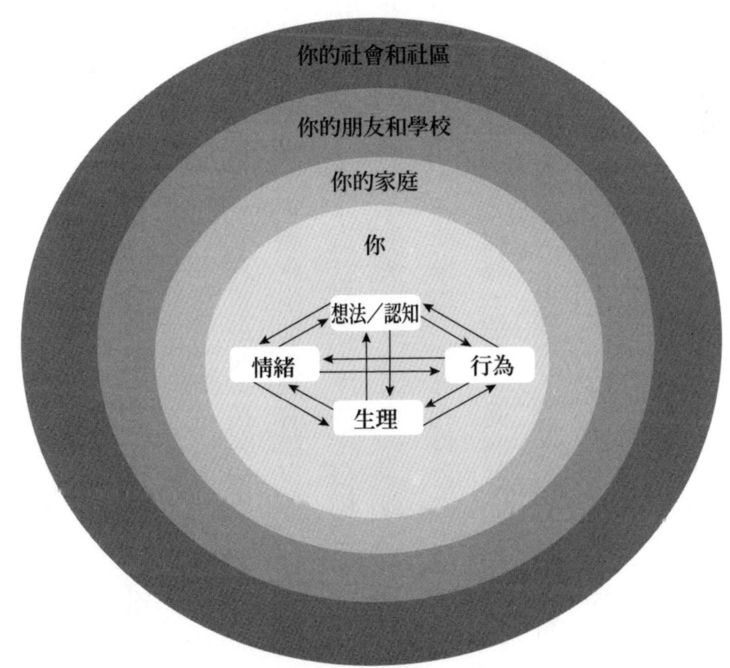

- 面臨極端情況，例如期末考、失去、死亡、分手。

為什麼現在年輕人的壓力這麼大？

所以，分析社會情境的不同層面，我們就能理解，為什麼現在的生活讓年輕人感覺壓力沉重。

- **社會**：我們生活的社會必定會影響我們的心理健康：例如受到種族歧視，或是成為厭女情結攻擊目標。現在的社會極度全球化、緊密連結，讓你更加意識到生活充滿各種可能，你也會看到許多人的成功故事。你很容易因此相信自己比不上別人（「她有二十萬ＩＧ粉絲，我只有兩百」，或是「她十八歲就得了美國公開賽冠軍」）。溝通步調愈來愈迅速，你不得不跟上，因而感覺自己不停在賽跑。你的大腦因為承受太多刺激，負荷過重。當今的視覺文化鼓勵人們相互比較，嚴重傷害社會連結（social connectedness）和個人自尊。消費主義的核心就是營造不滿情緒，運用誇大說詞想盡辦法強迫你買更多：你非買不可。你感覺不停在追逐，永遠看不到終點，於是陷入了焦慮。你可能會以為這是一種「不停要更多、更好」的態度。永遠覺得不夠。
- **社區**：隨著全球連結度愈來愈高，地方社區意識變得更加薄弱。雙薪家庭與經濟移民（人們為了工作離開從小生長的家鄉）崛起，你每天愈來愈少有機會見到熟識的人。這不完全是壞事。以我來說，我就不想回到鄉村社區。但可以確定的是，比起你的母親和祖母，你每天生活的世界更難預測：你的世界更寬廣、更自由、更有趣、更有活力、機會更多，但也因此存在更多變數。你的價值觀和信仰（例如關於性慾）有可能與生活的社區相互抵觸。這樣就有可能引發焦慮。

- **你的學校、學院和大學**：過去一個世代以來，大眾愈來愈嚴格監督教育環境是否良好。學校的教學品質，有很大一部分是由你在標準評估測驗（SAT）、普通中等教育證書考試，以及普通教育高級程度證書考試的成績來決定。這必定會影響學校和老師如何與你、與他們的學生建立關係。他們會更沒有時間顧及你的生活（認識你和照顧你）。外界會依據你的學業成果評斷學校和老師，學生也因此背負著必須考高分的壓力，不僅是為了自己，也是為了學校排名。
- **朋友**：不停擔心自己能否融入團體，一直是每個青少女的生活常態。在視覺、社群媒體導向的社會，你的焦慮會更強烈，因為你生活的各個面向都會被拿來做比較，包括：外表、尺寸、冷靜、運動才能、學術成就等等。為了有限的工作機會、大學入學申請或是獲得「按讚」數，你感覺一直在和別人比較、甚至競爭，這些感受都會傷害社會連結，降低歸屬感，引發更多焦慮。
- **家庭**：家庭生活中有非常多問題會引發焦慮，包括家庭破碎、無家可歸、健康狀況不佳，以及擔心財務等等。這或許不是你父母能掌控的，許多家庭會陷入容易引發焦慮的情境，但是錯不在他們。在這些情況下，如果孩子和父母能建立良好的依附連結，就能減緩壓力，因為父母會為了孩子盡最大努力。不過有些父母會經常製造充滿不確定、具有威脅的情境，例如虐待或藥物成癮。在這種情況下，小孩必定會提高警戒。

- 父母也可能因為加劇來自其他源頭的壓力（特別是學校方面的壓力），而誘發或引起新的焦慮。家人造成的課業壓力有可能是外顯的，也可能很隱晦。外顯壓力很明顯看得出來，包括愈來愈多家教、公文式補習班、緊盯小孩功課的直升機父母。你們將是第一代有可能比父母還要窮困的世代，這是導致壓力加劇的另一個「氣候變遷」因素。
- **你：**這裡的核心是你和你的焦慮，它們受到你周遭系統影響，並且由你的大腦與身體的綜合經驗，以及你的行為方式所構成。**但是**，你不應該將自己視為外部或內部力量的被動受害者：你有能力改變自己的想法、行為和生理反應，減緩焦慮。隨著年紀增長，你也會有愈來愈多選擇，可以自行決定將自己放置在哪個系統、以及要如何回應這些系統。請聰明做出選擇。

焦慮管理

如果想要減緩或掌控焦慮，你可以改變自己（你的想法、生理和行為），或是改變你所處的系統（社會、社區、學校、朋友和家人）。在第四章〈情緒、想法和感受〉，我介紹了許多大致上對心理健康有益的做法，其中也包括減緩焦慮。所以如果你覺得有需要，可以重新翻閱第四章。本章後半部，會特別著重於從內部化解焦慮的三種主要方法：

- 改變你的生理反應
- 改變你的思考

• 改變你的行為

我們深入剖析艾蜜莉的症狀後發現，她似乎是在某次胃病之後開始嘔吐的，此後在學校就經常感到噁心想吐。她覺得很尷尬，很擔心自己再次噁心想吐，或因為其他情況而去臉。於是她開始拒絕吃某些食物，或是避開某些情境，但是每當她感到憂慮，胃部就會快速翻攪，她開始心慌、覺得想吐，需要立刻衝去洗手間。一開始她沒有發現是自己的認知引起這些症狀的，後來她的情況逐漸惡化，身體出現愈來愈多症狀。對她來說，在這種情況下嘔吐反而是解脫，吐完之後她的胃就會停止攪動，不再因為緊張而想吐。

◎焦慮的生理管理〔4〕

當你感到焦慮，交感神經系統便會開始運作，其中大部分是自主運作，而非由意識掌控。它會影響幾乎你體內的所有系統和器官。交感神經系統中，只有兩種可以輕易受意識掌控，分別是呼吸和肌肉張力。

4 我看到許多年輕人放棄正念和放鬆，是因為他們和另外二十九位學生一起上課，而且教課的老師本身不是專家。所有因素都不符合標準，自然不會有幫助。還有許多學生打混摸魚，靜不下來。你擔心他們是不是在評論你或嘲笑你，或是想著那些酷男孩都在做什麼。現在，你可能喜歡放鬆／正念或是不喜歡，但你不能根據之前的經驗做判斷。這就好比說，你被老師帶去看電影，你認定自己不愛電影。如果你很焦慮，我會大力推薦你先嘗試各種方法，再決定它們是否適合你。www.freemindfulness.org/download有非常多類型的正念和放鬆練習，而且免費。你也可以參考：donothing.uk。「平靜」(Calm)和「冥想空間」(Headspace)應用程式都很棒，也提供一些免費練習，不過大多數都需要付費。

所以，雖然你無法放慢心跳、無法避免胃部翻攪，也無法停止流汗或臉紅，但是卻可以控制你的肌肉張力、呼吸速度和深淺。

這是小小魔法。

之所以說是小小魔法，是因為一旦我們控制自己的呼吸和肌肉張力，就可以誘騙身體不要那麼焦慮，開始抑制我們的交感神經系統反應。如果你的皮質（理性）大腦有意識地決定要更緩慢、更平穩地呼吸，這項指令就會回傳到核心大腦，接著核心大腦啟動使系統恢復平靜（稱為副交感反應），包括心臟、胃部和汗腺系統等不受意識掌控的器官，都會受到影響。

◎呼吸

當你焦慮時，呼吸可能會比平常更快、更淺，而且吸入的空氣多於呼出的。如果你沒有戰鬥或逃跑，沒有用掉這些多餘的氧氣，就會擾亂體內的呼吸平衡：如果肺部的二氧化碳太少，就會破壞血液的酸鹼平衡，導致血液偏鹼性。這有可能引發過度換氣症候群，出現身體搖晃、頭暈、頭痛等症狀，你會感覺快要不能呼吸。你的身體狀況如果嚴重到這個地步，恐怕會很嚇人。

看吧，我告訴過你，焦慮不完全是你想像出來的：雖然有可能是你大腦出現某個想法而引發焦慮，但是焦慮產生的作用是真實的，你的身體確實會出現症狀。

放慢呼吸速度，深深吸一口氣，然後完整吐氣，就可以讓體內二氧化碳重新恢復平衡，反轉整個流程。你可以誘騙自己的身體，讓它以為現在並沒有受到威脅。吐氣也有助於胸部肌肉和橫隔膜放鬆。

有非常多技巧可以幫助你吐氣，讓你更放鬆。有時候我會建議年輕人，吸氣加吐氣要數到十，如果吸氣時只有數到三或四，那麼吐氣時間就要更長，直到你數到九或十。先暫停一下，然後再次吸氣。不需要很精準地計算速度，這只是幫助你確認吐氣時間比吸氣長。你要盡力重新調整呼吸步調，學習控制呼吸。

另一個常見的做法是，用一隻手的手指沿著另一隻手的五根手指輪廓移動。先吸氣，沿著某根手指的一側向上移動；然後吐氣，沿著同一根手指的另一側向下移動。這練習的目的不是要確保吐氣時間比吸氣長，而是有個簡單的動作輔助計算，不需要為了數到十額外耗費腦力。它還有另一個好處，就是在學校課桌下也很容易做。

或者，你可以把手放在胃部，專心深呼吸。如果胃部有上下起伏，就表示你是運用橫隔膜深呼吸，而不是用胸部上端呼吸。

我們也常會不自覺地跟隨身邊親近之人的呼吸速度，所以如果有家人或朋友願意坐下來和你一起緩慢呼吸，你就可以跟隨他們的速度。

如果你已經轉變成過度換氣症候群，你或許會發現用紙袋呼吸會更容易一些。你只需要重新吸入之前吐出的空氣，就能再度提高體內的二氧化碳含量。〔5〕

雖然艾蜜莉並不接受她之所以嘔吐是因為焦慮，但她開始建立連結，認為每當自己想到這

5 空氣中的二氧化碳含量大約是〇．〇四％。雖然非常微量，但很重要。身體的呼吸反應其實與二氧化碳濃度有關，而不是氧氣的濃度。我們吐出的氣中二氧化碳含量是空氣的一百倍。

件事，呼吸就會改變，胃部開始收縮，臉部感覺漲紅。她喜歡有實際的方法來幫助自己控制嘔吐。因此她開始練習緩慢吸氣、吐氣，她也發現線上冥想很有幫助。每晚睡覺前，艾蜜莉還會練習漸進式肌肉放鬆和正向心像法（positive imagery）。到後來，她可以在飯前運用這項技巧讓情緒恢復平靜。她學會緩慢呼吸、放鬆肌肉，想其他事情。

◎肌肉張力

當戰鬥或逃跑反應啟動時，血糖和血液會離開大腦，流向四肢，使得四肢肌肉變得緊繃，準備好戰鬥或逃跑，例如逃避或是揍某個人。

如果你決定不逃避考試，也不去揍監考人員（這可能是最好的），你的肌肉會依舊持續緊繃、無法放鬆。但是只要你調整呼吸，就能有意識地控制肌肉張力，誘騙身體啟動副交感鎮靜反應。這是焦慮管理工具箱裡的第二個工具。

如果我說「現在放鬆你的身體」，會發生什麼事？你有沒有注意到你的身體變得癱軟？雙肩下垂？雙腿張開，放鬆地攤坐在椅子上或是躺在床上？臉部肌肉下垂？你可能會發現你的身體一直很緊繃。

解決的方法之一，就是漸進地放鬆各部位的肌肉。先從腳部開始：首先繃緊腳掌肌肉，然後放鬆；接著往上移到小腿肌肉，重複相同流程，然後依序是大腿、臀部、拳頭、手臂和臉部。接著深深吸一口氣、憋氣，同時聳肩，讓肩部盡量靠近耳朵。然後放下肩膀，讓全身處於放鬆狀態。

在本書最後的〈想要知道更多嗎？〉，我列出了幾個與漸進式肌肉放鬆相關的連結。你可以在睡覺時間練習放鬆，這絕對是一種技能，需要不斷練習，日後當你需要時就能立刻派上用場。

◎焦慮的認知管理

好的，重點來了。焦慮並非「全是你想像出來的」，但是它「確實存在你的想法裡」，你的想法是抵抗焦慮的重要工具。大腦和呼吸、肌肉張力一樣，多數時候都是無意識地運作，但是你可以有意識地控制部分大腦運作。

如果你不希望成為焦慮的受害者，就必須對抗焦慮。我說過，你的想法會加深你的擔憂（「我準備不夠……這次考試成績一定很難看」），然後創造虛幻的擔憂（「我的成績只有B……普通中等教育證書考試一定過不了」）。你必須對抗這部分的大腦，然後再次對抗。一次又一次地持續對抗。

為什麼需要對抗這麼多次？因為大腦設定了許多神經路徑，有些路徑比較常被啟動，時間久了自動變成了預設路徑。大腦會逐漸習慣這些路徑，因為簡單、快速，而且使用過很多次。久而久之，大腦會很自然地習慣運用那種方式思考。

每個人都有特定的遺傳易感性（genetic predisposition），容易或是比較不容易焦慮，但是之前我們也曾提到，你們生活的不同系統（所處的社會、社區、學校、朋友和家庭）以及自身性格，會如何促使大腦習慣性啟動焦慮反應。所以，如果你天生就比較容易焦慮，總是努力讀書，希望有好成績，那麼不小心聽到父母在討論要把你送進「好」學校、升上六年級後標準評估測驗的壓力愈來愈大、升上七年級後不時聽到普通中等教育證書考試有多重要，以及課後輔導愈來愈多等等經歷，會隨著時間累積，在你的大腦內形成焦慮路徑。「我一定要好好表現、認真讀書、取得好成績。這很重要。」

和病人談話時，我總會把他們的大腦比喻成草原。他們必須經常走過這片草原，其中某個區域由於頻繁踐踏，因此更容易跨越。那條路徑可能是：「如果我考不好怎麼辦？老師會非常失望；我可能沒辦法申請到預科學院或大學。」因為你一再重複使用這條路徑，路徑兩旁的雜草愈長愈高，你根本看不到還可以選擇其他路徑穿越草原。

你的大腦內可能有非常多隱喻性的焦慮草原和路徑。另一條路徑可能是：「如果我走進教室，每個人都看我怎麼辦？如果沒有位子坐，每個人都盯著我看怎麼辦？一定很尷尬。」或是：「穿上這件洋裝，我的胃會凸出來；我看起來好胖；沒有人會愛我，我只能一個人度過餘生。」

由於周圍的雜草長得很高，你忘了還有其他路徑可以穿越草地。

艾蜜莉自行建立連結，認為是「如果我想吐怎麼辦」這個想法，導致她身體出現症狀。她認為不是焦慮引起的，她承認如果對自己說些話，例如「沒事，我沒問題，我可以做這件事」，確實能幫助她多吃一點，比較不常覺得想吐。我們兩人有聊到，想吐時真的很難受、很不舒服，但是她都可以忍受，大家也很佩服她這一點。嘔吐絕對不是她腦中認定的那樣，令她沒臉見人的可怕災難。如果她真的覺得難受，會聽有聲書、看最愛的影片分散注意力。她家人必須捨棄原本的原則，例如「我們要一起在餐桌吃飯聊天」，因為我們後來發現，父母努力想和她閒聊只會讓情況更惡化，因為艾蜜莉時常把他們的話當作批評。所以如果父母問她功課做完了沒有，她會理解成：「他們不相信我做完功課；他們覺得我很懶惰。」

◎災難化思考

這些存在於大腦內的捷徑就是你的「負向自動化思考」（negative automatic thoughts，NATs），在心理學領域這是很重要的概念。負向自動化思考屬於捷思法（heuristics），也就是捷徑思考法，通常是運用看似合理的邏輯想像最壞的結果。人們思考時，很容易從某個只有部分合乎邏輯的片段陳述，直接跳接下一段陳述，但是整體的邏輯是錯誤的。

如果我告訴你，我認識這個女孩，有一次考試她只得到D，所以未來她很可能會找不到工作，只能在街上流浪。你聽完之後可能會笑出來，對吧？這也未免太荒謬了。你會說，只不過是一次考試，根本沒什麼。很多人即使有一次考試沒過，最後還是找到工作。

但是你內心可能會這麼想：「我考試沒過，如果沒辦法通過普通中等教育證書考試怎麼辦？我會永遠找不到工作。我會變成什麼樣子？最後可能會無家可歸。」當你把整件事拆解成更短的訊息片段，每個片段之間的邏輯落差就會縮小，聽起來就更合理。當然，事件實際發生的機率並不會因此提高，你推論的結果同樣不可能發生。它只是看起來並非完全不可能，因為你的思考已經是這樣認為。

這正是常見的行銷、銷售或面試套路，先讓對方同意某個無關緊要、沒有爭議的說法，然後逐步添加更多看似有邏輯的片段訊息、或微不足道的問題，最後提出某個陳述。但如果你一開始直接問他們，他們絕對不會同意你的陳述。如果你很容易焦慮，你的大腦就會犯傻，連續跳接只有部分合乎邏輯的一系列說詞，最後得出某個憑空想像的結論。

但是，你的大腦最終會得出最糟的結果，例如：你不被人愛、無家可歸、流落街頭，因此誘發戰鬥或逃跑反應（記住：焦慮有可能是由內部或外部引起）。這種反應對於一個遭遇劍齒虎的穴居女孩會更有用，但是對於要參加考試的你卻沒什麼用處。要等到什麼時候，演化能真正發揮作用，幫我們解決這個問題？我們的交感神經激發系統，完全不適合二十一世紀的生活環境。

現在我開始理解，艾蜜莉覺得處處是災難。舉例來說，她會和另一個女孩一起搭公車上學，但是後來那個女孩不想和她一樣那麼早去搭車。這讓她有些生氣，但是她又不想晚一點搭車（如果公車誤點，我們上學就會遲到）。朋友搭車的時間不固定，艾蜜莉覺得很難配合，於是她開始腦補各種「如果……怎麼辦」。例如，排定的行程或他們正在做的事情有可能在最後一分鐘出現變化（如果其他人在吃飯怎麼辦？我會噁心想吐），或是其他人可能會意外加入（如果他們不喜歡我怎麼辦）。對艾蜜莉來說，所有事情都不確定。

◎黑與白、全有或全無的思考

這是另一種負向自動化思考模式。對人類來說，將事物分類是很有用的思考捷徑：我們會迅速將事物歸入某個類別，這樣就能知道下一步該怎麼做。男孩／女孩、貓／狗、朋友或敵人。這套系統雖然很有用，但如果事情變得複雜微妙，它就不管用了——而現在的生活確實比以前更複雜微妙。

當我們承受壓力，思考時就會更依賴捷徑，這時我們的本能大腦會接手主導。我們的思考沒辦法很全面：你會認定自己很差勁或是很優秀、胖或瘦、聰明或愚蠢。假使你考試只得到D，而你採取捷徑、類別思考（categorical thinking）模式，或許就會認為：「我很笨。」但如果你更仔細思考，或許會認為自己不太擅長這門學科，所以參加普通中等教育證書考試時，絕對不會選擇這門學科，這一次只是無聊的小測驗，你剛好抽筋沒辦法專心應答。假使你的胃部凸出，採取捷徑類別思考模式的你可能會認為：「我很胖。」但如果更仔細思考，或許你會認為只是剛好吃得太多，胃部暫時凸起來，因為身體正在消化食物；更何況全身上下只有胃部比較凸出，雙腿還是非常勻稱修長。要盡力避免對自己貼上負面、類別標籤，才能真正減緩焦慮。

◎絕對：應該、必須、應當〔6〕

另一種類別標籤，是要求你的行為符合某種絕對標準：應該、應當和必須。使用這些字眼代表你要求自己要達到某種標準或期待，但如果設定太多標準或期待，就會引發焦慮。舉例來說，你可能被告知（或是你告訴自己）應該要吃五份水果和蔬菜；你的食物來源應該符合道德原則，而且食物里程要縮短；你應當用牙線清潔牙齒；你必須每天運動至少一小時；你必須練鋼琴、寫作業；你必須送禮物給朋友；你不應當搭飛機或使用塑膠袋或噴霧劑。

大約在一百年前，一位心理學家首度發現了「應該、應當、必須」思考模式，但是在我看來，現在的生活步調、消費主義以及競爭導向的社會風氣，更促使人們採取這種思考模式。〔7〕如今絕對語言（language of absolutes）隨處可見，比起應該、應當、必須等字眼還要常見，我在「必要」語

6 出自於亞伯・艾里斯（Albert Ellis）的著作：iveronicawalsh.files.wordpress.com/2012/06/cbtafg_mustshouldought.pdf

言（language of 'essentials'）裡就看到不少例子，例如：「其他所有人都……」、「總是」、「必須」、「需要」、「我會死，除非我不……」、甚至「確實」等用語。過度誇大的語言，會產生無數你永遠無法達成的標準。當生活期望太多，就不可能達成，所以你會一直覺得擁有的不夠多、不夠好，什麼都不夠。「絕對」變成了你用來懲罰自己的棍棒，但也因此傷害了你的心理健康。

良好的心理健康，更多時候是建立在平衡的基礎之上。當你說話時，特別是思考時，可以用委婉、試探性語言取代某些絕對語言，別讓你的大腦走向絕對。或許你最好多吃水果、蔬菜和運動。你寧可準時交作業，但是，嘿，總是會發生意外。多數人都會去參加派對，很不幸的你不能去，但也不是每個人都會去啊。你想要進入那所大學，不過有非常多成績優秀的人申請，其中有些人又比其他人幸運。如果你用更務實的期待取代絕對語言，是不是聽起來更寬容一些？

我相信，這世界強加愈來愈多不切實際的期望，是導致愈來愈多年輕人心理健康出問題的主因。如果你認真設定太多標準，你的人生就會像必須逐一完成的待辦事項清單。我們再度回到「兒童時期就像一條生產線」這個比喻，當你邁入青少年時期，就得開始逐項檢查這個產品（你自己）是否夠好、能否符合社會期待。但後果是你的人生將會變得不幸，整個人因此被焦慮淹沒。事實上，如果你因為沒有達到標準，而不斷嚴厲譴責自己，最終你會難以應付、承受這一切，生活將會失去樂趣和自發性。

對自己要有好的期待，並不是說要設定更多、更高的期待，你應該設定更寬厚、更溫和、富有同理心的期待。也就是說，要將某些關鍵期待列為優先事項，然後割捨其他事情。你唯一一定要做的事就是：捨棄絕對。

艾蜜莉的生活被各種絕對、精確的標準主宰：必須每天準時到校；必須複習每一堂課的筆記；希望所有人都喜歡她。上小學以及剛開始上中學時，她的生活非常有條理，總是盡力維持自己設定的標準。每天傍晚她都會遵守嚴格的作息：回到家就盡快完成作業；六點半吃晚飯（如果時間晚了，她更有可能會想吐）；洗澡；反覆整理房間和背包三次。

她的作息非常有規律，事實上她沒有意識到自己已經陷入焦慮。嚴格的生活安排能夠讓艾蜜莉避免焦慮。但是隨著年紀漸長，她愈來愈無法像以前那樣，維持如此嚴謹的生活作息。舉例來說，有時候完成作業需要花一、兩個星期，沒辦法在當天晚上完成。有更多學科要複習，她無法像以前那樣，有那麼多時間為每次測驗或考試寫筆記、製作字卡和校對，因為這些事情太耗費時間。

我們必須解決這種根本性的恐懼：青少年生活是複雜的；你不可能永遠掌控所有事，也不可能讓每件事都很完美；即使你不願意，還是得作出妥協。你可以和朋友一起（和朋友圈的某個人在一起讓你有安全感，覺得自在），或是搭早一點的公車（不用擔心上學遲到，這樣很好）。總之，別去做不可能的事。

7 請參考威廉．詹姆斯（William James）著作。我很愛這個反完美播客節目：www.cbc.ca/radio/ideas/should-we-aim-for-mediocrity-1.5493778。它和威廉．詹姆斯著作一樣精彩，有非常多有趣的內容，我反覆重聽好幾次，每次都有新發現。裡面有提到溫尼考特提出的「足夠好的父母」概念，然後進一步延伸為擁有足夠好的生活。

◎其他負向自動化思考類型〔8〕

由於篇幅有限，我無法逐一討論你腦海中可能閃過的所有負向自動化思考類型。如果你有興趣，網路上有非常多相關資料可以參考。其他負向自動化思考類型包括：〔9〕

- 「**個人化**」：覺得所有事情都與自己有關，不過通常並非如此。例如：每個人都在看你或討論你。
- 「**讀心術**」：自以為知道其他人在想什麼。例如：他們不喜歡你的貼文，所以痛恨你。
- 「**誇大與貶低**」：刻意強調某種情況的某些面向，例如某科考試沒過；或是忽略其他面向，例如其他科目的考試全都過關。

你要如何知道你的想法是負向自動化思考？你的想法很負面嗎？你腦海是否很快閃過這個想法？這想法是否反映了某種極端處境？如果答案皆為是，那就是負向自動化思考。

8 主要根據亞倫．貝克（Aaron Beck）的著作。貝克研究所也提供許多免費資源，例如：beckinstitute.org/resources-for-professionals/patientpamphlets/。以下網頁有詳細列出各種負向自動化思考：www.cci.health.wa.gov.au/~/media/CCI/Mental-Health-Professionals/Anxiety/Anxiety---Information-Sheets/Anxiety-Information-Sheet---04--Unhelpful-Thinking-Styles.pdf

9 別過度執著分類，因為這些分類不是很具體！有時候某種想法可以同時屬於不同類別。

負向自動化思考螺旋

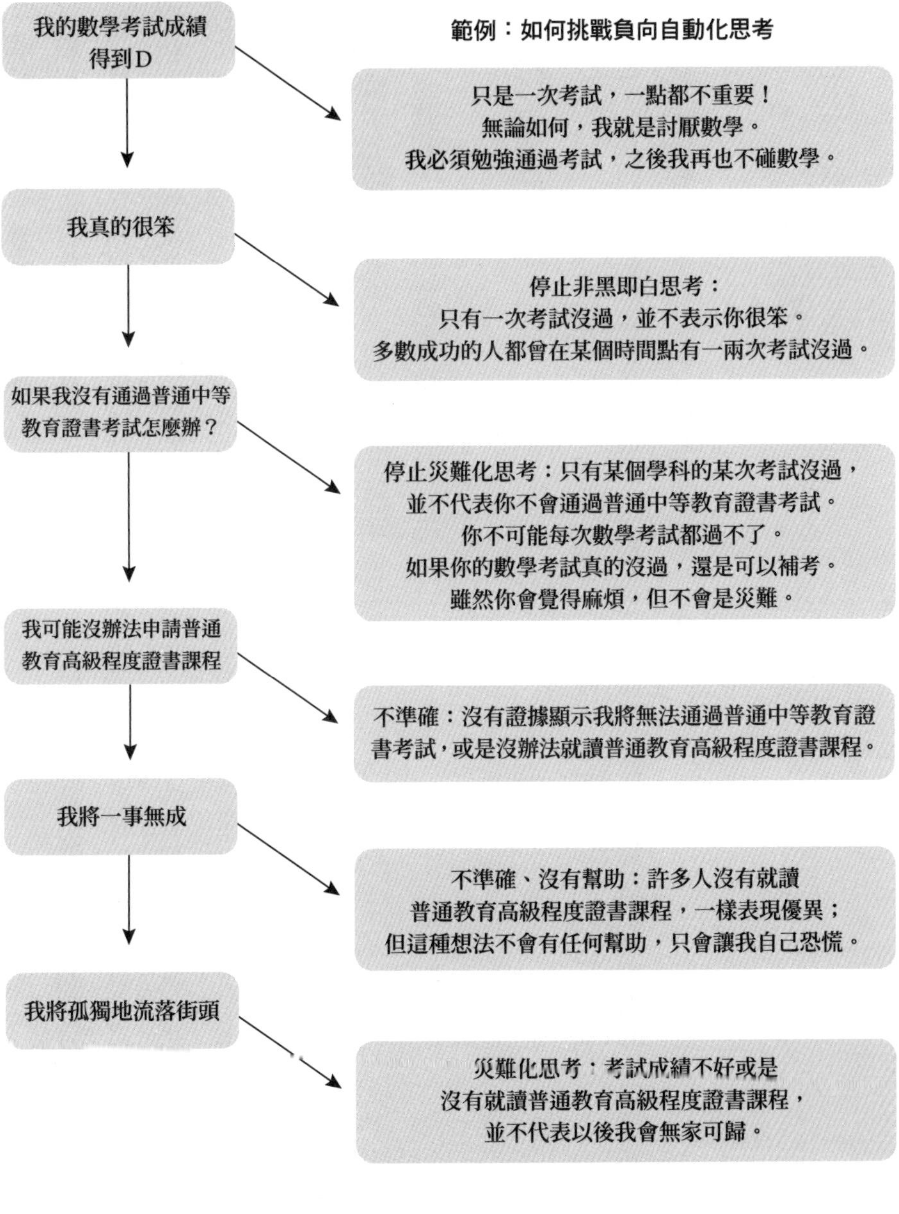

我的數學考試成績
得到D

我真的很笨

如果我沒有通過普通中等
教育證書考試怎麼辦？

我可能沒辦法申請普通
教育高級程度證書課程

我將一事無成

我將孤獨地流落街頭

範例：如何挑戰負向自動化思考

只是一次考試，一點都不重要！
無論如何，我就是討厭數學。
我必須勉強通過考試，之後我再也不碰數學。

停止非黑即白思考：
只有一次考試沒過，並不表示你很笨。
多數成功的人都曾在某個時間點有一兩次考試沒過。

停止災難化思考：只有某個學科的某次考試沒過，
並不代表你不會通過普通中等教育證書考試。
你不可能每次數學考試都過不了。
如果你的數學考試真的沒過，還是可以補考。
雖然你會覺得麻煩，但不會是災難。

不準確：沒有證據顯示我將無法通過普通中等教育證書考試，或是沒辦法就讀普通教育高級程度證書課程。

不準確、沒有幫助：許多人沒有就讀
普通教育高級程度證書課程，一樣表現優異；
但這種想法不會有任何幫助，只會讓我自己恐慌。

災難化思考：考試成績不好或是
沒有就讀普通教育高級程度證書課程，
並不代表以後我會無家可歸。

◎「啊哈」測試：準確且有幫助〔10〕

我們每個人都會有落入負向自動化思考、懷疑、不確定、或是思考缺乏邏輯的時候。透過啊哈測試（Ah Ha test），你便能確認自己的想法是否屬於負向自動化思考，然後挑戰自己的想法，避免陷入焦慮。啊哈測試能幫助你將負向自動化思考轉化成大腦中的背景雜訊，或是迅速從你腦海中消除。取名為「啊哈」，只是為了方便記憶，它們分別代表「準確和有幫助」（accurate and helpful）這兩個單字。〔11〕

- 你大腦中的想法**準確**嗎？有什麼證據證明這是真的？
- 如果是真的，現在去想這件事會**有幫助**嗎？

焦慮的行為管理

接下來，我們要談論焦慮管理的最後一個類別：行為。在你陷入焦慮之前、期間、之後表現出的行為，會影響你當下以及日後的焦慮表現。

有些人想辦法避免焦慮；

有些人試圖控制焦慮；

有些人會加深焦慮。

這些反應都毫無幫助。

◎AAA：避免逃避焦慮（Avoid anxiety avoidance）

人生如果沒有任何焦慮，也就不值得體驗。我們不可能完全消除焦慮，但是有時候年輕人會想要逃避某些情境。這樣做通常會造成嚴重的反效果。想盡辦法避免焦慮雖然能在短時間內減緩焦慮，但是長期而言只會加深焦慮。

我經常和病人分享我自己的一段經歷。以前我很害怕在大眾面前演講，總是想辦法逃避。我想這也是我之所以成為治療師的部分原因，這樣我就可以坐下來和別人一對一交談，不需要面對一大群觀眾。我回想起以前就讀預科學院時曾嘗試參加辯論，最後卻只能照本宣科背誦辯詞，說話結結巴巴、全身汗流浹背，反觀與我同隊的另一位辯論員（那個人看起來傻呼呼的）完全不需要看筆記就能侃侃而談，語氣幽默，還能回應觀眾。還有一次，我必須在一群父母面前演講，主題是關於學步兒童的睡眠問題。當時我剛開始工作沒多久，後來有父母提問，我又再度結巴，當時我心想：「我竟然讓自己出糗。你看看你，說話支支吾吾！所有人都看到你很焦慮，整個人看起來很可笑。」在醫院工作時，每次我們團隊查房，我就得硬著頭皮在十到十五人面前說話。如

10 這不是我發明的，是另有他人。我以為自己有把某篇說明這項測試的文章存在「最愛文章」檔案夾裡，但當我要尋找參考資料時，卻找不到這篇文章。這個概念是借用自某位無名心理學家，我真心感謝他。

11 好的好的，完美主義的人可能會發現，Ah並非「精準」的英文單字的縮寫，Ha也不是「有用」這個英文單字的縮寫。這是有瑕疵的縮寫。

果我說話結巴怎麼辦？如果有人嘲笑我怎麼辦？我恨透了做這件事。

你們認為，那段期間我是否克服了自己的恐懼？沒有，我當然沒有。因為如果要克服恐懼，就必須面對它。但是那幾次的經歷已經烙印在我心裡，所以多數時候我只想逃避。

很不幸的——或者說很幸運的，看你如何看待這件事——公開演講成了我工作的一部分。後來我們的團隊開始為新診斷病人的父母組成教學團體，我也必須輪值。但是團隊成員沒有人知道我害怕公開演講：我成功地逃避，徹底隱藏自己的恐懼。

至今我還記得我負責帶領的第一個團體，甚至連我當時的穿著、有哪些父母參加、在哪裡舉行、我和誰一起帶團等等，全都歷歷在目。最重要的是，我還記得那天自己滿身是汗、衣服濕透。

但是從許多方面來看，那種場合正好適合我。第一，我對於公開演講完全沒有自信，但是對演講主題很有信心。我已經做好準備，也知道自己在做什麼。第二，同事期望由我負責演講，他對我很有信心，也在一旁支援我。他完全不知道我其實很緊張。如果讓他看到我無法公開演講，想必會很尷尬。第三，我有支持我的觀眾。他們的孩子病情嚴重，而他們知道我很了解這個疾病。他們不是來跟我長篇大論或是和我爭辯的。他們只是想要了解我知道些什麼。這是面對自身恐懼的最佳場合。

或許最重要的是，我必須往前走。你們認為，後來我是否克服了自己的恐懼？沒錯，直到現在我仍持續演講。過去十五年見過我的人，得知我說以前我很害怕公開演講時，都覺得不敢置信。

所以，雖然理論上減緩生活中的焦慮似乎是好事，但事實上，減緩焦慮和逃避焦慮之間，只有非常細微的差別。你必須對自己誠實，知道自己究竟是在減緩、還是在逃避焦慮。一方面你可以說，過去十五年，我藉由避免在大眾面前演講，在短期內多次減緩了焦慮。另一方面，如果你將我這麼多年來為了逃避公開演講、隱藏自己對演講的恐懼，因而感受到的焦慮實際加總起來，那麼它可能比起我一開始就解決問題所經歷的焦慮還要多。此外，我還可能因此錯失許多生涯機會。

凱蒂（Katie）大約在二十歲出頭時來找我諮商。她在某間頂尖大學就讀二年級，當時陷入嚴重焦慮。凱蒂隨時隨地都會感到焦慮：早上醒來的時候，她會擔憂接下來一整天會發生什麼事；晚上上床睡覺時，會擔心自己當天做了什麼事、說了什麼話。

凱蒂一直覺得學校課業很簡單。雖然她話不多，但還是深受大家喜愛，她很好學，擁有如照片般精確的記憶力，她不需要多用功就能名列前茅。其他人會和她競爭，但是她不怎麼擔心。她之前就讀的女校規模較小，後來她毫無意外地申請到頂尖大學。她的生活相當順利，除了一件事：臉紅。她很痛恨這一點。當然，以前年紀還小的時候，其他小孩總會指著她說：「你臉紅了。」長大後，她在學校簡直是如魚得水，也很少臉紅，更不用擔心親近的朋友是否看到她臉紅，因為她知道他們一點也不在意、更不會去評斷。

但是上了大學之後，凱蒂卻愈來愈焦慮。她覺得她的課程比原本預期的要困難，而且同學比她還要聰明。她開始對舉手發問感到彆扭，因為她害怕臉紅，所以不敢舉手。她開始覺得自己根本是個騙子，一點也不聰明，一定會被其他人拆穿，因為她不夠優秀。和許多同學相比，凱蒂不善交際、涉世未深，所以午餐時間她都會窩在大教室或圖書館裡。她喜歡男孩和女孩，但是當她喜歡上一個人，和對方說話時就會臉紅，所以只好避開，因此她到現在還沒有真正談過戀愛。

一九八〇年代曾經出版一本書叫做《恐懼OUT》（*Feel the Fear and Do it Anyway*），原文書名精準傳達了整本書的重點。[12] 簡單來說，當我們逃避某些事，就會更害怕它們。相反地，我們必須找到能讓我們直接面對自身恐懼的環境，然後克服恐懼，提升自信。

◎焦慮與控制

對於我見過的許多女孩和年輕女性來說，她們的焦慮比起害怕公開演講還要抽象。和歷史上其他時期相比，現今的社會提供她們更多機會和選擇，這一點確實值得高興，問題是速度太快，興奮變成了焦慮。她們無時無刻不感覺有人在審視、評斷著自己，特別是在學校、在網路上（稍後我會深入探討這個議題）。我看到這些病人的焦慮與她們自身的想法有關，她們認為自己不夠優秀、不夠苗條、不夠聰明、不夠受歡迎。她們回應焦慮的方式是設法控制。

在充滿不確定、變化快速、高風險的世界，他們不斷尋求確定的事情，想要掌控自己的學業、考試結果、實體環境、體重、外貌以及父母。他們努力不犯錯、盡可能成為最優秀的人，試圖藉此減緩焦慮。心理學家將這種行為稱為「完美主義」。

讓我告訴你關於完美的重大祕密：完美是一種迷思，根本沒有這回事。每一件事都是見仁見智的問題。永無止境追求完美並不會減緩焦慮，反而會助長它。不停努力、節食、讀書、修改，其實是一種逃避行為。這樣你就不需要面對自己的恐懼：害怕不確定，害怕自己沒有盡最大努力、或是得到最好的結果。你藉由追求完美暫時減緩焦慮，但實際上你是因為害怕失敗，而且就如同先前提到的，逃避焦慮不會有任何幫助。你努力讀書、節食、一次又一次練習舞步、每天訓練，不斷做到各種應該、應當和必須做的事，你可能因此有了掌控一切的假象，暫時減緩焦慮。但事實上你是在逃避某件事：擔憂自己沒辦法控制、變得脆弱，這是你最大的恐懼。如果你長時間不需要害怕面對自己的脆弱，也沒有經歷過失敗，這樣確實很不錯，但是你的恐懼會愈來愈深，你的完美或控制標準更會一路攀升。完美主義對你的心理健康和人際連結確實有害，我們會在探討網路與人際關係那一章再深入說明。

別誤會我的意思。在某些情況下，減緩焦慮絕對是上上策，只是不應該藉由增加自己的壓力、或是設定更

12 Jeffries, S., *Fear the Fear and Do It Anyway* (25th anniversary edition), Vermillion, 2012. 以下這支影片製作了很不錯的摘要：www.youtube.com/watch?v=o8ulq0c7TNE

減緩焦慮	逃避焦慮
告訴你自己，你看起來很好，無論如何，你的外表是關於你個人最不重要的一件事。	避開碳水化合物，早上六點半起床進行有氧訓練。
腳踏實地的工作，但是也要抽出時間玩樂、運動、和朋友以及你的寵物相處。	清醒時不停工作，在洗手間掛著複習筆記。連續六個月一個星期七天、每天二十四小時，不論吃飯、呼吸還是睡眠時，都想著考試的事。
做你自己。	成為最優秀的人。
遵循你的價值觀過生活。	根據產出和成就過生活。

高標準來緩解。舉例來說，你可能無法承受普通中等教育證書考試帶來的壓力，想要減緩焦慮。比較合理的做法或許是：捨棄你不喜歡、不擅長或是對你未來人生沒有幫助的學科。很不合理的做法是：考前六個月每天清晨五點四十五分起床，努力複習功課。前一種做法是減緩焦慮，後一種則是逃避焦慮，後者雖然短期能奏效，但是長期而言只會使你壓力更大，更習慣焦慮，更容易被焦慮牽著鼻子走。

所以說情況有些複雜：有時候停止活動可能是掩飾的逃避行為（就像我拒絕公開演講以逃避焦慮），有時候不停止活動也可能是在逃避（例如努力達到完美，忙個不停）。一般來說，我們可以藉由降低壓力、放慢速度、減少刺激來減緩焦慮，而不是透過遠離特定恐懼或一般恐懼（前者比如公開演講或碳水化合物，後者比如變得脆弱或失控）。不過說實話，只有你自己心裡清楚，你的行動是否合理、是為了減少某些難以承受的壓力，還是事實上你是在逃避某些事，因為你害怕失敗或顯得脆弱。

◎餵養或斷絕餵養你的焦慮

試圖控制或是追求完美會加深你的焦慮，但這不是唯一原因；另一個原因是搜尋更多資訊。不妨想像一下，有一隻動物被野外的食肉動物打擾，這隻動物在啟動戰鬥或逃跑反應之前，會先出現驚嚇反應：耳朵豎起、眼睛睜大、仔細觀察、蒐集資訊。當我們受到驚嚇或覺得擔憂時，會想要知道更多資訊。但是現在我們生活在資訊滿載的世界，所以反倒必須學習何時該停止、知道什麼時候取得更多資訊只會加深焦慮。

在我撰寫這本書期間，冠狀病毒肆虐全球。我們會忍不住搜尋更多關於冠狀病毒的資訊。兩個世代之前、也就是第二次世界大戰爆發時，我媽還只是個嬰兒，當時電台每隔幾小時播報新聞，報紙則是每天發送一次。但現在，我們有非常多新聞來源，卻也因此有了不切實際的幻想，以為可以蒐集更多資訊。所有事情都有人分析，這更加深了我們的焦慮，而且是在你開啟Snapchat或WhatsApp聊天群組之前就已經發生。傳統和社群媒體慣常使用「絕對性」的肯定語言，也加速了焦慮循環：「政府需要立即採取行動」、「**必須**有所作為」。所有灰色地帶都被視而不見，任何細微差異都被刻意掩飾，因為它們會讓故事變得乏味。〔13〕（透過不停搜尋資訊）過度餵養或是（藉由逃避或追求完美）斷絕餵養你的焦慮，都不是好方法。比較平衡的做法是：在可受控的環境裡直視你的恐懼，然後張開翅膀、自在翱翔。

和其他課程相比，凱蒂的課程有非常多講課（lecture），要很用功才跟得上。和她同住公寓的室友講課比較少，生活比她的精彩許多，她時常覺得自己生活很無趣，早早就上床睡覺。有一晚室友們拉著她一起喝酒喝到很晚，導致她隔天早上睡過頭，某堂講課遲到。她坐在大教室後方，第一次恐慌發作。她躺在長椅上，幸運的是，她認為應該沒有人注意到她，只不過她還是覺得很丟臉。她很害怕再度發生類似的事，所以後來每次上課都會坐在後方，或者

13 如果有新聞報導這個問題，標題可能會是：「心理學家宣稱，媒體導致焦慮。」絕不可能出現這樣的標題：「心理學家認為，媒體使用煽動性語言，有可能促使焦慮文化形成。」你看，細緻入微的敘述無法成為好標題，但是我們生活在一個過度亢奮的世界，這會有加深焦慮的風險。

有時候選擇線上上課、不進教室。她很擔心自己又睡過頭，結果常常是醒著躺在床上，一直煩惱這個問題；或是擔心隔天會太累，但諷刺的是，這樣只會讓她更睡不著。她找到了週末回家的理由：如果待在家裡，她更能專心讀書、而且睡得更好，比較不容易引發焦慮。

當年年中，她發現室友開始尋找大二的住宿，卻沒有揪她一起：其中三名室友和住在其他地方的朋友成為一組，另外兩人為一組。看起來她們是不小心把她遺漏了，並不是故意的。因為他們是在某個週末一起討論搬家的事，而那天她剛好不在。他們想要找到大小適中的房子，但是有太多不確定因素，後來凱蒂加入其中一組，因為她們需要再一個人。

從第二年開始，凱蒂就清楚意識到，自己是同層公寓裡「多出來」的那個人，所以特別小心翼翼地避免得罪人。她開始反覆想著自己先前說了什麼，經常向對方道歉或是一再詢問對方是否介意。她很喜歡同住的一名女孩，但是她很介意自己會臉紅，所以一直不敢和對方說話。只要那位女孩在廚房，凱蒂就會刻意避開，花更多時間待在自己房間裡。每當她進入公共空間，經常覺得自己是句點王，或是認為朋友一定覺得她很無趣。所以她更常窩在自己的房間裡。她開始封閉自己。她想要休學一年，因為她沒辦法回到公寓，不想面對那些壓力。但是休學又會讓她覺得自己是個魯蛇。

我們必須和凱蒂一起回溯，她的逃避行為如何加深她的焦慮。凱蒂很害怕別人發現她會臉紅、看到她恐慌發作、認為她是累贅，所以便極力逃避會發生或可能發生這些尷尬事件的情境。一開始她不敢在課堂上舉手，後來變成逃避上課，接著不想待在公寓裡。她開始陷入災難化思考，認為如果有人看到她臉紅一定會嫌棄她；她覺得課程很難，所以覺得自己根本是冒牌貨。這些想法準確嗎？對她有幫助嗎？還是逃避這種種情境使得焦慮主宰了她的生活，以至於她想要離開大學？

她需要面對自己的恐懼。治療時，她逐漸明白這一點，然後經由我協助開始面對某些恐懼，不再限制自己的人生。她必須正視先前一再逃避的情境，徹底拋開那些傷害她自信心的想法。她必須放手，不再想要掌控所有事情，接受自己也有脆弱的時候。

不必盡最大努力、不用成為最優秀的人——要活出你最精彩的人生

焦慮牽涉到許多因素，非常複雜。所以你可能很難察覺或是理解自己的感受，特別是當你想要藉由逃避或掌控，徹底隱藏自己的感受時。焦慮會像螺旋一樣不斷加深，首先在某個層面出現症狀，隨後其他層面跟著出現更多症狀，最後變成像一團打結的毛線球。

但是從正面來看，這表示你可以分別針對三種層次（生理、認知和行為）減緩或控制你的焦慮。你也可以選擇改變週遭系統，例如你的朋友、學校或是活動。你可能需要思考那些壓力是否對你有益，或者你是否想過著不那麼容易引發焦慮的生活。你要調整呼吸、全身放鬆，然後用對你有幫助的方式準確思考。不要逃避焦慮，也不要試圖控制它。設法取得平衡。

6

教育和資格
Education And Qualifications

「許多人明明很有才華、聰明、有創意，自己卻不這麼認為，因為他們的專長在學校不受到重視。」

——知名教育學家肯・羅賓森（Ken Robison）

「我們不會忘記那天我們努力爭取可以稍微不守規矩的權利。」

——提姆・明欽，音樂劇《瑪蒂達》（*Matilda*）中的歌曲〈頑皮〉（Naughty）

在西方經濟體系，年輕女性的考試成績超越了同年齡男性。所以這一章應該很輕鬆，對吧？你們女孩的教育成就似乎非常出色。但這是真的嗎？你們的資格條件優於男孩，這是事實。但是我想要問你們一些與教育有關的問題：對你們來說，教育是什麼？你們需要付出什麼代價？

因為這本書不討論分數問題，而是聚焦心理健康與情緒自救方法。當我和病人坐下來談話時，我發現教育體系對她們影響重大，她們常為了教育犧牲其他的一切，包括理智。我看到很多病人認為上學、進入學院或大學就讀就是為了取得資格，唯有取得好成績，她們個人才有價值，她們對此深信不疑。她們犧牲了人生的其他面向和體驗，只為了「取得好成績」；或是為了要「盡最大努力」，這個想法更有害，但是不容易察覺。

我認為他們對於教育的想法和感受並非獨立發展而成的。我相信，他們之所以有這種想法和感受，其實反映了多數時候他們在家裡、在朋友間、在教育場域、在這個社會、甚至在整個世界，以什麼樣的觀點討論教育問題。全世界各地都承受極大壓力，國家之間會相互比較考試成績和成就；各國政府依據最終成績為學校排名；要記住，學校會分析老師們是否有能力達成這些結果；父母為了給予孩子最好的教育，搶破頭申請評價好的學校，並且不斷詢問老師自己的孩子和其他小孩相比成績如何。

你知道〈國王的新衣〉這則寓言嗎？整個社會都產生了錯覺，誤以為國王真的有穿衣服。嗯，我認為關於取得資格這件事，我們的社會也出現了類似現象。取得資格成為所有人關注的焦點，我們自己也一直在談論這個問題。取得資格變得非常重要：小學畢業之後，我們要參加標準評估測驗；中學畢業後，要參加普通中等教育證書考試，以及普通教育高級程度證書考試。我們整個國家都陷入了集體歇斯底里的狀態。

但是……當我們和父母聊天，他們卻說他們根本不在乎小孩的考試成績，只希望孩子快樂就好。當我和老師、校長聊天，他們說只希望孩子能發揮自己的潛力，至於考試結果並不重要，孩子的生活需求和福祉才是他們關心的重點。政府明明知道，社會要能順利運作，就需要擁有不同興趣、取得不同學業成就的兒童，但是他們又說，取得優秀資格是提高未來生活機會的唯一途徑。他們會談到失學、請家教、論文計畫、假日期間的研究社團等話題，等於同時明示和暗示地傳達以下訊息：取得資格非常非常重要。

但與此同時，你們正處於社會集體錯覺的中心，不斷被灌輸這種瘋狂信念，以致你們和身邊的其他孩子承受龐大壓力，被折磨得精疲力竭、過度緊張焦慮，你們相信取得這些如神話般的頂尖資格是重要途徑，唯有如此你們才會感到快樂、覺得自己足夠優秀。事實上，許多女孩常認為，與她們有關最重要的事就是學業成就。

這種信念對你相當有害。有時候甚至會造成致命傷害。

不過，還有別的方法。年輕人向來直言不諱，或許你得直接戳破成年人的瘋狂信念。或許你該看看周遭那些不斷追求更好、更多的大人，然後像〈國王的新衣〉裡的那個小孩一樣，大聲說國王根本什麼都沒穿。或許你應該質問：「真的嗎？就是這樣嗎？」

法蘭琪（Frankie）在夏天時來我這裡接受治療，當時她剛考完普通中等教育證書考試，情緒低落，陷入恐慌與焦慮。她一直努力讀書，在班上名列前茅，大家都預測她會考得很好。

但是在參加普通中等教育證書考試期間，她幾乎要崩潰。她常常睡不著，完全沒辦法專心或讀書。她一直很緊張。所以她以為自己的普通中等教育證書考試成績會很差，整個暑假都無法放鬆。她很害怕成績公布的那天到來，甚至比參加普通教育高級程度證書課程還要害怕。只要一想到要再次面對那些壓力和擔憂，她就覺得無法忍受。

教育和心理健康

看來現在大眾在討論教育議題時，重點都放在你產出的結果，也就是考試成績。愈來愈多人將取得資格視為衡量學生個人和學校是否成功的指標。在上個世代還沒有出現這種現象。我想到，有一次我和某所小學的接待人員聊天。她很懷念四十年前的時光，當時沒有全國標準課程、沒有標準評估測驗，老師有很大的自由空間，可以自行決定要教什麼。她清楚記得，有個老師每天會花半天隨興彈吉他，看起來就像在上音樂課。如果你只花一年學吉他，或許很難達到完美，但是我們已經知道，如果教育採取「產出模式」(output model)，就和結果導向的教養模式一樣，會對你的心理健康產生嚴重的負面影響。學校教育忽視心理健康真的很荒謬，因為基本上心理健康與學業成就直接相關，據我們所知，心情愉快、熱愛上學的十一歲小孩，平均成績會比較好。

所以，接下來我們要釐清學業成就和心理健康之間的關係。

◎對於那些煩惱課業的人來說

對於某些人來說，課業（也就是為了考試而學習的東西）並不是你們的強項。長期來看，這種想法完全沒錯。世界這麼大，課業學習只是其中一部分，你總會找到適合你的事物。但是有好幾年你會待在某個環境裡（學校），它會成為你的生活重心，並且依據你的學業能力給你評分、評斷你這個人。

不妨回想一下你讀小學的情景，你和同班同學都是在四、五歲時進入小學就讀。班上有些小孩個子高、有些個子矮。有些小孩是飛毛腿，有些是慢郎中。有些小孩會尿濕褲子，有些則不會。有些小孩會說好幾國語言，有些幾乎不開口說話。有些小孩很吵鬧、個性外向，有些則非常安靜、害羞。有些小孩個性風趣，有些則很嚴肅。有些小孩很有愛心，有些則咄咄逼人。有些小孩很有創造力，有些則是被動等著別人告訴他做什麼。有些小孩能夠專心，有些則愛做白日夢。有些小孩會將數珠倒在地上、把書本顛倒過來放在頭上，有些小孩則懂得如何算數、憑直覺閱讀。

現在，上述任何一項特質（可能除了會尿濕褲子之外）在任何人的一生中或許都是重要的，但是當中只有算數和閱讀是學校生活的核心。孩子到了學校後很快就會明白，課業是校園的通用貨幣，是校方看重的東西，也是評斷、分類學生的核心指標。但是成年人刻意美化這件事（例如將名列前茅的學生稱為「松鼠」，將成績墊底的學生稱為「野兔」），但是他們騙不了任何人，因為每個人直覺知道，校方是依據你是否有能力（或是沒有能力）完成那些隨機的課業要求來評價你。

我聽說法蘭琪的學業成績向來非常優異，她也以為每個人都這麼看她。過去幾年，她覺得自己一直在和朋友比較分數高低。她努力讀書，希望能名列前茅，但是又很痛恨自己這麼做。畢竟他們都是她的朋友！她並不是真的想要打敗他們。這對她來說有什麼意義呢？她確實不是個大好人。她比以前還要努力讀書，卻發現因此犧牲了生活的其他面向。她認為朋友一定覺得她有些無趣。但是這反而使她更努力讀書——努力讀書似乎定義了她這個人，也是她僅有的一切。她不能有絲毫放鬆，因為如果她沒有拿高分，會成為什麼樣的人？

當然，長期來說，對於你想要做什麼、或是成為什麼樣的人，你擁有的其他特質可能更加重要。你可能成為籃球選手、喜劇演員、從事公關工作、或是成為圖書館員。你可能想要任職於科層組織（例如警察單位或軍隊），或是想要創辦自己的事業，自己當老闆。你可能希望找到可以發揮個人創意、跳脫傳統思考（數珠）框架的工作。你或許想要用雙手從事實用的工作或是製作實物，例如成為鉛管工人、裁縫師。你可能想要照顧別人，同時可以領薪水；或是你可能希望成家，所以想要找一份兼差。許多不同的技能或才能都很重要，它們將會決定你是誰、會成為什麼樣的人，然而學校只重視極少數學科。

這會讓你以為那些學科是你這一生必須培養的關鍵技能。我、還有一些比我更了解教育議題的人都認為，這個想法根本是錯的（請參考〈想要知道更多嗎？〉單元，當中提供了關於肯．羅賓森的連結。）〔1〕普通中等教育證書課程的內容，相當於非常基礎的數學和英文程度，這些課程中學到的知識，和許多人日後的工作與日常生活幾乎無關。

我們的社會普遍認為，我們在學校學到的所有知識和技能都很重要，而且學生出社會之後還會記得所學的一切。但這完全違背事實。新冠疫情期間，社會大眾討論「失學」問題就明顯反映出這種認知，感覺似乎是一旦失學，就永遠沒機會學習那些知識。我就讀普通教育高級程度證書課程期間，確實有修讀數學、物理和化學，但如今除了記得自己確實對這些知識有一些了解，我早已忘了微分方程式、機械或化學週期表。甚至在我就讀博士學位期間，沒有任何課程的主題是關於如何治療兒童和青少年飲食失調，但這些現在成了我的日常工作。我只能在工作中學習這個專業領域。為了取得相關資格，我必須學習某些知識，將它們應用在我下一個階段的教育，例如：一小部分的數學知識對於學習心理學相關的統計工具，確實非常有用。但是這些資格絕大多數只是我必須跨越的關卡。

可是如果你不擅長跨越那些學業關卡，那麼待在學校確實有點痛苦。假使你的數學和英文成績低於平均，或許是因為你有閱讀障礙或算術障礙（dyscalculia），或者只是因為你覺得這些課都有點無聊。也就是說，學校令你感到有些厭煩。你會發現上學這件事可能令你有些難受或焦慮。這可能使你覺得自己有點廢。

如果你已經有些難受——或許是因為父母的態度很刻薄，所以待在家裡令你痛苦；或許他們對你很和善，但是他們身體不好或是沒了工作；又或是因為你屬於社會弱勢族群，例如家境貧窮，所以覺得苦悶——不論是哪種情況，你在學校都會覺得更不好受。你的大腦可能會想：「我

1 我個人覺得，這世上所有人都應該觀看肯．羅賓森（Ken Robinson）在TED的演講，他破除了許多毫無意義的教育迷思：www. ted.com/talks/sir_ken_robinson_do_schools_kill_creativity。他的演講充滿趣味、機智，內容精彩，發人省思。他是教育學教授，所以應該知道自己在說什麼。

就是廢物，每個人都比我聰明，我永遠不可能考高分。」

你通常很難和大人討論這個問題。我猜想如果你說：「我不喜歡上學。我不喜歡那些學科，也不太擅長那些科目。」多數大人的自然反應可能是：「嗯，每個人都一定要上學，你只需要完成學業就好。為什麼你不試著努力看看？」（你一定能想像這個對話場景，對吧？你說話時還帶著挖苦語氣、嘟著嘴，露出不以為然的表情）。

但是如果你不喜歡上學，或是自認不擅長讀書，就得要承擔風險，其中主要的是上學將不再是你人生的大事；你將因此失去就學機會。就如同我們心理學家說的，許多年輕人「無法從課業和上學得到自尊，」於是轉而追求其他事物以建立自信心。理想的情況是，你會轉向有利於社會、有建設性的活動，像是藝術、運動、戲劇、舞蹈、體育、慈善、社會正義、倡議、政治、助人等等。

但是，一旦青少年失去就學權利，多半不太會表現出有利社會的行為，相反地，隨著年紀漸長，他們會使用藥物、酗酒或抽菸麻痺痛苦，或是藉由犯罪、加入幫派來建立自身地位。〔2〕女孩有可能被迫過度依賴外表（打扮時尚、維持苗條身材或是讓自己變漂亮）或是利用性，吸引別人注意或取得地位。這種現象我們稱為「物化」（objectification）：也就是只根據外表、不是內在，評價一個人。年輕女性可能因此認為，她們唯一能對外展現的只有外表，而不是她們的性格、她們的大腦、她們的溫暖、幽默、她們的堅強。雖然這些追求在某種程度上，大多是可以接受的（除了犯罪和加入幫派之外），但如果你不是為了樂趣、而是出於自尊，是因為討厭學校或只是為了消除負面感受（例如憤怒、焦慮或難過）才去追求那些事物，那麼就會產生問題。

所以，如果你對學業不是那麼在行，我想要告訴你：上學不應該只是為了取得資格，如果你身邊的大人忘了這點，我感到很遺憾。教育應該要激發你的興趣和熱情，使你的人生更精彩、更有深度。學校應該幫助你了解你所生活的社會，讓你有目標，感受到自身價值。學校就好比一條通道，能讓你變成一個心智健全、通情達理、心情愉快的大人，成為社會的一份子。但如果事實並非如此，你又不擅長讀書，那麼就得忍耐、堅持下去。人生很長，你一定能戰勝這個關卡。

◎對於那些學業成績優異的人來說

那麼對於那些喜歡上學、學科成績尚可，甚至是成績優異的人來說，情況又是如何？照理說，你們在學校應該能不斷取得好成績，一直維持良好的心理健康？但是，事實似乎並非如此。有證據顯示，你們同樣陷入掙扎。

愈來愈多年輕女性陷入焦慮、自殘，這問題很嚴重，而許多年輕人將學校評為最不快樂的地方。[3]有考試焦慮的女孩比例遠高於男孩。[4]如果你在中小學或大學的成績很好，可能會覺得自己正走在上坡路上，最終必定能實現真正的目標，也就是取得優異的資格。你為了某個抽象目標奮戰多年，永遠覺得自己還不夠好，但是就在你達到目的的那一天，這件事又瞬間變得無關緊要。

2 Bonell, C. Et al (2019), 'Role theory of school and adolescent health', *The Lancet*. Published online 11 July 2019.
3 The Children's Society, 'The Good Childhood Report', 2018.
4 Howard, E. (2020), 'A review of the literature concerning anxiety for educational assessment', Ofqual.

◎教育：失去當下的快樂？

接下來我們用具體的比喻來思考取得資格這件事，會更容易理解。想像你正在製造一輛車（你的普通中等教育證書考試）。你必須學會製造引擎、焊接金屬、為車身烤漆。過程中有許多人陸續加入，給你建議。他們教你如何完成某部分工作，告訴你如何改進。但是他們從不會說：「這輛車已經夠好了。現在你可以停止工作了。快去休息，玩得開心。」相反地，他們會說：「這輛車很棒，但是你最好再幫輪胎多打一點氣，以防萬一，內裝要再擦亮一些。」

等時間到了，整輛車才算完工，接著要進行安全檢查。這時候他們會對你說：「等兩個月後，我們會告訴你們是否已經夠好。」你終於鬆了一口氣，出去找樂子，也許是參加慶祝活動，結果

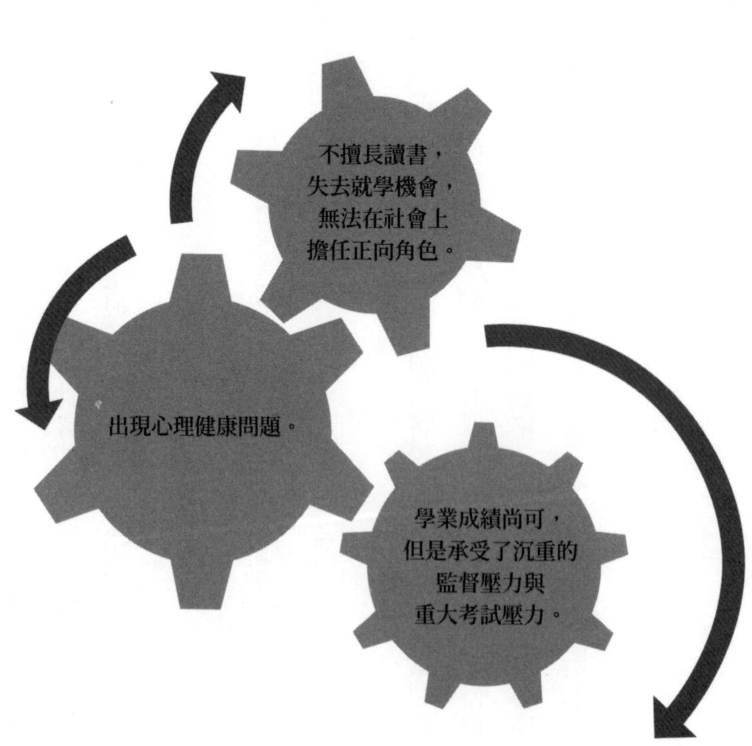

你喝醉了，吻了不該吻的人。接著，傳來天大的好消息。那輛車竟然通過了評估（但絕非完美）。接下來一、兩天你非常開心，開著那台車四處晃蕩。但是後來他們又說：「在當時的情況，這輛車確實已經夠好了，但是現在你要參加一級方程式賽車，你需要一台賽車，也就是你的普通教育高級程度證書課程。別去管之前那台車了，現在你要專心生產這台賽車。」當你完工後終於明白，之前那台車速度太慢、配備太陽春。雖然你偶爾會用到之前生產那台舊車時運用的技能，但是當時學到的技能基本上已經變得不重要了。所有人早都忘光了。

你完工之後，又被推動進入另一個不同的情境，這時先前生產的兩台車都已經無關緊要。或許是因為這項新任務需要涉水或飛行，所以你得製造快艇或飛機，也就是你的學位。

你可能清楚知道，這種情況會讓你覺得挫折、憂鬱、甚至引發焦慮。接下來容我好好解釋一番。

在任何時間點，我們都可以思考現在、過去和未來。當我們回想過去，如果覺得悔恨或難堪，心裡恐怕會很不好受。之前我們曾經談過，如果你在校成績不夠好，可是又喜歡回想過去，你可能會想：「我在學校成績不是很好，不太會讀書。」這時你的心情可能有些低落，而心情低落的人往往缺乏動力。這樣就有可能導致惡性循環，年輕人會因此產生「習得性無助」（learned helplessness）的感覺：總覺得不論自己做什麼，都不會有任何改變；覺得自己不夠好；覺得他們永遠不會變得夠好，無法創造有意義的未來。這種心理狀態有可能引發憂鬱。

但是，如果你在學校或大學的成績還不錯、甚至非常優異，可能會經常覺得自己必須不斷向前看，去因應下一次測驗、作業，或是看起來至關重要的正式考試。你感覺自己不停在追趕、不斷和別人競爭。某些年輕人覺得要不停做得更多、更好，為下一件事努力，絕不能放鬆。如果你認為（或有人告訴你）下一個階段只有少數人會錄取，或是成績名列前茅很重要，或者「成績將會決定你的整個未來」，這些想法會引發高風險，這正是焦慮真正的配方。

焦慮配方：一份永無止境的高壓和競爭，再加上一份高風險，持續釀造多年，最後就會調製出焦慮症。

如果你持續為了未來犧牲現在，就會失去現在的幸福。我們從正念和冥想的經驗得知，活在當下是擁有幸福感的關鍵；上學時，你可能會一直想著下一份作業、下一篇作文或下一次單元測驗，你會因此感到鬱悶、陷入焦慮，無法在那個當下及時做你自己，更無法擁有幸福感。

法蘭琪和我一起釐清了過去幾年她為何感覺壓力愈來愈大：她父母非常為她感到驕傲；老師總是稱讚她成績很好；朋友不斷告訴她不用擔心，因為她的成績向來優異。但是這些話依舊無法讓她安心，反而讓她覺得很有壓力，感覺每個人對她期待很高，她很害怕自己讓他們失望。她經常猜想：「如果我考不好怎麼辦？他們可能會認為我沒有用功讀書。他們可能會覺得我很懶惰。」即使她考了高分，仍永遠覺得不夠，因為還有下一篇作文、下一次測驗，或是考試即將到來。如果她的成績沒有像以前那麼好，他們一定會失望。

我要法蘭琪預測自己的考試成績：她預估多數科目可以達到五或六等。她確定歷史考砸了，不過生物學或許可以達到七等。

◎資格不等於身份認同

在聽完許多年輕人的想法之後，我感覺他們是根據自己在校成績來看待自己。他們認為這是與他們個人有關最重要的事，或者更糟的，是唯一重要的事。為了使成績符合優秀的標準，他們已經徹底失去自我感，他們的歡樂和欣喜、喜好和希望全都被犧牲。感覺像是如果某個東西無法評等、排名、評分，就無關緊要。

對於你們在整個成長階段只關注結果（也就是最終的學業成就），教育系統得負起部分責任。在你們的兒童時期大部分時間、以及不同的求學階段，其他人都在生產線上努力工作，生產「你」這個產品，希望產品達到主觀認定的「最佳」標準。從父母給送給你那些教育學習玩具開始，老師和家教、體育和游泳教練、音樂和戲劇老師等，都一直強調你要盡力發揮自己的潛能。直到你在學校的最後幾年，你徹底將這種心態內化，開始接手製造「你」這個產品。但是從裡到外，你並沒有發展出真實的自我。相反地，你完全遵循社會上普遍流行的無數標準，不停追求完美。你可能花費多年時間，被訓練成用第三人稱看待你自己；你抹除自己的個性，無法成為你自己；你費盡心力去做符合社會期待的事情，希望取得更多、更出色的成就。

所以，對許多年輕人來說，這個產品並非隱喻的汽車或普通中等教育證書考試。他們把自己看作一項產品：他們既是產品，也是製造產品的人。而老實說，把自己視為產品會對思維造成極大的困擾，日後將會對人際關係和心理健康產生不利影響。

還有另一種方法：設定務實的期望

你的教育不應該是永無止境的苦差事。你不應該因為沉重的學業負擔與要求，而陷入焦慮。教育不該像一場搶著登上虛幻頂峰的競賽。

如果對你來說教育真的是一場競賽，那麼你必須改變這種想法。該怎麼做？這是個好問題。

與學校、學院和大學有關的許多事情，是你無法控制的，例如：教育政策是由政府制訂；學校政策是由學校制訂；你的父母會有他們自己的看法。

但你還是可以做一些事。不過你可能要記住之前我們討論過的許多方法才能做到。你可以盡力運用我在談情緒的那章介紹的各種方法來改善心理健康，例如：睡眠、飲食、活在當下。你要設法運用智慧思維，全盤考量學校方面的事，避免陷入感性思維。你可以說：「等一下……國王有穿衣服嗎？值得我犧牲心理健康好取得資格嗎？」

這並不容易。當你提出上述問題之後，來自四面八的反對壓力會如海嘯般席捲而來。你必須喚醒內心所有的青春期叛逆精神，為自己爭取應有的權利，包括：你可以稍微不守規矩；你不只是你自己的產出總合。你是一個人，不是一條生產線。

你可能需要記住談焦慮那一章所提到，與焦慮惡化有關的內容。你要記住，任何作業、測驗或考試都只是，嗯，只是作業、測驗或考試而已。但是整體而言，這些都不重要。當然，你得完成這些要求，但不需要做得完美。你不需要用盡全力；**你只需要在某個期限內盡力而為，這樣你**

才能繼續過自己的生活，維持心理健康。

你可能還要記得，我在談友誼那一章提到的，與社交焦慮症有關的內容，也就是你認為朋友會怎麼看你。除了朋友，你可能也很在意其他人對你的看法，我看到許多年輕人花非常多時間在想老師會如何看待他們。你們非常在意老師對你們的看法。聽起來就像是「我不希望他們對我失望」。這種想法其實非常自我中心，因為你假設自己或許在老師心中占有重要份量。我們不妨長話短說：你其實沒那麼重要。當然，你在老師心裡確實有一些份量。當他們和你一起在課堂上、當他們指定你的作業、當他們參加家長會的時候——當他們身上發生了某件與你有關的事情，你可能會出現在他們腦海中。

但是，我有一個當老師的朋友告訴我，在英國中學，每位老師可能要負責大約一百七十五名學生。老師也有自己的生活，他們有媽媽、爸爸、先生、太太、男友、女友、朋友、室友、小孩、孫子女等。老師也和其他人一樣，有自己的事情要忙。

對你們許多人來說，
教育就像是在淘汰不適合的人，
你必須為了狹隘的成功定義，
和同儕相互競爭。

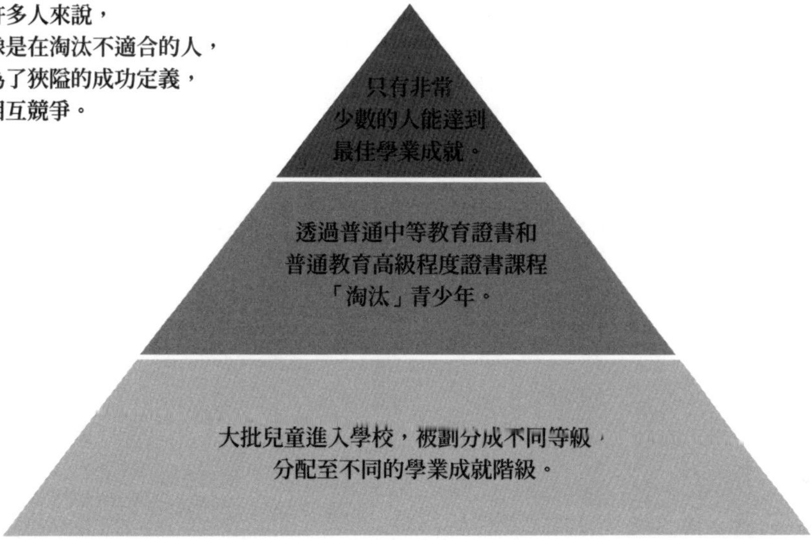

只有非常少數的人能達到最佳學業成就。

透過普通中等教育證書和普通教育高級程度證書課程「淘汰」青少年。

大批兒童進入學校，被劃分成不同等級，分配至不同的學業成就階級。

所以我們不妨假設，他們一星期有四十個小時會想到工作。我們再假設，當他們想到工作時，其中包含了學生、學科與工作瑣事（例如教職會議、課表安排、生涯發展等）。換算下來，每位學生每星期只能分到四分鐘。所以他們其實沒有那麼常想到你，時間沒有多到你需要花費幾小時擔心他們如何看待你。假使你的成績低於平均，如果老師有注意到，如果他們感到失望，那也只是一閃而過的念頭，下一秒鐘，他們的腦海就會被每天浮現的另外數千個想法淹沒。他們也可能會**為**你感到失望，但不是**對**你失望。

另外你要記住，每個老師都認為他們的學科很重要，有些老師被灌輸了錯誤的理念，以為取得資格至關重要，所以會不經意地說出令你備感壓力的話，例如：「我希望你們都能努力學好這一科，因為這對以後的普通中等教育證書考試很重要。」你必須問自己，他們是用上對下的態度跟你說話嗎？或者，他們只是技巧拙劣地施加壓力，想要藉此激勵坐在後排的那些懶惰鬼？〔5〕

法蘭琪在考試成績公布之後回來接受治療，結果所有學科的成績都達到七或八等，高於她原先預測的五或六等。所有學科全部過關。

「你感覺如何？」我問她。「鬆了一口氣，」她說。「覺得不高興？不快樂？」我問。「沒有，不覺得高興。只是鬆了一口氣，感覺有些麻痺。」那天晚上她和朋友一起出去，玩得還算愉快，但是當朋友慶祝她考高分時，她卻覺得這件事和自己沒什麼關係，感覺像是另一個人得到這些分數一樣。隔天早上她醒來之後，完全沒有放鬆的感覺。昨天的考試成績似乎與她無關。她只感到害怕和恐懼。兩星期內，相同情況再度上演。

但是現在她已經知道，她永遠覺得自己不夠好，她想要改變。

「但是，」我可以聽到你在抗議，「就算我不再因為擔心考試、或者擔心老師或家教怎麼看我，而在睡夢中驚醒，你也不能告訴我說考試不重要啊。就算我不認為自己會流浪街頭，考試還是非常重要啊。」嗯，你說得沒錯，但是當然啦，關鍵字是**非常**。從你的行為能否看得出考試**非常**重要？或者，從你的行為是否看得出來，考試是**最重要的一件事**？在當今這個世界，如果你不留意的話，考試和取得資格這兩件事會導致你的擔憂失控。

最糟的情況是，教育有可能成為考試成績競賽。但是關於教育，有些事實你必須記在心裡，才能客觀看待壓力問題：

- 人生漫長，很少人出社會後做的事與在校所學直接相關。
- 我們同樣用賽跑作類比：這世上不只有一種賽跑，有馬拉松、短跑；有跨欄賽跑、越野賽跑。有龜兔賽跑。這些都很好。
- 考試只是開了一扇門，讓你有機會接觸某種類型的學術工作，如果你不想從事這些工作也無所謂。
- 其他類型的工作並非次等，也不代表你的人生不會失敗。

5 我並沒有不尊敬後排懶惰鬼的意思。許多我喜愛的朋友都是懶惰鬼，我相信如果人們願意懶惰一些，或許就不用遭遇這麼多心理健康難題。

- 如果財務對你真的很重要，那麼學術工作平均而言薪資比較優渥，但是也有很多例子並非如此；也有很多人從未通過普通中等教育證書考試，卻非常成功。〔6〕我指的不只是足球選手和偶像明星，還包括創業家、建築工人和美髮師。他們努力從事自己擅長的工作，創辦自己的公司或事業，收入遠高於許多大學畢業生。
- 大學並非人生的全部，也不是人生終點，更不能保證從此能擁有幸福人生。上個世代英國政府曾設定一個目標：要讓五十%的年輕人就讀大學。但是他們並沒有認真分析，是否有適合大學畢業生的工作給那五十%的年輕人。許多大學畢業生從事的工作不需要大學畢業；許多沒有大學畢業的人過得很快樂，不僅事業有成，生活也相當充實。

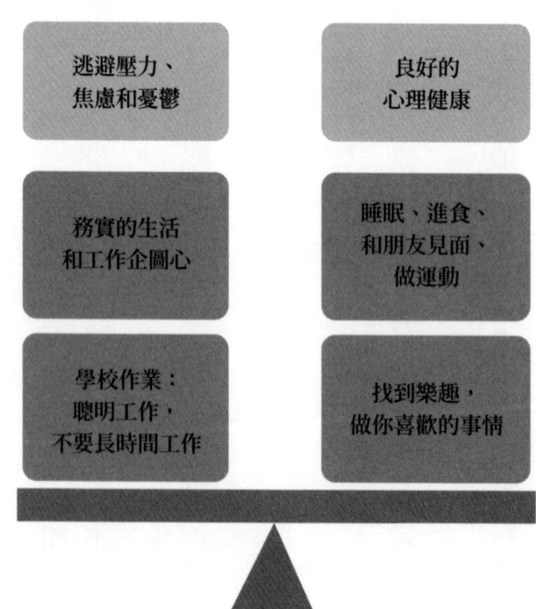

因此，你要為自己設定有挑戰性、但不會令你身心俱疲的學業期望。想就讀大學的年輕人也一樣。試著這樣想：教育的目的是為你開發更多機會，而不是限縮可能的選項，只為了達到某個憑空想像、無法達成的最佳結果。拓展經驗、知識、技能……這才是你現在需要的教育。

我和法蘭琪一起釐清，她如何產生負向自動化思考：她一直錯誤解讀老師的想法。後來她學會挑戰自己的思考：老師其實沒有花那麼多時間想她；老師有一百位學生要擔心，甚至可能不記得她考得如何。總之，如果有個老師臨時想到她

6 我真的很討厭告訴你這件事，但是平均而言，男性畢業後薪資通常高於女性。可參考：Graduate Labour Market Statistics (2018), UK Government www.gov.uk/government/statistics/graduate-labour-market-statistics-2018。部分原因可能是更多男性選擇經濟、管理和理工學科，而且不需要請產假；至於女性，比較高比例會選擇人文和護理學系。或者，換另外一種說法，可能是因為基因或社會壓力，女性對於人文學科比較有興趣，但這些學科的薪資通常比較低。

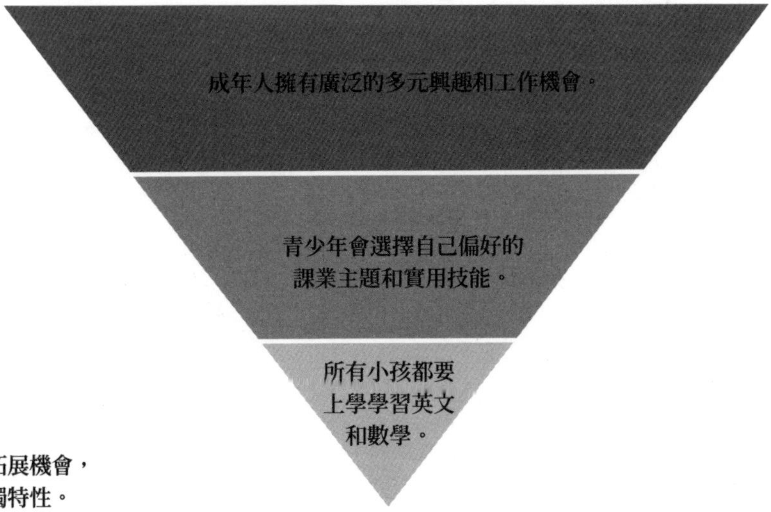

成年人擁有廣泛的多元興趣和工作機會。

青少年會選擇自己偏好的
課業主題和實用技能。

所有小孩都要
上學學習英文
和數學。

教育應該要拓展機會，
肯定個人的獨特性。

沒有像以前那樣用功，會怎麼樣？如果有老師腦海裡閃過那個念頭，並不會真的影響她的餘生。法蘭琪開始明白，她不可能一直控制每個人怎麼看待她。

她開始思考自己的核心信仰，也發現為了取得優異成績，她感覺自己一直在和朋友競爭、而不是合作。她總是被排除在外，不屬於團體的一份子。她不喜歡這樣。於是她挑戰自己，更努力融入團體，不再像以前那樣追求成績第一。她發現，和朋友一起出去玩反而使她讀書時更專心，因為她不需要一直用功，只需要在期限內完成進度就好。她感覺自己在班上更放鬆、更有自信，因為她對自己的友誼更有信心。她依舊努力學習，但是不會在意別人的成績是否比她好，也不會以此懲罰自己。

關於大學的真相

儘管外界對於大學有許多誇大的說法，但如果大學適合你，我希望能幫助你對大學教育設定符合現實的期望。

過去幾年，我聽了許多年輕人的想法，我發現你們談到與大學相關的話題時，想法和以前的年輕人有些不同。以前來我這裡接受治療的年輕人，喜歡和我聊他們想去哪裡讀大學，他們會說他們想去校園大學（campus university）或某個城市大學〔7〕，或是擁有精彩夜生活或離家近的大學，又或者有開設某項特殊課程的大學。但現在的年輕人和我談話時，多數時候會說想去「好的大學」。當我問他們什麼是好的大學，他們的意思似乎是想去就讀**他們能力範圍內能申請到成績要**

求最高的大學。

為什麼？聽了你們的說法之後，我猜想似乎是因為你們認為，對於普通教育高級程度證書考試成績要求較高的大學，比其他成績要求較低的大學來得優秀。從某個角度來說，你的大腦已經自行將所有大學分成不同等級，你也相信的確有一所最頂尖的大學，衡量標準是入學難度。此外，你假定應該進入那所最頂尖的（這點有待商榷）大學就讀，即使你得逼自己竭盡全力擠進那道窄門，或者**你根本就不喜歡那所大學**。

如今大學變得愈來愈商業化，非常懂得如何宣傳他們的獨特性，告訴你他們是最好的，但事實上缺乏證據證明。例如，客觀來說，「羅素大學集團」（Russell Group）和「常春藤名校」（Ivy League）真正的意義是什麼？大家經常提到這兩個詞，但有誰真正知道它們代表什麼意思？

我們先介紹羅素大學集團的起源。一九九四年，美國幾所大學在倫敦的羅素飯店聚會，並決定組成一個團體，共同代表他們的利益、聯合推銷他們自己。實際上，這些大學希望藉由這個團體建立自身的獨特性：這很像以前的兄弟幫，只不過現在換成了大學，他們的目的是實現社會多元性與機會平等的理想。他們也確實獲得大量研究資金，畢業生普遍找到很好的工作，不過這其實是蛋生雞、雞生蛋的問題。

羅素大學集團的地位目前缺乏外部認證。如果集團中有任何一所大學不符合某個標準，例如學生宿舍品質、學生的心理健康或是教學品質，也不會被踢出集團。事實上，根據政府單位執

7 譯註：校園大學指的是學生宿舍、教學和研究設施等全都集中在同一校園的大學。

行的獨立評估報告「教學卓越框架」（Teaching Excellence Framework），這個集團中教學品質達到黃金標準的大學不到半數。〔8〕

至於美國常春藤大學，最早則是體育競賽聯盟。這幾所大學歷史悠久，早在殖民時代就已存在，因此主要以白人、男性、以及出身富有的特權階級學生為主。他們將自己定位成全美最頂尖大學，這種操作手法非常高明。如此一來，想要獲得最佳教育的學生都會來申請，這些大學也因此成為全美資金最充裕、最有競爭力、「前途最好」的大學。

如果你想要就讀大學，不論你的成績是AAA還是AAB，其實對你的人生都不會產生太大影響。如果你的分數比你期望的少一、兩分，那麼絕大多數大學課程都能申請。但是為了進入某個特別的大學或某幾所大學，而背負了難以承受的巨大壓力，這與格魯喬．馬克思（Groucho Marx）的作風有點像，她說過：「我

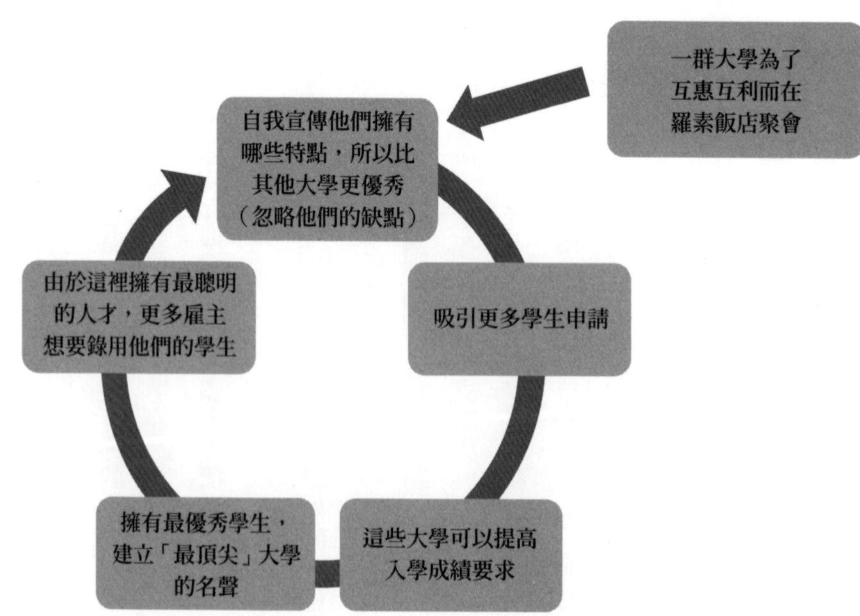

不想加入任何願意接受我成為會員的俱樂部。」〔9〕尤其是如果俱樂部會自行篩選成員，只有傳統特權階級有資格加入。

最重要的是決定**你**想從大學教育得到什麼，還有，如果你不準備上大學或是失業了，你要在哪裡生活？當你擬定候選名單之後，內心必定會有一番掙扎，為何要選擇入學成績要求平實的大學，而不選擇入學成績要求最高的大學？

社會似乎潛藏著一股推拉力量，促使你選擇所謂頂尖的大學，卻完全不考慮怎麼做才對你最好。由於你生來就很在意別人的看法，在你的人生中每當遇到這種情形，你都很難抵抗。就好比你想要一雙新的運動鞋，結果發現你喜歡的某些運動鞋並不是最便宜或最貴的，接著某個人表情嫌棄地看著你喜歡的那些鞋子說：「別買那些運動鞋，看起來粗製濫造，這些價格更貴的運動鞋比較好。他們是設計師品牌，看起來更酷，每個人都想買。」接下來你是否會說你要買更貴的運動鞋，即使這些鞋子不適合你？還是你認為那些球鞋才是粗製濫造，你只想買你自己挑選的、你喜歡的，而且你負擔得起的運動鞋？

別因為某些大學設定了比其他大學更高的入學成績要求，就以為它們比較好，或是**對你來說**是比較好的大學。記住，如果某一所大學入學成績要求比較高，只是代表有非常多學生申請這所

8 可參考：https://www.officeforstudents.org.uk/publications/regulatory-advice-22-guidance-on-the-teaching-excellence-framework-2023/，如果要了解集團中教學品質達到黃金標準的大學不到半數的新聞，可以參考：https://www.theguardian.com/education/2017/jun/22/many-top-uk-universities-miss-out-on-top-award-in-controversial-new-test

9 譯註：美國喜劇演員與電影明星格魯喬・馬克思離開位於好萊塢的佛萊阿斯俱樂部（Friars Club）時，留下了一句話：I don't care to belong to any club that would have me as a member。

大學，就好比你在eBay競標同一件物品一樣，所以入學成績和成本也會隨之提高。別人想要進入那所大學的原因對你來說或許並不重要，例如他們只是為了滿足虛榮心或是遵循傳統。其他人面臨的情況和你完全不一樣，對人生的渴望也和你大不相同。我的意思是，如果你想要成為保守黨英國首相，或者熱愛傳統、歷史建築物或平底船，你可能會想要嘗試申請牛津大學。但是如果你立志成為臨床心理學家，而且熱愛都市生活和夜店，那麼無論選擇哪一所大學都不會有太大差別，而且就讀大學期間不會有那麼多歡樂。〔10〕

如果你選擇一所要求超乎你的能力範圍、你必須嚴格鞭策自己才能取得合格成績的大學，那麼你在就讀

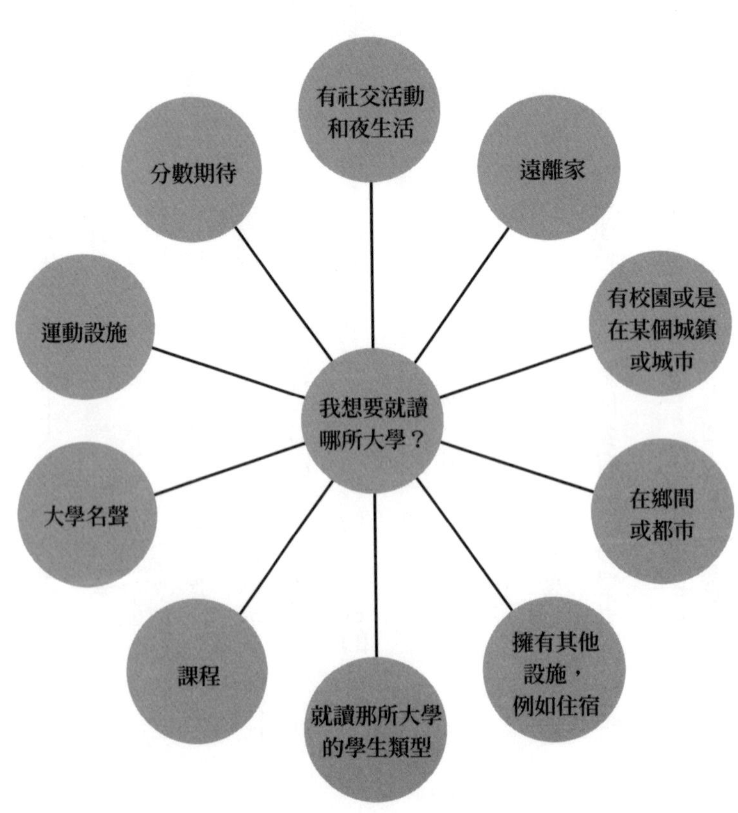

大學期間，也必須非常嚴格的要求自己，否則在大學同儕之間，你的學業能力只能墊底。

所以我會建議你，想一想你希望這幾年從大學教育裡得到什麼，別管其他人想要什麼。問你自己，怎樣的選擇才務實，以及你要如何在學業和生活之間取得平衡，避免壓力太大。

到了要決定就讀哪一所大學的時候，法蘭琪必須對抗來自家庭、朋友和老師的壓力。她不再去想應該選擇她能申請到的最好的大學，而是開始思考自己希望從大學得到什麼。她家人住在倫敦，但她覺得如果能待在更鄉下的環境，她會更快樂：她希望成為獸醫，領養一隻狗。她開始認真思考怎樣做對自己才是最好的，而不再絞盡腦汁比較哪一所大學「最好」。

聰明讀書，不要長時間讀書〔11〕

這一章到目前為止的重點是戳破泡泡、破除迷思，讓你知道別將考試和取得資格視為唯一重要的事。之前我提醒過你們，不要為了盡最大努力而犧牲心理健康。你可能覺得很驚訝，之前我說了這麼多，現在竟然要寫一些關於讀書技巧、以及如何通過考試的實用建議。嗯，別驚訝。我

10 隨機舉個例子：有位臨床心理學家沒有選擇牛津大學，因為他熱愛都市生活。

11 如果你是心理學學生，想要了解教學心理學，葛雷格．巴頓「先生」（Craig Barton）已經在《原來數學這樣教更有效》（*How I Wish I'd taught Maths*）這本書中，好心地幫我們做完所有工作。我在書中提出的記憶模型並不「正確」或「完美」，但多多少少有些用處，主要是參考艾倫．巴德利（Alan Baddeley）和畢約克夫婦（Robert and Elizabeth Bjork）提出的記憶理論，他們在網站上提出簡要的說明，供大眾免費閱讀：bjorklab.psych.ucla.edu/research/

可不「反對」用功讀書，我反對的是過度用功，冒險讓自己的心理健康受到傷害。我要幫助你為自己設定務實的期望，學會如何聰明讀書。

另外也別忘了，十一歲小孩如果心理健康出問題，平均來說五年後的考試成績會比較差。〔12〕我懷疑其中一個原因是心理健康問題會干擾學習。它會妨礙我們聰明學習，還可能會製造問題，包括拖延（開始讀書）、停止讀書或是花太長時間讀書。

珍妮（Nia）在十一月下旬來找我，當時她正好就讀大學第一學期。她感覺自己壓力很大、失去控制、驚慌失措。她在學校一直很用功，總是拚盡全力，也得到父母和老師全力支持。她終於擺脫學校和家庭約束，這是她人生中第一次感覺到自由，她很享受大學第一個月的社交生活，有喝不完的飲料、參加不完的派對，還有過幾次浪漫邂逅。她這輩子第一次翹課、晚起、遲交作業。可是每當她努力追趕進度，就會陷入焦慮，害怕自己來不及。以前她從未發生這種情況，她很厭惡只有她自己有那些感受。所以，她又會外出和朋友一起耍廢。隨著時間流逝，她覺得自己不可能做完該完成的作業。

◎拖延〔13〕

對許多人來說，一直拖延、不願開始投入課業是個大問題。現在你可能覺得我很偽善，一直喋喋不休地強調過度用功是很嚴重的問題，然後提供你們一些建議，幫助你們克服拖延的毛病。嗯，事實並非如此。有些女孩之所以拖延，原因是她們是完美主義者，這說法感覺有些違反直覺。她們一直逃避開始投入課業，因為擔心最終成果不夠好，或是因為她們內心深處認為，只有在正確時間點開工，才能全心投入，一直到最後期限來臨為止。唯一「讓」自己得到某些樂趣的方法，就是拖延……拖延或許會帶給你某些樂趣，但除此之外，拖延其實一點都不好玩，對吧？你會感到有些內疚和恐懼。你不是真的在做一件你覺得好玩、讓你放鬆，而且是你想做的事情，例如拜訪朋友或是看場電影，因為如果真是那樣，你就不是真正投入課業。所以，你騙自己要開始認真投入課業……最後卻不停追劇看《魔法奇兵》（*Buffy*）影集。

◎適可而止

知道什麼時候開始是一個問題，而且與第二個問題密切相關，也就是知道什麼時候要停止。你聽過八〇／二〇法則嗎？意思是百分之八十的分數來自百分之二十的努力[14]，你熬夜到很晚，不斷重寫某一份棘手的文件，重複編輯某一篇論文，或是一直在想辦法解決卡關很久的最後一道問題，這些行為不算是聰明學習。這些行為對你的成績可能不會有什麼影響，但是卻有可能導致你痛恨自己的課程，想要放棄；或是讓你的心理健康受到傷害，所以不得不放棄。

學校課業同樣遵循報酬遞減法則：你只需要好好掌握最重要的關鍵，就能得到最佳結果。你

12 www.natcen.ac.uk/media/1813898/Final_AW_6635_AYPH_6PP_NatCen_SinglePages.pdf

13 如果你習慣拖延，不防觀看提姆．厄本（Tim Urban）的演講影片：www.ted.com/talks/tim_urban_inside_the_mind_of_a_master_procrastinator?language=en。（完美主義者應該要觀看第八章的提供的連結）。

14 science.ubc.ca/students/blog/how-to-increase-your-productivity-by-doing-less

不需要對所有細節瞭若指掌，因為這樣只會讓你壓力太大，陷入過勞的風險，或是讓你完全不想開始動工。

先前我們曾提到，如果希望自己保持頭腦冷靜、在有缺失的教育系統順利生存，最重要關鍵就是為你自己設定有助於維持心理健康的務實期望。設定好期望之後，還必須學會及時、有限度的開始和停止課業學習。「完成比完美更好」的口號應該永遠適用，你不應該追求百分之百完美。(「完成比完美更好」是臉書前營運長雪柔．桑德伯格〔Sheryl Sandberg〕的座右銘，她是全球相當成功的女性，這句話對她非常受用，對我們其他人也同樣受用)。我要強調的是，追求完美主義的人並不覺得自己是完美主義者，因為他們不一定每次都能達成百分之百完美的結果，完美主義指的是投入百分之百努力，不是得到百分之百完美的結果。另外不要忘了，完美主義與精神疾病強烈相關。

即使你沒有在對的時間點開始投入課業，設定停機時間還是很重要。不要因為你要做的事情太困難或是太複雜，就覺得受不了，這樣下去你只會一直拖延，不想開始。給自己設定時間限制，例如一個小時，這段時間你會好好地坐著用功讀書。一小時並不是什麼魔法數字，也沒有任何科學依據，只不過是方便計算的時間單位。如果你設定四十五分鐘或七十分鐘也沒關係，只要是你覺得容易做到的都可以。設定的時間到了之後，就必須暫停、休息一下，這樣才會對你的心理健康和學習有益。接著你要做的就是重複整個流程。這種作息模式能夠幫助大腦真正吸收新接受到的訊息，同時評估自己的學習是否有效。

◎讀書時間太長

你必須設定停機時間，這對你的心理健康非常重要。一旦你拖延，就得要不停趕工，無法設定停機時間；但是當你完成部分進度，你知道自己需要休息一下，你就可以真正擁有一段休息時間。沒有人因為製作最工整、最多色彩標示的複習卡，所以通過考試。你不會因為讀書時間最長，所以得到最高分。你要聰明讀書、不是長時間讀書。聰明讀書的意思是保留休息時間，並不是為了讓你內心產生幸福感，主要目的是為了因應大腦記憶的運作方式。當你保留休息時間，記憶力運作才能達到最高效率。

某個星期天晚上，妮雅（Nia）為了準備考試整夜沒睡，一直在複習，一星期後她來找我。上個星期她只要一想到考試，就感覺愈來愈恐慌、害怕，完全沒辦法開始複習，甚至不能去想複習這件事。之前遇到考試，她都會準備好所有筆記、複習時間表、工整的字卡。如果沒有做好這些準備，她就不知道要如何開始複習。後來她終於在星期六午餐時間開始複習，直到凌晨兩點，中間沒有適當休息。接著她在星期天清晨七點醒來，整個白天、整晚大部分時間都在複習。當我告訴她一定會有臨界點，到時候她會知道，她所做的努力對於考試成績的影響微乎其微，她聽完之後苦笑了出來。深夜時她就已經發現很難吸收資訊，但就是沒辦法停止複習。我們兩人一起思考，她是如何因為覺得自己懶惰，所以開始懲罰自己，日夜不停地複習。

如果要了解其中緣由，不妨將記憶想成一座櫥櫃，空間大到人可以走進去，你必須把所有東西存放在這個櫥櫃裡。事實上，你沒有其他櫥櫃、抽屜、手提包或是其他空間。

那麼，你會在櫥櫃前方放哪些東西？可能是你每天會用到的物品，對吧？鑰匙、公車卡、梳子、睫毛膏、今年上課用的教科書。每天外出時，你會買一些新物品，然後將它們全部放進櫥櫃裡。有些物品很重要，而且明天就會用到；有些物品雖然重要，但是接下來一年你不會用到；還有一些東西你不知道自己會不會用到，也不知道是不是廢物。這就好比大腦的短期工作記憶（short-term working memory）[15]，其中包含了新購買的物品，或是當下或定期需要用到的東西。

但是突然間天氣變冷、開始下雪，你需要靴子和保暖夾克。這些東西放在櫥櫃後方某個位置，你必須找到它們。這就好比是你大腦的長期記憶。

那麼，你有多容易找到這些物品？這取決於以下幾個因素。

一、你是否記得自己有這些物品。

二、一開始你把這些物品放在哪個位置，是否有好好存放。

三、櫥櫃前方與後方之間是否有明確路徑。

好了，為了能找到不常用到的物品，當你購買新物品之後，你認為需要先做好哪些事？如果直接把新物品放在櫥櫃前方，全部堆在一起、亂成一團，有的東西破損、有的遺失、或是有的被推往內側，你覺得自己有辦法找到、或是伸手拿到舊物品嗎？還是你認為暫時不要買新東西，先有邏輯地分類、重新擺放現有物品（例如把雪靴和冬季外套放在一起），以確保自己能夠觸及櫥櫃後方？

這就是記憶的運作方式。寫作業或上課就好比使用放在櫥櫃前方的新物品，它們就在那，很容易取得和存放。你可以直接搜尋櫥櫃前方，也就是你的短期記憶，輕易找到一個小時或一天之前你放進去的物品。感覺非常有效率，好像你很認真做事：把一些新物品丟在櫥櫃前方，再從那裡拿出其他物品，從不會深入櫥櫃內部。

但是花更長的時間學習某個事物，情況就有些不一樣了，例如為了年底的考試複習年初時學習的東西。若要確實達到這個目的，必須做到以下三件事：

一、定期使用存放在櫥櫃後方的物品，好確保你記得自己有這些物品，並且記得它們放在哪。
二、定期暫停放入新物品，這樣你才有時間思考如何妥善地存放新物品。
三、確認存取物品的路徑是清楚的，也就是很容易放進去和拿出來。

為了有條理地擺放新物品，避免全部丟在櫥櫃前方亂成一堆，最好的做法就是休息，讓你的大腦有時間將新資訊與其他知識整合。如果之後你會持續回到櫥櫃取出這些新物品、重複使用，就會牢牢記得它們放在哪。唯有如此才能形成深刻記憶。

15 譯註：將接收到的訊息暫時儲存在大腦中，同時用它進行簡單的思考、推理與判斷。

所以，如果你只是要完成某些作業，或許可以密集工作幾小時，但是這不利於形成長期記憶。你得讓大腦休息，它才有時間吸收新訊息，然後與日常生活的記憶以及儲存在大腦內的其他訊息整合。休息過後你再重新看看新訊息，在採取下一步行動之前，提醒自己有這些新訊息，這等於重新整理你自己，確認自己知道新訊息存放在哪、以及如何找到它們。

還有另一個原因解釋為什麼休息對學習有幫助，那就是「初始效應」(primacy effect）和「新近效應」(recency effect）。大腦比較擅長記憶你在特定學習期間、或是某段課程期間內，第一個以及最後一個接收到的訊息。切割學習時間，目的就是為了善用這種現象，達到最佳學習效果。學習期間最早和最後接觸的訊息，比較可能被存放在記憶櫥櫃後方，而且是放在容易找到的位置。那麼放在中間的物品呢？它們比較有可能遺失，或是掉到地上被踐踏。

最後請謹記，再認（recognition）和回想（recall）不一樣。再認是指你讀到某個東西時產生熟悉感，心想：「沒錯，這我認得。我們學過。」但是沒有人能單單靠這種熟悉感就通過考試。回想是指你記得某樣東西，而且能在大腦中迅速找到它、使用它。當你一而再、再而三從記憶櫥櫃中取出這樣東西、實際使用它，你就會記得自己擁有這樣東西、知道它有什麼用途，所以才能夠順利回想起它。考試的時候，你很容易就能找到它。同樣地，要做到這一點，你需要休息，這樣大腦才能有效整合訊息。而為了空出休息時間，你必須能夠及早開始工作，在事情達到完美之前收工。

妮雅通過考試取得二等二級學位後〔16〕，回家過寒假。這大概是她這輩子拿過最低的分數。治療時，我們考慮讓她獨立，與家人分開。但是一旦遠離家庭和學校的規範，她就會缺乏動力，感覺很像是青少年被困在教育輸送帶上多年之後，開始出現叛逆行為。她心裡明白，她在第一學期為自己設定的完美標準，實際上是妨礙自己學習、不是在幫助自己。舉例來說，如果她覺得某堂課她快要遲到了，就索性不去上課。

但是妮雅沒想到，她父母竟然沒有因為她只拿了二等二級學位，感到失望。他們笑著對她說，他們很高興她得到了一些樂趣。妮雅開始懷疑課程內容是否適合她。她知道，如果自己認真努力，一定可以做到，但是她真的想這麼做嗎？你有能力做某件事，不代表就必須去做。她開始思考自己可能想要做什麼。

16 譯註：英國大學學位依據畢業總成績分書，分成五等級：一級榮譽學位（First Class Honours）、二等一級榮譽學位（Upper Second Class Honours; 2:1）、二等二級榮譽學位（Lower-Second Class Honours; 2:2）、三等榮譽學位（Third Class Honours）、普通學位（Ordinary Degree）以及無學位。其中二等二級學位的畢業總成績為五十到五十九分。

新物品

你的大腦

短期記憶
你當下正在處理的物品或是容易取得的物品

把物品放進這裡

從這裡取出物品

長期記憶
你知道當下沒有存放在大腦前方的物品

有權利稍微不守規矩

你的學校、學院和大學很可能有許多態度親切、能力出眾、充滿善意的老師、講師和校長，他們的工作是讓你在這個系統內取得某些資格，但是他們清楚知道這個系統有缺失。最優秀的老師會在這個系統內盡最大努力，嘗試在你們的教育中注入一些樂趣和熱情，但不會給你們施加太多壓力。在小學階段，他們會設法在標準評估測驗與進步發展評量（progress measure）之間的上課時間，加入一些舞蹈、烘培、燭台製作等課程。在中學階段，他們會撥出時間，在考前分析指定教材的測驗答案之前，向你們介紹他們喜愛的書籍。

我想我們大多數人都希望有一個不一樣的教育系統：教導你如何為自己思考，勇敢作夢；平等看重未來的鉛管工人與政治人物；考試的目的主要是測驗學生確實知道的知識，而不是他們不知道的那些；讚揚我們之間的差異，不會逼迫我們服從。

但是我們擁有的就是現在的教育系統，而且很快地，你就會成功脫身。所以在這段時間，如果你願意，不妨加入這場課業遊戲：設定某些可以達成的目標；聰明學習，時間不要太長；繼續玩得開心，懂得適時開始與停止用功。但是不論你做什麼，都別投入**太多**情緒。如果你變得很不快樂，想要自殺或傷害自己，或者時常恐慌發作，或是整天圍繞著自虐的工作行程團團轉，那麼請立即**停止**。

因為如果真的發生上述情況，不論最後發生什麼結果，**可能都不適合你**。如果你不得不這麼努力才能得到那樣的結果，或者它最終讓你受到嚴重負面影響，老實說這樣並不值得。不過這不是問題，因為還有其他事物適合你。

記住，人生有許多路徑。不全然與課業相關，也不全都是「最好的」，不過其中許多路徑都很不錯。人生漫長，有不同的成功途徑，更重要的是，有不同的方式可以令你感到快樂。

7

食物、飲食、體重和身材

Food, Eating, Weight

「我從小到大穿著塔夫綢（taffeta）洋裝，一直被教導要打扮漂亮、受人疼愛，我很喜歡玩塑膠公主娃娃，這些娃娃的身材比例超級誇張，腰肢纖細、胸部豐滿，而且全都沒有乳頭、沒有陰毛、沒有皺紋。我的意思是，天啊，這實在是太奇怪了，尤其是當時我只有六歲。」

——提姆．明欽，音樂劇《今天暫時停止》（*Groundhog Day*）中的〈有一天〉（One Day）

「賜我寧靜的心，接受我所不能改變的事情；賜我勇氣，改變我所能改變的事情；賜我智慧，分辨這兩者的差別。」

——美國神學家雷茵霍爾德．尼布爾（Reinhold Niebuhr），《寧靜禱文》（*The Serenity Prayer*）

關於食物、飲食、體重、身材，還有它們彼此之間的關係，你常常會接收到相互矛盾的訊息，我不確定還有哪些話題能讓人如此困惑。對於前幾個世代的人來說，雜誌就是明證，裡面的內容常常自相矛盾，前幾頁是嫵媚動人、身材纖瘦的模特兒照片，緊接著是冰淇淋、甜食食譜，再接著是最新流行的節食法。在你們這個世代，網路更強化了這種瘋狂傾向。你仔細分析社群媒體的內容之後會發現，絕大多數是外貌導向的訊息：像是自拍照、健身照、時尚，還有食物。〔1〕你不斷被推銷（或是你自己推銷）擁有完美身材的幻想；充斥大量經過變造的虛假照片，旁邊搭配讓人墮落的飲食內容和鋪張的食譜；還有新冒出的各種流行節食法、健康飲食計畫。這些內容傳達的訊息是：保持身材苗條、放縱自己、犒賞自己、節制飲食。這樣注定失敗。

只剩下無聲的吶喊。

我不確定這是否是厭女情結。或者，是否女性都會彼此競爭，希望自己呈現最完美的狀態。你感覺別人最常評論你吃什麼、外表如何、屬於哪種身材等，所以便認為他們可能最常依據這些因素評斷你這個人。

接下來我們試著更深入理解這個問題，看看能否為你找出不同的做法。

小心提防健康飲食訊息

什麼是「健康飲食」（healthy eating）？你在很小的時候就被灌輸這個觀念，通常是父母、學校和整體社會告訴你的。就和本書探討的其他議題一樣，在你們這個世代，食物變得愈來愈複雜。

原因是選擇變多了，而且更方便取得，當然，還有網路推波助瀾。

或許父母會說，你可以吃一些「不健康的」食物「犒賞自己」，但「現在不能吃太多」。也許你聽到父母說他們努力想保持「健康」，或是他們「在家不能吃餅乾」。對你們這個世代來說，健康飲食確實已經成為學校課程，小學通常會規定午餐盒裡只能有哪些食物，或是學生只能帶哪些零食。總而言之，你必須吃「健康的」零食。

> 我在某年秋天和歐拉（Orla）見面，當時她正升上八年級，患有厭食症。我請她告訴我是從什麼開始的，她說小學。她一直是班上身高最高的學生，六年級時正好遇上青春期發育，所以必須穿胸罩、管理生理期。當時學校會教導學生健康飲食的觀念，她得到的訊息是不要吃甜食、蛋糕、巧克力或餅乾，一天要認真運動一小時。於是她開始少吃這些食物，每天必定跳彈跳床一小時。

當你進入青少年時期，會聽到朋友和健康網紅提出各種「健康飲食」方面的說法。你可能會發現朋友開始節食，或討論某種新奇的節食方法或養生計畫。每星期似乎都會出現新的節食法和養生計畫，而且通常會大力推銷特定類型的食物特性（例如羽衣甘藍、奇亞籽或堅果醬），或是禁止某種食物（例如碳水化合物、糖分和油脂）。但是不同的健康飲食方案之間，常出現不一致

1 Hu, Y. et al., 'What We Instagram', Proceedings of the Eighth International AAAI Conference on Weblogs and Social Media.

或相互矛盾的訊息，原因是這些方案都是基於「對我有效，所以對你也有效」的思維。有些人建議生機飲食、或純素食、或無穀飲食、或無麩質飲食。還有些人則推薦零脂肪飲食、或無加工飲食、或無糖飲食、或道德飲食、或有機飲食。

一般人常常把「健康」和「低卡路里」搞混，認為健康的食物指的是低糖或低油食物。當你還是青少年時，很少有人提醒你說卡路里很重要。卡路里不是我們的敵人。當我們的身體生長和發育、產生能量、保持足夠溫暖、睡得好、需要專注力時，絕對需要卡路里。但無論如何，如果低糖食物含有大量反式脂肪、人工甜味劑，照樣對健康有害；此外，這些食物標榜的健康優點（不會肥胖）頗值得懷疑。

脂肪（fat）也常常被汙名化，幾乎被視為有毒成分。我認為部分原因是「fat」這個字具有多重意義。我們有非常多替代單字可以指稱不同類型的「椅子」（chair），卻只能用同一個字代表不同類型的脂肪。fat可以指稱食物含有的營養素（脂質，lipid），也可以指稱人體內提供緩衝、溫暖和能量儲存功能的組織（脂肪組織，adipose tissue），還可以表示體重過重（肥胖，obesity）。脂質包含維持身體健康不可或缺的許多營養素，同時也包含最毒的營養素；至於體內的脂肪組織，則和皮膚與骨骼同樣重要，我們不能缺少它。許多富含脂肪的食物對我們的健康相當有益，例如堅果、魚和酪梨。

因此，食物無法簡單分成「健康」和「不健康」；每個人的身體對食物的反應也不同。每個人的體重、身材、高度、尺寸和生物構造全都不一樣。你們的遺傳基因不同，所以會面臨不同的疾病威脅，你們的血型和血壓不一樣。你們的活動量也有差異：從參與有組織的體育活動到坐立不安。你們的飢餓、口渴、飽足等感受，以及食物喜好和過敏程度，統統大不相同。

除了身體差異，你們的飲食心理和社會文化背景也不一樣。這是什麼意思？我是指：覺得食物嘗起來味道如何，偏好哪些食物或飲食模式，對於食物多樣性和規律性有哪些獨特想法，對於每日、每週、每月和每年的飲食平衡有什麼要求等等，全都因人而異。食物和飲食是在某個社會環境中發生的，在那樣的環境中食物具備特定意涵。除了消除飢餓，每個家庭、宗教和文化都會借助食物達成多重目的，例如：慶祝特定事件、反映時間流逝、讓你與其他人際關係產生連結。當你邁入青少年時期，食物可能會變成個人的獨立象徵。你和朋友會一起吃某些食物，代表你成為某個群體的一份子，成功融入團體。而在你不想要花太多時間煩惱吃什麼，只想繼續好好過自己的生活時，你會選擇吃某些食物。

歐拉是在升上中學之後，才深受飲食失調問題困擾。她就讀的中學規模龐大，她沒有和認識的朋友在同一班。她走進學生餐廳時覺得空間很大，這讓她有些尷尬，覺得自己笨手笨腳。她不確定其他人是否希望她出現在那。後來她乾脆不吃午餐，跑去參加體育社團。她覺得自己很懂得如何節食。

我們討論食物話題時，常常忽略了多元性。多數時候人們似乎以為食物只有兩種：有益的、健康的，或是有害的、不健康的。

健康飲食通常被認為在道德上高人一等；例如遵守健康飲食的人會被認為比其他人優秀。人們會告訴他們：「你真的很棒」或是「你意志力堅強」。但是這種飲食方法恐怕得付出代價；這也可能意味著，你把自己的身體視為某種「漂亮、可愛」的物件，而不願接受身體在你忙碌、尋常的日常生活中需要扮演的角色。如果你精神委靡、必須立刻振作，甜食正好能滿足你的需要；對青少年來說，洋芋片和蛋糕是很理想的零食，尤其你的活動量很大的話；水果和脆米糕無法提供你足夠能量（卡路里）、彌補活動的消耗量。雖然社會將肥胖視為健康問題，但是依據醫學標準，多數孩童其實不需要減重。

所以，雖然有些食物可能與某些人罹患的某些疾病有關、有些食物對其他人的健康特別有益，但你還是要記住，有些食物對你來說特別美味、能引起食慾，有些則價格比較便宜或是更容易取得。此外，有些食物可能讓你更有飽足感或更滿足。某些食物會令你感到安慰或是讓你想起家人。有時候你選擇了某種食物和飲食方法，意謂著你是某個團體的一份子，或是參與某個社會活動。某些食物更有可能導致你肥胖，因為它們更容易讓你飲食過量，而且熱量超高；另外有些食物的熱量密度比較低，所以你不太可能吃太多，也不會增胖。總而言之，沒有什麼食物是絕對健康或不健康、絕對好或壞的，不能用如此簡單的方法分類食物。

你在這本書中會反覆看到，非黑即白的分類法通常會傷害情緒健康。將食物或飲食分成健康、有益的或是不健康、有害的，就是非黑即白分類法，不但不精準，也沒有任何幫助。在本章我會告訴你，這種簡略的思考方式如何扭曲你與食物和飲食之間的關係；當你與食物和飲食之間的關係被扭曲，會如何讓你陷入飲食失調與過重的危險。這種簡化思考會使得你無法過自己想要的生活，例如：和朋友在一起、旅行、玩樂。你的內心將會反覆陷入糾結。

所以，關於食物、飲食、體重和身材的議題，我想要和你們分享的第一個心得是，我們不能將食物簡單區分為健康或不健康。實際情況遠比這種二分法還要複雜，而且存在許多差異和大量灰色空間。食物與朋友、家庭、文化、社會脫離不了關係。此外，食物與身體之間的關係很可能是最複雜、也最棘手的。

你的身材

在青少年時期，你逐漸變得獨立，你父母可能不再像以前那樣監督你的飲食。你有更多自由、更多選擇來決定自己吃什麼。這時候，女孩們更傾向於跟隨同儕的腳步，決定什麼是正常飲食，也會開始思考食物和身材之間的關係。

當你邁入青春期，你的身體開始有了曲線，體內的脂肪組織比例也會增加。你可能會意識到自己的身體發生變化。你以前從沒有經歷過這種變化，所以不太習慣。你可能會拿自己和其他人比較，也可能因此變得更加不安，尤其如果你很早或是很晚進入青春期，或者身高特別高、特別矮或身材特別胖、特別瘦。

不過最重要的是，你這一生看過的無數美麗形象，幾乎都是脂肪組織比例偏低的身體，而邁入青春期之後，突然間你們全都遠離了社會定義的「理想」身材。在你們很小的時候，就被教導瘦才是完美的身材標準。迪士尼公主們的身材過瘦、根本不符合現實，卻被認定是美麗的，而且這種美麗代表良善、體貼、有人愛。隨著年紀增長，你在媒體上看到愈來愈多理想身材，影像中的女性身材多數胸部平坦、屁股乾扁，更像還未邁入青春期的女孩，而不像是接近平均尺寸的一般女性。

有數百項研究顯示，正因為社會上充斥展現纖細身材的影像，加上關於身材的討論持續不歇，導致許多女孩對自己的身體心生不滿。有證據顯示，即便你並非有意識地觀看那些呈現纖瘦身材的影像，也就是說即使這些影像只是在你眼前一閃而過、來不及進入你的意識，還是會加深你對自己身體的不滿。〔2〕不論這些影像是出現在Instagram上、還是出現在雜誌中，都會令你不滿意自己的身體。如果這些影像是人們主動分享的健身自拍照、不是一般的時尚照片，同樣會打擊你的自信心。即使這些照片已標明是經過修圖，還是會加深你對自己身體的不滿。〔3〕事實上有部分證據顯示，如果影像標示為經過修圖，只會更有可能、而不是**比較不**可能加深你對身體的不滿。彷彿你的潛意識告訴你說，嗯，既然他們不嫌麻煩地修圖，很明顯是要告訴你大腿應該長得像那樣，但是我的大腿根本不符合那種標準，所以真的很胖。

歐拉升上中學之後，對自己的乳房感到愈來愈不自在，她覺得自己的胸部太大。升上七年級的第一個星期，每當她和朋友走進學校，某些學長常會對她的胸部品頭論足。她覺得很羞愧、滿臉通紅，只能跑去洗手間試著冷靜下來。她習慣雙臂交叉遮住胸部，她不希望擁有一副成年女性的軀體，也討厭學長對她吹口哨或是面對更尷尬的處境。她只希望自己和其他人一樣，真正融入團體之中。後來歐拉開始餓肚子、跑步，成功讓胸部縮小，但她還是覺得比其他人大。她希望縮得更小、更不容易被看見。

正如我們所見，拿自己和別人比較，是你們青少年的心理特質之一，但同時你的身體會愈長愈大、更偏離社會普遍認定的完美身材。因此你所認定的自我形象，與別人認定的你的形象之間，落差愈來愈大。你可能會覺得糟透了。

在這種情況下，你很難接受這個事實：你的身材、尺寸就和眼睛或頭髮顏色一樣，大多數是由基因決定的，實際上很難改變或隱藏。

我明白，聽到這種說法你一定會很難受、不安。我也知道，很多人想要告訴你（或許更精確的說法是向你推銷）另一種說法。我們時常被推銷說，我們可以改變自己的身體。整個節食和健身產業便是根據這個前提，販售產品和服務給消費者。社會上充斥著數以千計經過精修、不可能實現的外貌形象，引發人們內心的不安全感，然後某個產業伺機向你推銷各式各樣（錯誤的）解決方案。

你對自己身體的變化感到不安、不自在，想要相信網路影音部落客運動大師說的話，這些人不斷向你推銷，要你相信你也可以看起來和她一樣。當然，我們心裡清楚，她看起來不像她說的那樣。她只是呈現自己最好的一面，而你卻是拿自己最糟糕的一面和她比較，以為只要遵循她的建議，就會看起來更接近她的形象——其實那是假象。

不過可想而知，她的部分形象是透過燈光、化妝、舞台效果和服裝塑造出來的，另一部分的形象則是基因遺傳，也就是與生俱來的身體特徵。你看到的整體形象中，只有很小一部分是透過

2 Chatard, A. (2017), 'The woman who wasn't there', *Journal of Experimental Social Psychology*, 73, 1–13.

3 Engeln, R., *Beauty Sick*. Harper, 2017.

節食和運動達成的結果。你或許會選擇遵照她的做法，因為她擁有你所沒有的某些身體特徵（例如胃部平坦），但是很有可能這項特徵大部分來自遺傳，運動和節食只能稍微改善。此外，如果你在現實生活中和她碰面，她或許會羨慕你外表的其他部分，例如：你的身高、濃密的頭髮或是某個優點，只不過你自己沒有發現，因為你都把注意力放在你對自己外表不滿意的地方。

我在治療時，遇過許多年輕朋友非常在意自己身體的特定部位。我非常希望你們不會這樣。你心裡可能會想：「我很討厭我的粗壯大腿／大胸部／凸出的胃部／大屁股。」你可能覺得自己的身材不符合比例，但事實可能並非你想像的那樣，只不過因為你只注意到某些部位，所以才覺得那些部位的比例太大（我會在本章稍後深入討論這個問題）。

但是身體比例無法改變是不爭的事。我認識許多患有厭食症的女孩，她們有時候需要住院治療，或是接受鼻胃管灌食照護，或者吃太少以致容易覺得冷、沒有體力、掉髮，但她們還是很厭惡自己的大腿太粗壯或胃部凸出等「事實」。如果已經被診斷體重過輕，卻還是那樣認為，很明顯的已經罹患了精神疾病，不過這反映了更根本的問題：這些人真正不滿意的是身體各部位之間的比例不好。她們雖然骨瘦如柴，但是當她們仔細盯著鏡中的自己、或是低頭看著身體的某個部位，就會發現這個部位看起來就是比較大。

所以，關於食物、飲食以及它們與身體之間的關係，我想告訴你第二個重要事實：身材比例是天生注定的，幾乎很難調整。我希望你有足夠智慧明白這一點，並且冷靜地接受。你的身材是天生的，你無法選擇，也改變不了多少。世上所有的節食和運動方法，都不太可能大幅度改變你的身材。如果你覺得自己大腿太粗，很可能是和身體其他部位相比比較粗，而不是大腿本身「太粗」。如果你努力減重幾公斤（這很難說，本章稍後會再深入討論），或許會知道大腿確實變細了一點，只不過身體的其他部位也會跟著縮水。所以整體看來，你還是會覺得大腿太粗。

我想你可能無法接受我說的這些，但是我也認為或許你會承認這是事實。

不準確的身體意象

不過也有好消息。好消息是你腦海中的身體意象並不準確。這是真的：你內心形成的身體意象，與其他人如何看你、或是你身體的實際尺寸，其實是不一樣的。〔4〕你的身體意象可能會大於其他人對你身體形成的心理意象。

我怎麼會知道？因為有研究證實。

為什麼會發生這種情況？你的自我意象是透過感官傳達。你實際看到、聽到、品嘗、觸摸和聞到的一切，都會經過中央處理器，也就是你的大腦，這裡儲存了預先存在的類別、先前的經驗和期望等訊息。大腦內某些神經連結能迅速啟動，另一些連結則需要時間生長、形成新的印象。

為了達成這個任務，我們的大腦必須大量抄捷徑、建立許多假設，才能拼湊出意象。我們眼睛「所見」並非「真實的」：是大腦根據過往經驗、以及依據觀點與脈絡所形成的假設，將三維立體現實轉換成二維平面意象。〔5〕視覺捷徑（visual shortcut）很難用文字表達（可想而知），最好是

4 Garner, D.M., Garfinkel, P.E. and Bonato, D.P. (1987), 'Body image measurement in Eating Disorders', *Adv. Psychosom Med.*, vol 17, 119–133.

你親身體驗，所以請參考〈想要知道更多嗎？〉單元，裡面有提供一些案例。不過簡單來說，所有相關研究都指向同一件事：我們的視覺系統能力非常有限，無法處理眼睛接收到的所有資訊。某位知名的神經科學家說過：「為此，我們的大腦需要比一棟建築物還大，但這樣還是不夠。」〔6〕心理學家稱這段過程為「由上而下的處理歷程」（top-down processing）。

所以，你的身體意象是你內心自行創造的，再經由你的感官傳遞。你可能會透過三種方式觀看自己的身體：直接低頭往下看、照鏡子或是看照片。但是每種方法都帶有偏見，所以你無法精準地評斷自己的身體。

歐拉認為自己很胖。她不停尋找證據確認這個想法，三不五時就照鏡子檢視身體，看著自己的背部、正面、身體兩側，還有站著和坐著的樣子。我跟她解釋說，「正常」人不會像她那樣照鏡子，我們通常只是大略看一下鏡中的自己，檢查整體服裝儀容，不會全身赤裸地站在鏡子前好幾個小時，檢查身體各部位的大小。歐拉會彎下腰掐胃部的「脂肪」（事實上是胃部皮膚、肌肉、韌帶和脂肪組織）。我向她解釋，每個人的胃部都需要擠壓，否則我們無法站立。她覺得每個人都比她「瘦」（通常胸部也比較小），或者比她「小號」（她們通常比她矮）。但是她從不看其他人的腿，因為相對來說她對自己的腿很滿意。我要求她在看自己的身體時，不要帶著不友善的負面眼光，我們一起做了一項練習，我請她拿自己和第三個人比較，不要只和比她矮或是胸部比她小的人比較。我要她站在對方立場去思考，想一想她們可能對自己身體的哪個部位不滿意。

我們先低頭俯視自己的身體。當你這麼做，你其實是隔著一段距離觀看自己的身體，而且從這個角度你看不到其他人的身體。根據透視原理，較遠的物體看起來比較小，由於你距離自己的身體很近，所以它看起來比其他人的身體還要大。另外，你一定比較常觀看自己的身體，也很常看著自己擺出不美觀的姿勢，例如上洗手間或刮腿毛，但是你很少會看到其他人擺出這些姿勢。你甚至可能會特別注意自己不滿意的身體部位，近距離仔細檢視它們。但是你一定不會對別人做這種事。你經常從不同角度和脈絡觀看自己的身體，但是不會用這種方式看其他人的身體。

我們需要有脈絡來幫助我們精準衡量尺寸大小。我們經常運用周邊物體的相對尺寸來評斷大小，如同下一頁的「艾賓浩斯錯覺」（Ebbinghaus illusion）圖片，但是如果你低頭看著自己的胃部和大腿，就很難這麼做。位於正中央的兩個圓點大小雖然相同，看起來卻不一樣，這是因為受到周圍的圓圈影響。

這讓我想到鏡子。我問你們一個問題：你們的身體在鏡中有多大？〔7〕

我問過很多人，他們都會回答：「就是我身體原本的大小。」但其實不是。你在鏡中看到的影像，是從鏡子後方的焦點反射的成像。所以你在鏡中看到的影像會比你實際要小一些。如果你

5 這支精彩影片證明了什麼是選擇性專注力，值得一看：www.youtube.com/watch?v=MFBrCM_WYXw。另外，以下網站選出最優秀視覺插畫，證明視覺認知是由上而下的處理歷程，會受到儲存知識（stored knowledge）和實際視覺輸入（visual input）影響。

6 這段話出自西班牙裔美國神經科學家蘇珊娜・馬丁尼茲—康德（Susana Martinez-Conde），資料來源：www.bbc.com/future/bespoke/story/20150130-how-your-eyes-trick-your-mind/index.htm。以下網站收錄了她針對認知欺騙撰寫的研究報告和科普文章：smc.neuralcorrelate.com

不信，可以拿支口紅站在全身鏡前做實驗。身體與全身鏡大約保持一隻手臂的距離，接著在你的頭頂、下巴底部、雙腳和兩隻手腕處畫線。

然後站到一旁，實際測量或觀察那些記號。你會發現，你在鏡中的影像比實際身高要矮一些，寬度窄一些。同樣的，你的頭也變得比較小。

接下來你先慢慢接近鏡子，再後退遠離。你會發現，遠離時鏡中的你會變得愈來愈矮，接近鏡子時則變得愈來愈高。身體寬度呢？幾乎沒什麼變化。你的頭部大小也幾乎沒什麼變化。

這太奇怪了，為什麼會這樣？關鍵就在於影像是從哪個位置（鏡子後方）進入你的眼睛。

現在你可能會說：「所以我實際的身材比反射影像還要巨大，那不是更糟？」絕非如此，因為你知道鏡子會扭曲真實，製造錯覺。此外你還知道，此前你從來沒有發現這個事實，直到此刻才恍然大悟。也就是說，以前你每次看著鏡子裡的自己，你的大腦就會悄悄讓鏡中影像變大，但是你從沒有察覺這一點。如果我們把所有你看過、修過圖的身體照片，以及你俯視自己身體的照片全部放在一起，那麼當你看著自己在鏡中的影像，你覺得你的大腦會如何處理這些影像？它會讓鏡中影像變得更大。這正是研究的結果。

所以，現在你終於知道，為什麼有時候你看起來比較胖，有時候又看起來比較瘦？現在你

艾賓浩斯錯覺：兩個深色圓圈其實一樣大，你發現了嗎？

應該不會感到驚訝了，並不是因為你的身材有了劇烈變化，真正原因是你的**意象恆常性**（image constancy）並不是精準再現，它會受到**由上而下的處理歷程**，**以及你個人的期望**所影響。也就是說，大腦會依據你的期望創造意象，你所看到的並非鏡中呈現的那樣（例如：你的身體不會因為你接近或遠離鏡子而長大或縮小）。如果一整天有大部分時間你告訴自己「我吃太多、身材太胖」，你的大腦就會產生這樣的意象。

更糟的是，如果你一直很在意身體某個部位，就會愈來愈注意它，然後就會看到它變得愈來愈大。如果你照鏡子直盯著自認為最不滿意的部位，想要確認它看起來如何，那麼這部位就真的會看起來比較大，因為你眼裡只看得到它，沒有其他脈絡做為對照。因此這個部位會變得特別引起你注意。實際上這對你的意義很可能是：你在兒童時期看過的無數照片——從芭比到艾莎（Elsa）[8]、到凱蒂・佩芮（Katy Perry）[9]、到金・卡戴珊（Kim Karshadian）[10]，還有你在學校、和朋友、和家人討論健康飲食和身材等話題時的內容，都會影響你如何看待自己的身體。你可能因此誤以為自己的身體比實際要大，原因是社會已經灌輸你不符合現實的女性身體形象，說所有女性都該符合這種形象，因此你們許多人總會帶著挑剔的眼光，批評自己的身體有多不符合這些社會標準。

7 可參考 Bertamini, M. (2010), 'Mirrors and the Mind', *The Psychologist*,23, (2) thepsychologist.bps.org.uk/volume-23/edition-2/mirrors-and-mind，說明淺淺易懂，另外也可參考：www.bertamini.org/lab/Publications/BertaminiParks2005.pdf。以下網站證明了大腦將立體影像轉換成平面影像帶來的影響，內容有些難懂，需要花時間消化：www.isc.meiji.ac.jp/~kckichis/3Dillusionworld/3Dillusionworlde.html。

8 譯註：迪士尼動畫電影《冰雪奇緣》（*Frozen*）的女主角。

9 譯註：美國流行歌手，本名為 Katheryn Elizabeth Hudson。

10 譯註：美國電視名人、名媛，在二〇〇七年推出《與卡戴珊同行》實境節目爆紅，成為媒體寵兒。

我和年輕人談話時常常想到，他們在觀看自己的身體之前，就已經戴上一副「負面、不友善」的神奇眼鏡。他們總是在尋找自己最糟的一面，看不到最好的一面；他們覺得如果對自己的外表感到滿意，就是虛榮。但是當他們看著朋友的時候，卻會拿下這副眼鏡，換上另一副「正面、友善」的眼鏡，努力找出朋友的優點。

在看照片時更是如此。手機的照相功能讓你們有更多機會，用負面、不友善的眼光批評自己，不只是因為你可以看到更多照片，更重要的原因是可以運用濾鏡、修圖軟體美化照片，再分享出去。我見過不少年輕女性常會用照片仔細查看自己最不滿意的身體部位，但她們通常只挑了其中一、兩張照片而已。現在有了手機之後，你就可以馬上看到自己和別人的照片，而且照片可能多到看都看不完，如此一來就會進一步強化上述過程產生的效應，你會變得更完美主義。你選了將你立體的身軀呈現得最糟糕的平面照片，它的拍攝角度很糟糕、光線不良，可是你卻把照片裡的身體當作真的。即便有好看的照片你也視而不見，背後的原因相同：「只是角度／燈光／化妝的關係；我拍了好幾百張照片，才有一張好看的。」我見過許多人很介意朋友在自己的ＩＧ照片裡看起來有多漂亮，然後默默拿著自己已經刪除或是沒有公開分享的照片做比較（換句話說，就是拿別人最好的一面與自己最糟的一面相互比較，我們會在第八章〈螢幕與網路〉探討這個問題）。

不論是在網路或現實世界，你會從不討好的角度或是近距離觀看自己的身體，卻不會用這種方式觀看你朋友的身體。你可能不會去擠別人的黑頭粉刺，或修剪別人的腳指甲，或是當他們坐馬桶時看著他們的大腿。因為你人很好，總是帶著充滿正向的有色眼鏡，看到朋友身上最優秀的特質，但是你會帶著批判眼光，仔細檢查你對自己身體感到不滿意的部位。

節食

對許多女性和女孩來說，她們自己的身體意象與理想的身體意象之間出現了落差，所以總覺得自己的身材太臃腫、太胖，或者體重過重。她們覺得自己占了太大空間。她們太高、太笨手笨腳、太不靈活。社會上充斥大量美女照片，讓她們對自己的身體感到不安，這實在是……過頭了。她們被灌輸了節食是讓自己變美的解方。

或者我們可以引用專精此領域、出版大量著作的研究人員瑪麗卡・提格曼（Marika Tiggemann）說過的話，她認為媒體「不斷運用極度纖瘦、多數女性根本不可能達成的理想化女性影像」呈現女性樣貌，導致許多女性「過度節食、罹患……飲食失調。」〔11〕女性想盡辦法塑造零脂肪的身體，這就和沒有皮膚、沒有骨頭的身體一樣荒謬可笑。

有句名言是這樣說的：「所有事情都要嘗試一遍，除了民族舞蹈和亂倫之外。」〔12〕對於二十一世紀的女性、青少年世代來說，這句名言可以改成：「所有事情都要嘗試一遍，除了節食和烈性毒品之外。」

我之所以將節食與烈性毒品相提並論，原因是就和嘗試烈性毒品一樣，你們有些人只是一時

11 Tiggemann, M. and Pickering, (1996), 'Role of Television in Adolescent Women's Body Dissatisfaction and Drive for Thinness', *International Journal of Eating Disorders*, Vol. 20, No. 2, 199-203 (1996).

12 這段話出自湯瑪斯・畢勤爵士（Sir Thomas Beecham）。順道一提，假使你要避免亂倫，我可能還會增加幾件不能做的事情，不過只寫兩件事，會讓引述看起來更鏗鏘有力。至於畢勤為何認為不能嘗試民族舞蹈，我永遠都不會知道。

心血來潮選擇節食，然後毫髮無傷地打住。另外有些人會發現，年輕時他們只是隨意嘗試一下節食，卻沒想到因此影響他們日後一輩子的食物、飲食、體重和身材，再也回不到過去。

為什麼我這麼急切地勸你不要節食？因為研究顯示，節食有可能導致飲食失調（或許不令人意外）和肥胖（這比較讓人覺得意外）。〔13〕一般人都以為節食可以避免肥胖，但事實正好相反：節食有可能造成肥胖。因為節食會扭曲你與食物之間的關係，再加上許多生理、心理和社會因素，長期而言節食可能會大幅增加或減少體重。

以下我們就來了解這是如何發生的。

歐拉開始節食之初，比以前更能接受自己的身體，也比較能夠掌控自己的生活。因為只想到數字，像是卡路里和體重計上的數值，而不怎麼擔心自己的學業或朋友或其他任何事。但是現在她覺得情況已經失控，她卻無力阻止。她覺得自己與所有人、所有事情脫節。她沒有體力，總覺得冷，除了節食與她的身體之外，歐拉任何事情都提不起勁。她還是覺得自己太臃腫。

我們先從減少飲食造成的生理變化談起。想要了解節食的生理變化，最好的方法就是想像限制食量會對動物造成什麼影響。所以，如果你有養寵物，想像一下每天將寵物飼料減少一半，持續一個月左右。不妨想像你的寵物被迫進行快速減肥。你覺得牠會有什麼反應？

你還記得我在〈你的家庭〉那一章提到我養了一隻叫蘇琪的狗吧？所以，舉例來說，如果我停止早上和晚上餵食，不讓她出去吃狐狸糞便，她會有什麼反應？（為什麼要這麼做？蘇琪，為什麼？）

嗯，我想第一天早上，她可能會像往常一樣黏著我，如果我正在吃維多麥營養餐，她就會坐下來用祈求的眼神望著我（或者，如果是培根三明治，牠就會不停汪汪叫，然後直接跳上來）。但是她也知道慣例，接下來我一定會給她食物。但如果我轉身離開，她就會吠叫，不停地來回跑向飼料碗。我想，如果那天傍晚我拿食物給她，她一定會瘋狂吠叫，然後開始狼吞虎嚥。

到了第二天早上，我想她可能會更堅持，不斷哀哀叫，然後跳上來；她甚至可能會想辦法好意地咬我一下。在狗的語言中，這動作或許是要告訴我：「只是提醒你，媽，在你出門前要先餵我，你昨天忘了，害我餓得要命。」到了第三天，我想她或許會小心翼翼地看著我。但時間一久，我想她大概會放棄。確實，為了研究習得性無助所進行的心理學實驗顯示，她最終會放棄。她會變得無精打采、難過地躺在自己的籃子裡，不會跳上來迎接我，也不會擺動尾巴。她會變得愈來愈瘦、愈來愈難過，愈來愈不常去咬她的網球、或者去追她從沒有抓到過的松鼠，更不會在我每次坐下時立刻跳到我的膝蓋上。

還記得我曾提到三層大腦構造嗎？飲食與這三層大腦都有關聯。飲食屬於核心大腦功能，因為它是生存所需，就和呼吸與心跳一樣；人類的核心大腦與動物大腦最接近。但是飲食是少數可以由最外層大腦（也就是你的思考大腦——皮質層）控制的核心大腦功能之一。事實上，人類歷

13 Lowe, M.R. et al (2013), 'Dieting and restrained eating as prospective predictors as weight gain', *Frontiers in Psychology*; Patton, G.C. et al (1999), 'Onset of adolescent eating disorders: population based cohort study over 3 years', *BMJ*, 318(7186),765–768.

經長期文明發展，飲食與負責規劃與組織的大腦區域早已密不可分。

因此，我們的核心大腦會接收飢餓訊號，例如低血糖或空腹，同時間皮質大腦會開始規劃要吃什麼。但是當你覺得肚子餓，核心大腦會無視其他事情，要求你吃東西。如果你非常餓，就會去吃草或是緊急時你能找到的任何東西。一九七五年，一場空難的倖存者為了求生，不得不吃下罹難的同機乘客屍體。由此可見，我們的飲食和求生本能有多強烈。

你節食的時候，你的核心大腦也會想辦法讓你吃更多。它不了解「節食」是什麼意思。它只認得低血糖、空腹、肝糖偏低等訊息。核心大腦的作用就是要保護身體、避免陷入飢餓狀態。但是當你節食的時候，核心大腦會認為你的身體陷入飢餓，它知道接下來該做什麼。它會傳遞訊息給意識大腦：立刻進食！它會激發強烈的動物性驅力，有可能會因此壓制你的所有善意、所有意志力、還有你對自己許下的承諾。核心大腦不負責口語溝通功能，所以它不會推理或論證。你會發現你想要吃更多，但是另一部分的你卻努力壓抑這股衝動。你的大腦皮質會透過理性的計畫和論證，發出反抗指令，但最終仍會輸給核心大腦的生物生存本能。

這就是為什麼有八成甚至更高比例的節食計畫，在兩年後無法達成減重目標，四年後常會導致體重增加。[14]原因是一旦核心大腦介入，它就會想要為下一次飢餓做好準備，所以發出訊號讓你的飢餓感飆升。它會促使你的飽足荷爾蒙下降，刺激飢餓荷爾蒙升高，讓你的新陳代謝速度稍微減緩，停止自發性身體活動（例如小動作或是活動量減少），目的是為了提升食物存量（也就是你的脂肪組織），為下一次飢餓儲存需要的能量。

核心大腦是一；皮質大腦是零。

不論你採取哪種節食方法，也許是椰菜湯節食法，或是生酮飲食，或是只吃b開頭食物的節食法[15]，雖然你的體重也許會減輕一些，但核心大腦會全面啟動「飢餓警戒」進行反擊，激發強烈的本能驅力對抗節食，所以你很難成功節食。[16]

到目前為止，我們還沒有考量飲食與節食的心理因素。

不妨想像你正採取只吃b開頭食物的節食方法，但是很重要的一點是，這時候你不能想到胡蘿蔔。事實上，你得想辦法不去想起任何橘色、尖形、或蔬菜類食物，這樣才有可能成功節食。所以一定不能有胡蘿蔔，要完全無視胡蘿蔔，你絕對不希望自己想起它。

你該怎麼做？

如果有人告訴你不能去想某樣東西，只會讓你更想要那樣東西；如果有人告知你不能擁有某樣東西，只會令你更想要擁有。

想想我們的大腦如何運作。你正在採行只吃b開頭食物的節食方法，吃午餐時只吃麵包加牛

14 Mann et al (2007), 'Medicare's search for effective obesity treatments: diets are not the answer', *Am Psychol.*, Apr;62(3):220–33; *Le Journal de Femmes Sante* 這本期刊有介紹杜肯飲食法（Dukan diet），英文版如下：www.nhs.uk/news/food-and-diet/dukan-diet-tops-list-of-worst-celeb-diets/. 以下網站簡要說明了低卡飲食的影響：www.independent.co.uk/news/people/profiles/pierre-dukan-yes-slimmer-teenagers-do-deserve-betterexam-grades-8229932.html

15 這是我自己瞎掰的節食法，但是有可能和其他節食法一樣「成功」。所以，你只吃麵包、香蕉、培根、牛排、蕃茄肉醬、奶油，這些聽起來挺不錯。

16 我在二〇二〇年寫這本書，根據初步研究，對於年紀較大的肥胖者，間歇性斷食比較健康。但是，還沒有在年輕人身上獲得證實，因為年輕人的健康狀況和新陳代謝需求不同。年紀較長的人需要的卡路里比你們低很多，因為你們的身體正在發育、變壯、修復。

奶，你認為這種節食法很棒，你絕對不吃胡蘿蔔、蛋糕和咖哩。〔17〕但是如果你會想到自己不能吃某種食物，就表示你的腦袋一直記得這件事，所有與胡蘿蔔有關的神經元都會變得活躍。你努力不去做某件事，大腦反而會一直想起它。

安賽．基斯（Ancel Keys）在一九五〇年代一些知名的心理實驗中，曾經研究挨餓對年輕健康男性有什麼影響。他讓這些年輕人連續六個月減少一半的卡路里攝取量。〔18〕你知道後來發生什麼事嗎？他們會不停想著食物、一直想要吃東西。每個人的表現方式都很不一樣。他們無時無刻不在討論食物。有些人會開始看食譜。有些人則是鑽研餐點細節。有些人對調味料特別有興趣。有些人會把食物切成碎塊，慢慢的吃。此外他們也變得情緒低落、覺得孤單和焦慮，不想參加社交活動、做愛、或是出去遊玩。

就心理學角度而言，當你說「我在節食，我可以吃這個、不能吃那個」，其實就是把食物放在心上。你的行為會同時激發與這些食物有關的神經元、以及與這些食物有關的美好回憶，這會導致大腦陷入自我矛盾。如果持續時間過長，你會瘋狂想吃你努力抗拒的食物。當然，如果你想吃的是胡蘿蔔，那麼對你的體重不會有太大影響，但是你百分之百確定自己根本不想吃胡蘿蔔。你想吃的是巧克力或蛋糕，因為它們原本就是為了迎合我們對糖分和脂質的渴望。

歐拉發現自己一直想著食物、飲食，還有她的身體和身材。她不斷瀏覽網路尋找瘦身靈感，她追蹤一堆健康和健身網紅的ＩＧ帳號，還有一些「復原」（recovery）部落格，這些人會貼文炫耀自己如何嚴格節食、保持纖細身材。歐拉不停看著食物和食譜，下載一堆健身和計算卡路里的應用程式。這其實是雞生蛋、蛋生雞的問題，由於注意力不自覺地放在食物上，她會不停盯著手機看相關訊息。然後，手機上的演算法就會提供更多大同小異的內容給她，所以每次她拿起手機，都是看到與食物、飲食、體重和身材相關的訊息，這又再度將她的心思拉回這些問題上。

我們思考了她是否想要過這樣的生活。她真的想要整天想著食物嗎？她還對哪些事物感興趣，只不過由於把所有心思全放在食物、飲食、體重和身材上，才無暇顧及？她要如何保護自己，擺脫社會壓力，別讓自己的心理健康惡化？

社會因素也可能導致節食失敗。正如我們討論過的，不論是書籍、電視節目、TikTok和YouTube影片、雜誌和電影，只要是與食物有關的話題，都會同時呈現相互矛盾的兩種敘事。一種是關於「健康」、「乾淨」、「符合道德」、「有益」的飲食，另一種是關於「烘焙」、「放縱」、「犒賞」、「叛逆」的飲食。試想一下，這有點奇怪，對吧？我想如果有外星人來到地球，透過媒體了解如何在這星球飲食，他們一定會以為有段時間要放縱地暴飲暴食，因為隨處可見烹飪節目和食物廣告；另外有段時間則必須嚴格限制飲食、只能少量進食，因為節食書籍和健康部落格多到數不清。整個社會不斷同步強化嚴格節食與暴飲暴食的概念。

17 譯註：胡蘿蔔（carrot）、蛋糕（cake）和咖哩（curry）都是c開頭的食物。

18 Keys, A., Brozek, J., Henschel, A., Mickelsen, O. & Taylor, H. L., *The Biology of Human Starvation*, Vols. I–II, University of Minnesota Press, Minneapolis, 1950.

為什麼會這樣？食品業工業化與商業化，也是導致社會上同時充斥嚴格節食與暴飲暴食兩種矛盾敘事的原因之一。這是非常完美的商業模式。大量販賣高脂肪、高糖分食物，讓人們變胖；然後銷售節食產品，很明顯是為了解決肥胖問題。

這種食物表現方式已經滲透至社會各個角落，甚至與食物所隱含的意義結合。所以如果你看到有個女孩哭著走出浴缸、吃著冰淇淋，你可能會假設她失戀了，正在尋求「慰藉」。高熱量食物成了安撫痛苦情緒的解方。

但是沒有人販賣適量飲食的概念，也就是在本能的需求和營養需求之間取得合理平衡。想也知道，這能賺錢嗎？

節食如何導致暴飲暴食：「管他的」效應

雅思敏（Yasmin）因為擔心自己罹患暴食症，所以來我這裡接受治療。她家人都很熱愛食物，她媽媽很喜歡嘗試最新流行的節食方法或健身計畫。但是雅思敏發現，沒有哪種方式能有效減重或帶來長期改變。自雅思敏有記憶以來，她母親一直維持相同身材。母親的節食習慣影響了全家人的日常飲食，以及雅思敏對於食物的信念。但是雅思敏很清楚，她不希望像她母親那樣，與食物維持那種關係。

節食之所以失敗，是生理、心理和社會等因素共同造成的。〔19〕這到底是怎麼回事？波利維

（Polivy）與赫曼（Herman）合作的一些經典實驗提供了絕佳解答。雖然解釋起來有些複雜，但是值得花時間理解，這樣你才能了解是哪些心理因素影響你的飲食行為。

這些實驗包含兩組人，一組有節食，另一組沒有。波利維和赫曼告訴所有參與者，他們正在進行味道測試。接著研究人員發給每個人一份零食，在味道測試開始之前幫助他們提振精神，但是每個人拿到的零食不盡相同。每一組會有一半的參與者拿到看似含有「不健康」成分的零食，另一半參與者會拿到餅乾，所以總共有四組人。事實上，波利維和赫曼並不在意參與者對於味道有什麼看法，而是會暗中測量參與者吃了多少。

他們發現，沒有節食的那一組人如果拿到小份零食，在進行味道測試時就會吃得比較多；但如果拿到大份零食，則會吃得比較少。這聽起來很合理，對吧？如果他們沒吃飽，就會多吃一點；如果吃飽了，就少吃一些。

但是，真正有意思的是有節食的那一組。這組的測試結果完全違反直覺。有節食的人如果拿到小份零食，進行味道測試時吃得很少；但是如果拿到大份「不健康」的零食，進行測試時吃得最多。由此可見，這一組的飲食行為非常極端。

感覺像是節食者的大腦會說：「千萬別聽從你的飢餓感受，少吃一點。」直到某個臨界點，大腦開口說：「啊，不好了。你搞砸了，管他的，想吃什麼就吃吧。事實上，你最好吃得比你想要或需要的更多，因為不久後又要開始節食，到時候你會覺得很餓、感覺匱乏，所以現在就要開始囤積。」

19 Polivy, J. and Herman, C.P. (2020), 'Overeating in Restrained and Unrestrained Eaters', *Front. Nutr.* 7:30.

雅思敏下定決心不要和她媽媽一樣，她要和食物建立新關係……她已經親眼目睹搖搖式節食法（yo-yo dieting）走向失敗。然而她還是很難擺脫健康與不健康、有益與有害飲食的二分思維。現在她媽媽不吃碳水化合物，他們的晚餐通常不會有碳水化合物，雅思敏也很難擺脫既定的想法：她認為吃碳水化合物會變胖，節食可以打消她對自己身體的不滿。平常上學時她會「乖乖聽話」，很少吃早餐，但如果剛好有藉口，例如有誰生日，她就會開心地吃幾個可頌或瑪芬。並不是說雅思敏不喜歡、或不重視吃早餐。她只是想和其他人吃一樣的食物，不願聽從自己的身體感受。她會整天模仿朋友的飲食，朋友點什麼她就點什麼；或是點一盤沙拉，這樣他們就不會批評她很胖或貪吃。每次下課回到家，她常常覺得肚子很餓，直到再也忍受不了，就乾脆吃下一大盤義大利麵。但事後她又會覺得自己很可悲，又醜、又胖、又笨，最後甚至搞到自己生病。

多數節食的人都認得「管他的」效應（'what the hell' effect），這種心態其實是依據錯誤的邏輯：食物和飲食只有「好」或「壞」、「健康」或「不健康」兩種，你要嘛「在節食」，要不就是「放縱自己」。但是食物和飲食無法明確歸類，它們就像光譜一樣，只是程度有別罷了。事實上，我們必須從不同面向看待食物，例如脂肪含量、纖維含量、化學含量、糖分含量、飽足感、偏好等等，每個面向都只是程度差別而已。

	測試開始前	測試開始後
沒有節食的人	小份零食	吃得比較多
	大份零食	吃得比較少
有節食的人	小份零食	吃得最少
	大份零食	吃得最多

但是當你隨處聽到、看到食物被化約成簡單的概念，不斷有人推銷高脂和高糖食物可以用來犒賞自己、低脂和低糖食物有益健康，你的大腦便會形成二分法思維。你要嘛吃得健康，要嘛就是吃得不健康，這就是非黑即白的兩極化思考模式。如果你無法保持健康、持續節食，有可能會變得非常、非常、非常不健康。

但是食物和飲食不能這樣分類，它們只有程度和等級差別。然而對一般人來說，好與壞、健康與不健康的觀念早已根深蒂固，很難看清事實。我們就以金錢作為類比，讓你看清這個概念。

假設你現在要存一千英鎊作為壯遊的花費。連續好幾個星期，你都沒有參加任何社交活動。沒有買衣服，也沒有買星冰樂。你還去當保姆、幫忙燙媽媽的所有襯衫，十英鎊、十英鎊地攢下來，最後總共賺了三百英鎊。你為自己感到開心，但也覺得很無聊，生活沒有任何樂趣。然後你看到幾星期之前就很想買的鞋子正在拍賣，只要五十英鎊，當下你禁不起誘惑，掏錢買了鞋子。事後你卻很懊悔，因為鞋子穿起來很不舒服，而且你已經有很多雙鞋了，根本不需要再買新鞋。

那麼，你會怎麼做？你會說：「喔，管他的，反正我已經花光了存下的錢。今天乾脆放棄算了，把三百英鎊全部花光！買一堆我真的不想要、也不需要的垃圾，明天再開始存錢？」

不可能，你絕不會這樣做。這未免太蠢了。你會想：「喔，沒關係，我還可以幫爸爸燙襯衫、再另外當保姆，不會有問題的。我總要有些娛樂，給自己買些奢侈品，現在我有了，接下來就要開始努力工作。我會把錢賺回來，長期來看不會有多大差別。」

但是，非黑即白的概念無時無刻不影響人們的飲食。如果你開始告訴自己，你正在節食，不應該吃某種食物，你等於在大腦裡自動將食物分類，而不是將食物和飲食看作一個連續的光譜。

所以，如果你「無法」保持「好身材」（你可能真的沒辦法，因為這牽涉到之前討論的生理、心理和社會因素），或許會覺得「自己違反健康飲食」，然後略過適量、平衡飲食的灰色地帶，直接跳到禁止吃有害食物這一步。最後你可能會覺得，在明天再度禁止自己吃「有害」的食物之前，得要先大吃一頓那些東西不可。

我們沒有意識到，就和存錢一樣，食物、飲食、體重和身材問題都只是程度之別、只有細微的差異，而無法歸入全有或全無、有益與有害的類別。

完美風暴：意志力和節食

鮑梅斯特（Baumeister）和堤爾尼（Tierney）在二〇一一年出版了影響深遠的著作：《增強你的意志力：教你實現目標、抗拒誘惑的成功心理學》（*Willpower: Why Self Control is the Secret to Success*），他們在書中將節食稱為「營養的兩難」（nutritional catch-22）。[20]所以這麼說是因為：

一、為了不要進食，節食的人要有意志力。

二、為了要有意志力，節食的人必須進食。

要正確理解意志力，最好的方法是把它當成供給有限的資源：每天早上醒來，我們會有一整罐意志力。每次我們必須控制自己、做對的事，就會消耗一些意志力。所以，每當你逼迫自己起床、以免上學遲到，或是趕快寫作業、不要賴在沙發上；每當你保持沉默，不去回答老師的提問，或是在朋友面前隱藏情緒，這些行為都會「消耗掉」你的自制力，也就是意志力。

只要你開始節食，就會消耗一些每日供給有限的意志力，好對抗腦海裡浮現的胡蘿蔔、巧克力和蛋糕等誘惑。但是意志力不只在對抗各類事物時會消耗掉，還有兩件事會摧毀你的意志力：疲倦與飢餓。從早到晚，你的意志力供給逐漸減少，一個原因是你為了「表現良好」而消耗掉了，還有一個原因是你愈來愈疲倦，加上**你正在節食**，導致血糖降低。所以，就在你最需要意志力的時候，你已經沒有了意志力，因為你的血糖太低、太疲累。

這不是說你「沒有意志力」，只是你已經把它用掉了，殘存的意志力也因為飢餓而被破壞殆盡。然後，因為你吃了之前告訴自己不能吃的東西，你可能陷入「管他的」心態，從而吃得太多，因為你心想：「反正已經打破了節食規則。」

意志力來自大腦，但是大腦需要血糖才能產生意志力。事實上，在身體開始活動之前，大腦每天會消耗二十%的卡路里（這就是你的基礎代謝率）。大腦需要卡路里聽起來有點好笑，但確實是如此。如果你只吃蛋白歐姆蛋或不吃午餐，你的大腦就沒辦法正常運作，你也無力完成某些認知工作。我們的大腦需要血糖才能記憶、說話流暢，或是完成其他事情。兒童如果沒有吃東西，許多能力表現會變差，其中一項能力就是意志力，意志力需要有血糖才能運作。

更複雜的情況是，如果你規定自己不能吃某種食物（例如：我很愛吃巧克力，但是我不能吃，因為巧克力不健康／不好／會發胖），那麼「不吃巧克力」這件事不僅會消耗你的意志力，而且很

20 Baumeister, R.F. and Tierney, J., *Willpower*, Penguin, 2011.

難做到。當然，如果你沒有針對巧克力設定節食規則，那麼拒吃巧克力對你反而一點都不難。當你想吃巧克力的時候，可能會吃一些或者不吃。你吃了一些之後可能就會打住，因為覺得已經夠了。由於你並非有意識地想到，所以大腦完全不會消耗意志力存量，只需要最低程度的心智努力。

雅思敏和我一開始先設法讓她能固定進食。我向她解釋，固定進食能幫助她擺脫導致她暴飲暴食的被剝奪感和飢餓感。但是很難做到，我們很難規劃進食，因為這會讓雅思敏覺得自己很貪吃。她發現自己無法捨棄節食的思維，無法捨棄不吃早餐的習慣，因為節食能使她變得更苗條。但後來她終於明白，如果她跳過某一餐或是早上吃太少，反而更容易飲食過量或暴飲暴食。

長話短說：意志力和血糖直接相關，這是導致節食失敗的另一個原因。

正因為我治療過表面上看似極為成功的節食者，也就是患有厭食症的年輕人，所以才會這樣說。我猜現在你是否在想，啊，你怎麼可以那樣說？你的病人保持苗條，所以一定能靠節食成功減重吧？這和意志力無關，而是與精神疾病有關。身材苗條已經變成了強迫意念，讓人壓力沉重，你的身體幾乎沒辦法吃得更多。她們之所以能保持苗條身材，是因為當她們醒著的時候，有三分之一時間想著食物和飲食，另外有三分之一時間想著體重和身材，剩下的時間都在想自己的學業。我之所以知道，是因為過去二十多年來，我問了所有罹患厭食症的病人：「你們花多少時間在想食物和飲食問題？」「體重和身材呢？」「你們花多少時間想你們的朋友？你的家人、你的興趣？」如果你天生就不是瘦子，但是真的真的很想變瘦，唯一的方法就是一整天只想著食物、飲食、體重和身材，犧牲其他興趣、樂趣、你的家人、你的朋友。事實上，你必須放棄生活中所有其他事物。我畫出以下圓餅圖拿給患有厭食症的年輕人看，他們也覺得不值得。他們覺得很難過，他們並沒有真正和他們的朋友、家人和其他興趣建立連結：他們承認，不值得為了變瘦犧牲其他一切。

兩極化飲食與搖搖式節食

利用節食減重的想法已經深入我們文化，但事實上，透過之前我們解釋的過程，節食反而會導致飲食過量、暴飲暴食，最後的結果當然就是肥胖。

許多人一生中曾經節食，然後有段時間飲食過量或暴飲暴食，導致肥胖。事實上，人約有三分之一肥胖的人，是因為暴飲暴食導致體重過重。在節食期間，他們一度成功減重，身體也跟著調適，吃得比較少。這時候，他們的核心大腦會認為身體再度處於飢餓狀態，因此必須讓身體運作得更有效率，減少卡路里消耗，同時發出更多飢餓訊號。〔21〕所以，如果你節食失敗或結束節食，就很容易發胖、吃太多，這是內心的強迫意念和剝奪感所造成的。

21 Brownell, K. et al (1986), 'The effects of repeated cycles of weight loss and regain in rats', *Physiology and Behavior*, 38, 459-464; Schwartz, B. *Diets don't work*, Breakthru Publishing, 1996; Hill, A. J. (2004), 'Does dieting make you fat?' *British Journal of Nutrition*, 92(1), S15–S18.

安賽．基斯的實驗讓我們看到了節食的副作用，當研究人員開始正常餵食參與者之後，「許多參與者的體重依舊高於正常水準，而且繼續維持不正常的飲食習慣，直到幾個月、甚至多年後才恢復正常。」〔22〕所以，結束節食之後，我們的大腦會希望我們吃更多、減少活動量，節食引發的強迫意念需要一段時間才會消退。

因此如果你開始節食、也成功減重，恐怕會面臨以下風險：結束節食後，你會很想吃東西，一直對食物念念不忘。而這大概不會是你希望的結果。

時間維度也很重要。我看到許多年輕女孩自青少年時期開始攝取的飲食內容，其實是針對年紀較長、體重過重、或是有健康問題的人所設計的，**這些人每天需要的卡路里比你們少**。千萬別年紀輕輕就開始節食，因為你有可能一輩子擺脫不了，還會有發胖的風險。

雅思敏的第二階段治療，著重在她的飢餓感、飽腹感，以及她偏愛或選擇哪些餐點，而不只是關注她什麼時候會暴飲暴食。她對自己沒什麼信心，如果吃了「被禁止的食物」，例如碳水化合物、甜食、披薩等，她會擔心自己吃太多，到時候又要吐出來。我們先從巧克力開始測試，一天只吃一份。那星期她的飲食適量，她感覺所有事情都在掌控之中。接著她開始練習每天在學校餐廳吃某一樣她「很想吃」的食物。她開始順從自己的飢餓感、飽腹感以及對食物的滿足感，不再為了控制別人對她的想法，決定自己要吃什麼。

身體滿意度

到目前為止，我們已經知道，你的身材很大一部分是天生的：有些人身材矮小但胸部較大；有些人個子比較高、屁股比較大；有些人胸部大、屁股小；有些人胸部小、屁股大；有些人身材曲線優美。這些身形都很美，都能吸引某些人。你或許以為，如果你的身材不符合社會認定的理想形象，只要你努力或是擁有更堅定的意志力就能改變。事實並非如此，這是迷思，但是常有人為了賣你東西而向你推銷它。推銷這個瘦身迷思。

為什麼你很難接受自己的身體，為什麼你無法像你看待自己其他面向一樣，對自己的身體感到滿意？年輕人只要談到自己各方面的特質，總是會說：「我就是這樣啊。」除了身體。年輕人說出這句話，表示他們**接受自己**，甚至對於自己性格與眾不同的部分**感到自豪**，只不過這些想法

22 Ekbert, E.D. et al (1987), 'A 57-year follow-up investigation and review of the Minnesota study on human starvation and its relevance to eating disorders', *Archives of Psychology*, 2(3).

典型的厭食症患者一天當中想到生活不同面向的時間比例

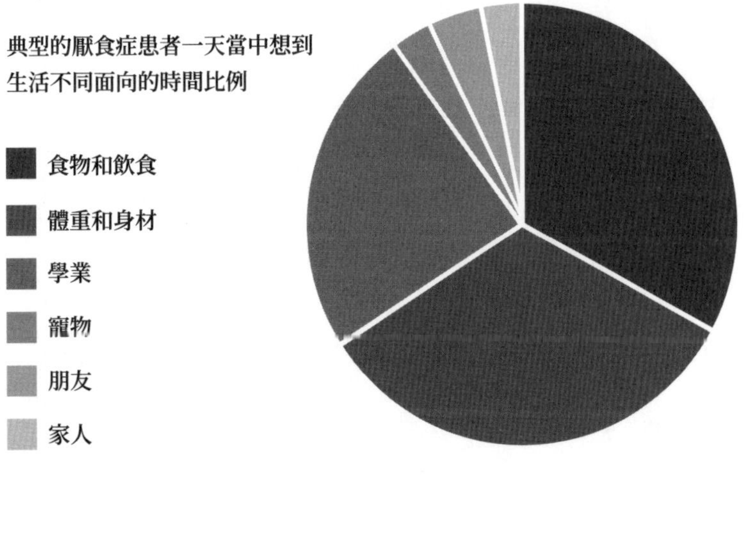

不完全是正向思考。

你是否也是如此？你是不是很能接受自己的其他部分，但是對於自己的身體和外貌，接受度卻很低？例如，你可能會說「我不是晨型人」、「我數學不好」或者「我是貓派」，你也很願意接受自己與眾不同的特質。你可能會嘗試早起或認真學習數學，你願意接受自己在這些領域展現的長處與短處，你大概不會花費好幾小時煩惱為什麼會這樣、或是要如何改變。你也許知道自己很擅長語言，而且羨慕數學成績好的小孩，但是認為整體來說他們並不比你優秀，只是在數學領域表現得比你出色，而你也能接受這一點。你是天生的貓奴，所以不會花幾小時看著你的貓對牠說：「我希望我喜歡狗。」但是我們往往很難像這樣接受自己的身材與外貌。

為什麼？因為社會認定某種身材更能被全體社會接受，道德上更是高人一等，而且整個社會不斷向你推銷、要你相信，如果你投入足夠心力，就能夠擁有完美身材。

但是試圖成為自己不是的人，這件事所帶來的痛苦是難以計量的。

雅思敏聰明、風趣、體貼、穿著時尚，而且很有才華，但她認為不會有人覺得她很有吸引力。她假裝對男孩不感興趣。她似乎打定主意扮演有智慧的人生摯友角色。例如，她對自己的外表感到非常羞恥，從不在ＩＧ分享自己的照片，從不讓自己成為焦點。我們兩人一起思考要如何改變、如何讓她活出精彩的生活、隨心所欲穿著打扮、吃她想吃的東西、順從自己的身體需求，不需費心猜想朋友對她的飲食會有什麼看法。為了改變，她開始在社群媒體上搜尋「身體自愛」（body positivity）和「所有體型都是健康的」（health at any size）等相關訊息。〔23〕

我們確實看到了改變的曙光：像是麗珠（Lizzo）〔24〕、怪奇比莉（Billie Eilish）〔25〕和卡蜜拉．卡貝羅（Camila Cabello）〔26〕等明星，為你們展現了未來世代的獨特之處。她們拒絕人們依據身材定義她們。她們知道關於自己最重要的一件事，不是她們擁有什麼樣的身材，而是她們成為什麼樣的人。隨著網路普及，類似「所有體型都是健康的」和「身體自愛」等活動開始蓬勃發展。〔27〕

身材體型只是你整體外表的一部分，但這對青少女來說通常是最重要的事。你忘了整體外表中自己比較滿意的部分，例如你的肌膚、五官、頭髮和眼睛。但是，你的整體外表也只是關於你個人的一個面向，其他面向包括你的性格、智力、成就。在生活中，你不應該把自己的身體看得比其他部分還要重要。你不會根據身材決定要和誰交朋友、或是評斷你的家人，你會因為他們忠誠、有幽默感、充滿善意、帶給人歡樂，而真心珍惜他們。你也應該要以同樣的尊重對待自己。

23 譯註：這兩項運動同時起源於一九六〇年代的美國，主張不論身體能力、大小、性別、種族或外表，人們應該要接受和喜愛自己的身體。

24 譯註：麗珠是美國歌手與演員，從小就是人們口中的「胖女孩」，但是她一直積極提倡身體自愛活動，對抗肥胖歧視。她曾說：「親愛的大女孩，你的身體就是高級時尚。」（Dear big girls, your body is high fashion.）

25 譯註：怪奇比莉是美國創作歌手，因為身材豐滿遭到網路霸凌，她曾製作短片《不是我的責任》（*Not My Responsibility*）做回應，其中有段旁白說道：「我們根據人們的尺寸對他們做出假設，我們決定他們是誰，我們決定他們值得什麼。如果我穿多一點，如果我穿少一點，誰來決定什麼是我？那是什麼意思？」

26 譯註：卡蜜拉．卡貝羅是美國創作歌手，被不少人批評身材臃腫，但是她自信地反擊：「胖是正常的，美麗而且自然。」（Fat is normal. It's beautiful and natural.）

如何飲食

如果從其他人體功能的角度來思考，就會覺得節食的概念很不合理。我的意思是，你不會想要少尿一點，對吧？你不會想要少呼吸一點？如果你真的這麼做，你的核心大腦就會開始接手主導，你會尿濕褲子，或是如同最受歡迎的搖搖式節食法擁護者歐普拉（Oprah Winfrey）所說的：「對我們多數人來說，節食頂多是短期解方。我們的意志力能堅持多久，就能持續節食多久。但是在我們需要大口呼吸之前，我們能憋氣多久？」飲食也是同樣道理：當身體需要更多食物，我們的核心大腦就會介入。

我希望我已經說服你，放棄利用節食控制體重的想法。我期望你們這個世代能開始改變，願意接受自己的身體，可以在雜誌、電視節目、網路內容裡看到各種身材體型。我們必須理解，所有體型都是健康的，社會不應該羞辱肥胖。放棄節食也能迫使人們不再為自己的飲食過量找藉口，辯解說過不久就會開始節食。但是，我要提供什麼建議呢？

不論你的體型大或小，我認為面對食物和飲食問題時，應該要以平衡為原則，你不應該禁止自己吃某種食物，重點是要適量。你必須努力聽從身體的需求和飢餓訊號，了解所有食物都有相對成本和效益。你應該將健康的概念與低脂、低卡路里切割，不要忘了，吃一頓價格實惠的豐盛美食，能帶給你許多好處和歡樂。你應該這樣想：食物具有哪些多重意義、你要如何運用食物建立連結或慶祝某件事、食物會如何影響你的心情和情緒。別把所有食物都簡單歸類為有益或有害。

我認為學校應該開設食物和飲食相關課程，當然不是告訴學生哪些食物對健康有益、哪些有害；你知道，我一直認為這種粗略的簡化分類只會帶來更多傷害。相反地，你需要更仔細思考，例如：當你開始有飽足感時就不要再吃；吃飯時要細嚼慢嚥才會有飽足感；此外你還要留意，到了哪個臨界點吃東西不再有樂趣、或者可能要停止，你也要理解為什麼節食會有風險。你得知道這些非常實用的訊息，才能與食物建立自在舒適的關係，避免陷入肥胖或飲食失調的風險。最重要的是，學校應該教導學生如何從長期規畫的角度，思考自己的食物、飲食、體重和身材，同時了解短期的動機和拉力會造成哪些影響。

我不打算在這裡深入探討直覺性飲食（intuitive eating），部分原因是勞拉・湯瑪斯（Laura Thomas）寫的《吃就對了》（*Just Eat It*）以及瑞克・考斯曼（Rick Kausman）寫的《如果不節食，還能怎麼辦？》（*If Not Dieting, Then What?*）這兩本書，已經為青少女和年輕成年女性提出精闢解說，我鼓勵你們直接去看他們的書。[28]考斯曼將飲食比喻為一艘划艇，左右兩邊各有一支船槳，分別代表直覺與營養。如果你只用一支船槳，你知道會發生什麼事嗎？你會一直在原處繞圈圈。同樣地，如果你只靠直覺或營養進食，也只會在原地踏步。所以，你同時需要直覺和營養。

27 Penney, T.L. and Kirk, S.F.L. (2015), 'The Health at Every Size Paradigm and Obesity. Missing Empirical Evidence May Help Push the Reframing Obesity Debate Forward', *Am J Public Health*, 105(5). 以下網站有提供相關研究、部落格、播客節目連結：haescommunity.com。關於「身體自愛」主題，可參考：www.verywellmind.com/body-positive-influencers-4165953，網站列出了多位倡議身體自愛的網紅帳號，例如I love #jiggleforjoy @kate_speer。powertoprevail.co/about-me/和www.healthyisthenewskinny.com這兩個網站也值得參考，你可以隨意選擇自己需要的參考資料。索妮亞・芮內（Sonia Renee）認為身體自愛是積極自愛的表現：www.sonyareneetaylor.com。

28 Thomas, L, *Just Eat It*; Kausman, R., *If Not Dieting, Then What?*

當我們提到營養，不只是說哪種食物對你有益，還包括你需要哪種食物才能完成必須做的事情。你得好好想想早餐該吃什麼，才能有足夠體力撐到午餐時間；午餐應該吃些什麼，才能避免放學後因為餓肚子而發脾氣。你必須要了解碳水化合物、蛋白質、脂肪、水果和蔬菜的營養成分，確認你一星期或一個月的攝取量足夠，不能只計算某一餐或某一天的攝取量。你要聽從自己的身體需求、飢餓訊號、飽足感與能量變化，然後將所有訊息整合。這才是營養的定義。

另一方面，依靠直覺飲食是指：思考你想吃什麼食物，你渴望吃什麼、以及什麼食物能滿足你。如果你中午真的很想吃義大利麵沙拉，但最後決定為了「保持身材」改吃生菜和蛋白質，不吃碳水化合物，這就代表說你沒有滿足自己的直覺。過一段時間，你更有可能一直想著食物，而且吃太多。憑直覺飲食也包括食物本身隱含的其他意義，例如：星期五晚上外帶、生日蛋糕、第一次約會等等。你會在這些場合與其他朋友一起吃飯或是吃他們做的料理，和他們建立連結。

但是太常使用其中一支船槳的話，就會出問題。例如我患有厭食症的病人執著於營養問題，完全忽視自己的直覺。他們一輩子都想著卡路里，忽略了其他事物。相反的，過度聽從自己直覺的人會飲食失調、吃太多「垃圾」食物，導致體重過重。所以我們必須取得巧妙的平衡。

雅思敏想要練習憑直覺吃飯。她告訴我飲食就和服裝一樣。她說，每當她早上醒來，會看看天氣如何，想想這一天有哪些行程（要去夜店狂歡嗎？去學校？去探望祖母？），然後思考自己想要穿什麼。有時候她想要穿內搭褲，有時候想穿漂亮的洋裝，有時候想穿牛仔褲。她不會想太多；她會考慮實穿性（這天要做什麼？和誰一起？天氣看起來如何？）然後直接挑選很想穿的衣服，她可以接受每天穿著不同風格的服裝。後來她開始學習用同樣的態度對待食物：她會想想自己要做哪些事、一整天有哪些行程，然後依據體力、暖和程度、時機、是否容易取得等因素，思考她需要哪些食物，接著再思考她想要吃什麼。有時候她想吃食材豐盛、熱騰騰的燉肉，有時候想吃冰涼的冰淇淋。有時候她想吃沙拉，有時候想吃火腿起司三明治。想到食物，她會同時考量自己需要的營養和直覺渴望。就跟挑選衣服一樣，她開始接受自己偶爾也會渴望某些食物，還逐漸學會不要想太多或評斷自己健康或不健康。

食物、飲食、體重和身材：如何在瘋狂世界保持冷靜

在我聽了數百位女孩的故事之後，關於食物、飲食、體重和身材問題，我學到了什麼？

一、我們無法百分之百控制自己的體重和身材，我們真正能控制的是讓自己變重、變胖。受限於身體的生理機制，再加上大腦會有強烈進食慾望，所以我們很容易發胖，然後開始經歷折磨人的減肥過程。你的身材很大一部分是先天決定的。

二、所以，你必須努力接受自己原本的身材。要知道，你看待自己身體的眼光並不準確，和其他人對你身體的看法很不一樣，所以要盡量避免自我審查。我盡可能不讓自己聽起來像在下指導棋，但是如果你一天花超過十分鐘照鏡子，恐怕就太超過了。如果你缺乏相關脈絡作為參考依據，又花很長時間觀看自己的身體，就有可能扭曲你的自我形象。

三、在觀看自己的任何影像之前，先戴上「正面與善意」的眼鏡。不要只有在觀看別人身體時才戴上這副眼鏡。用正面態度和自己對話，反擊負面（和不準確的）的自我評價。此外，你必須客觀地看待自己的外表。你不會希望外表變成是關於你個人最重要的事。你希望別人喜歡你是因為你這個人，而不是因為你的外表。真正重要的是，成為你自己想要成為的那種人，別只是想著擁有某種外表。

四、大聲譴責永無止境呈現特定尺寸和身材類型的女性身體，你可以貢獻一己之力，不要支持社群媒體宣傳的理想化身材類型，也不要分享類似的內容。不要依據其他人的身材評斷他們，也包括你自己。

五、你應該從整體健康的角度來考量自己的飲食內容，但別過度執著於健康，也就是說只需要遵從醫療專業人員的基本建議就好，無需理會網路上自稱健康權威的人說了什麼。聽從你自己的身體需求，思考哪些食物對你有益。但是別否定食物可以扮演溝通的角色，幫助你與其他人建立連結。如果你過度在意食物是否健康，只會讓你被排擠，無法成為社交團體的一份子。

六、憑直覺飲食。我要再度引述考斯曼的話：「你可以吃任何你想吃的，而且是你真的真的很想吃的食物。」如果你一直很想吃巧克力、炸薯條、洋芋片，只需要關掉你的渴望計量表，多使用你的營養船槳，或是逐漸接受胖一點的自己。但不要完全剝奪這些享受。

七、當然，用你喜歡的方式經常活動身體。

就如同我所說的，這不是簡單的有益、有害，或是健康、不健康的問題，但是也沒有很複雜，你只需要記住上述七點原則就好。

8

螢幕與網路
Screens And The Internet

「這還不夠；我已經受夠了；是我不夠好」

——菲爾（Phil），《今天暫時停止：音樂劇》（*Groundhog Day: The Musical*）

「科技和奴隸的差別在於，奴隸完全有意識到他們沒有自由。」

——納西姆・尼可拉斯・塔雷伯（Nassim Nicholas Taleb），《箴言之床：哲學與實踐格言》（*The Bed of Procrustes: Philosophical and Practical Aphorisms*）

網路讓我想到《綠野仙蹤》（*The Wizard of Oz*）。在堪薩斯州，眼前所見盡是灰暗單調的景致，某天一陣龍捲風來襲，桃樂絲的房屋被捲入空中，最後降落在奧茲國境內；四周景物充滿繽紛色彩；明亮、鮮豔，所有事情的運作方式和堪薩斯州大不相同。有時候奧茲國讓人覺得興奮刺激，但有時候又會讓人驚慌失措，網路世界也是如此。你也會和桃樂絲一樣，盡情探索這片土地，你沒有地圖，也不知道將來會發生什麼事。成年人被困在堪薩斯州，但是你會在網路世界認識新朋友，就和桃樂絲在奧茲國的經歷一樣，只不過這些新朋友或許不像你表面上看到的那樣。

智慧型手機問世至今不過二十年。這真的是未知領域，沒有人知道它會對你們產生什麼影響。你們是數位原住民，是第一代在新世界出生的人，就某些方面來說，這是一場規模龐大的社會實驗。[1]你的父母和我都是數位移民；我們並非生來就生活在這個數位世界，所以必須像學習外語一樣學習這項技能。許多成年人固守著舊世界的文化和美德，同時又享受著新世界帶來的自由與好處，讓人感覺有些偽善。

如今回頭去看網路出現以前的世界，似乎有些模糊。當時的世界是怎麼運作的？人們要如何擬定團體計畫？怎樣和朋友保持聯繫？如何拍照？如何搜尋資訊？網路出現之後，已經徹底改變了你們的生活方式。

我和年輕人接觸之後，很清楚自從數位革命爆發，的確發生了許多了不起的事情[2]，但是也產生不少心理風險（psychological risk）。[3]桃樂絲沿著黃磚路往下走，途中有許多新發現，認識了不少新朋友，讓她驚喜萬分，但是過程中也面臨許多未知危險和阻礙。所有關於進步的故事都有贏家與輸家。那麼螢幕和網路的風險是什麼？誰會受傷？真的沒有人知道答案；一切都還沒有定論。所以我無法給你確切答案，但是我想要和你分享一些初步的研究建議，還有我父母的故事，幫助你在網路世界找到航行方向。

我在一九九七年取得心理師資格，當時數位革命正要爆發，我剛好首當其衝，親眼目睹當時年輕人面臨了劇烈改變。以下是我的觀察：年輕人的擔憂和困擾其實都一樣。過去二十多年我見過的所有年輕人，都很擔心自己的歸屬、未來、朋友、身體和學業。但是數位革命爆發後，他們的擔憂和困擾變得更為嚴重。這導致更多年輕人的煩惱超出合理範圍，轉變成精神疾病。

年輕人的精神困擾變得更嚴重正好與數位革命同時發生，但是當時社會上還發生了其他改變，而且不同事件之間存在相關性並不代表它們有因果關係。我不認為因為網路普及與螢幕暴增，導致青少年和年輕女性陷入心理健康危機，但是我認為網路和螢幕有可能是助力。而且就和友誼一樣，螢幕文化可以很美好，也可能造成傷害。我想要和你們談談我的觀察心得，以及如何讓螢幕文化對你們有助益。

在這一章，我們不會討論數位安全、網路霸凌、身份竊盜和其他相關問題；我知道學校有開設相關課程。這一章的重點是探討螢幕和網路如何影響你個人和你的心理，導致平時尋常的情緒發洩轉變成精神風暴，讓你陷入痛苦折磨。我希望你準備好面對在黃磚路上即將發現的真相。

1 數位原住民」是由馬克．普倫斯基（Marc Prensky）在二〇〇一年提出的。我在閱讀以下這本書之後才比較了解這個概念：Greenfield, S., *Mind Change: How Twenty-first Century Technology is leaving its mark on the brain*, Random House, 2014.

2 如果你想知道有哪些證據證明科技對年輕人有益，可以參考：www.oii.ox.ac.uk/people/andrew-przybylski/?research，不過我對這個研究有些質疑，因為它的重點主要放在正面影響，而不是負面影響。但是依據平均法則，我認為一定會有一些負面影響。

3 譯註：心理風險是指人們因為粗心大意或漠不關心，導致意外事故發生機率增加、損失擴大。

瑪麗亞（Maria）在青少年晚期開始出現憂鬱症狀。我們試圖理解她為何情緒如此低落。瑪麗亞知道她父母很照顧她，但是採取非常實際、形式化的方式。他們沒有表現得特別溫暖，而且兩人工作時間很長，傍晚的時候幾乎都不在瑪麗亞身邊。父母的教養風格和她有些不合，她渴望他們的愛。幸運的是，她有一群非常要好的朋友；他們提供了她需要的愛，她覺得這些朋友理解她。在家裡，瑪麗亞感覺缺乏溫暖和陪伴，所以傍晚時會利用手機和社群媒體分散注意力，好讓自己覺得不孤單。但是她過度依賴手機，根本沒有意識到究竟從什麼時候開始，手機和社群媒體不再是她的支持力量，反而成了壓力來源。

全年無休的文化

根據過去幾年我和年輕人互動的經驗，我發現最大的改變是，網路和智慧型手機創造了全年無休的文化。當年輕人可以上網、擁有智慧型手機之後，會對他們的精神困擾產生哪些影響？嗯，我相信手機和網路確實能幫助那些在深夜時刻感覺孤單、焦慮的人與其他人建立連結，不再覺得只有自己一個人。我想，對於那些被邊緣化或陷入困境的年輕人來說更是如此。

我是真的這麼認為，但是老實說，當我和你們年輕人聊天時，卻很少聽你們這麼說。

我聽到的是，手機不離身會導致各種負面的社會情境和情緒被誇大，甚至惡化。也就是說，你們年輕人必定會被霸凌，也會強烈意識到自己什麼時候被排擠、被排除在外。這代表你總是能找到機會，用負面眼光拿自己和其他人比較。

在數位革命爆發之前，青少年如果發生戲劇化事件或是衝突，總會有時間讓風暴平息，或是在隔天早上上學之前讓一切煙消雲散。但是我發現，現在年輕人通常沒有機會平復情緒、花時間思考或是退後一步想。比起面對面溝通，數位世界的人們說話更容易變得尖酸刻薄，如果又剛好精神疲乏，就會形成完美風暴，導致情況加速惡化。擁有智慧型手機之後，你會不由自主拉高聲量、更常與人陷入爭執，引發更多精神困擾。

當你感到焦慮或難過時，會很難入睡。有時候你的大腦會不停閃過各種念頭，完全無法擺脫它們，我不確定這時候上網對你有什麼好處。當你疲倦時，幾乎所有負面情緒都會被放大，例如：說了哪些話、受到哪些傷害、做了哪些錯誤決定。一旦你在社群媒體上公開宣洩這些負面情緒，就很難收回。

但是，多數時候我看到的是，全年無休的文化使年輕人對於友誼有了不切實際的期待。你會覺得自己不夠好，特別是與朋友有關的部分，所以你想要懲罰自己。在螢幕出現之前，如果你和家人同住，只能使用家裡的電話座機對外聯繫，所以必須遵循既有的社會傳統，你不可能隨時隨地「陪在朋友身邊」，只能在傍晚時打電話給他們。沒有人會在晚上十點「陪在朋友身邊」，更別提凌晨一點了。

但是自從有了智慧型手機，我們對於當個「好朋友」的期待隨之提高，但也愈來愈難辦到。你會面臨未曾經歷的情境（深夜打手機給朋友），如果你無法符合某個難以達成的標準（沒辦法全年無休陪伴在朋友身邊，所以覺得自己不符合「好朋友」標準），就會引發負向自動化思考。

沒有人能夠隨時隨地「都在」，即使是對你的朋友。我們都需要保留時間吃飯、睡覺、休息、運動、整理自己的思緒，即使所有事情進展順利也是一樣。但是當事情出了差錯……嗯，例如你朋友不開心或是正在擔憂某件事，或者他們的生活發生了可怕的意外，你當然想對他們伸出援手，但是若要避免自己情緒崩潰，關鍵是短暫休息。即使像是德蕾莎修女或達賴喇嘛等聖人，也需要保留吃飯、睡眠、祈禱和冥想的時間，為自己充電。身為治療師，我雖然累積了多年訓練和實務經驗，但是每當聽到人們訴說自身痛苦、需要時間休養時，我還是會覺得心痛。

所以，早在螢幕普及之前，我認識的女孩就已經對友誼抱持一定的期望，她們希望能「陪在朋友身邊」，只不過現在青少女的期望似乎變成了「永遠陪在朋友身邊」。這又是另一種絕對期望。當朋友難過時，你要整夜不睡覺和她私訊聊天；當朋友恐慌發作，你要和他們聊天、安撫他們的情緒，或是聽他們痛哭好幾個小時；或者最糟的情況是，目睹他們自殘或企圖自殺？我認為，你給自己設定的這些期待不僅不切實際，而且毫無幫助，你覺得呢？我不相信這樣做能幫助你或你的朋友，反而只會使你們的處境變得更糟。你會覺得自己無法負荷、心懷愧疚，然後感到疲累、情緒化，因為精神困擾會傳染，所以你或許會發現，自己的情緒變得更低落、更焦慮。

為了向我的年輕病人解釋，我通常會以搭飛機做類比。在飛機上遇到緊急事故時，你得自己先戴上（情緒）氧氣罩，再幫朋友戴上他們的氧氣罩。換句話說，有時候你必須先把手機放一邊，讓自己休息一下。

瑪麗亞的許多朋友同樣情緒低落、焦慮，其中有些人蓄意自殘、酗酒、吸毒，希望藉此解決自己的情緒問題。瑪麗亞非常依賴這些朋友，所以朋友的負面情緒會嚴重干擾她的心理狀態。某幾天傍晚，瑪麗亞自己心情也不太好，她發現愈來愈難回應朋友的精神困擾。瑪麗亞面臨了兩難，要嘛回朋友電話，但她知道這樣做只會讓自己的情緒更負面，她很可能會自殘；要不就是不接朋友電話，但是她會因此感到非常內疚，覺得自己是不合格的朋友，因為她朋友可能需要她。不論是哪種情況，都讓她的心情和焦慮惡化。瑪麗亞覺得很難熬夜到很晚，因為到了第二天她會情緒緊繃、精神失常。她不像她朋友可以隨意睡懶覺，所以很難一直陪朋友聊天到凌晨。她發現，如果她接了朋友電話，她的心情便會跌落谷底，覺得疲累、絕望；但如果不接朋友電話，她的心情同樣會跌落谷底，因為她會覺得自己很自私、是不稱職的朋友、惹人厭、沒有人會喜歡她。

照顧好自己，別急著想要拯救別人，這確實很難做到。你會**覺得**這樣做很自私，但是我們必須這麼做，否則所有人都無法生存。第四章〈情緒、想法和感受〉中曾提到，感受不一定能提供準確指引。當你**覺得**某種行為很自私，不代表這行為**真的**很自私；相反地，設定界限對你的朋友也有好處。期望「朋友應該永遠待在彼此身邊」，其實非常不切實際，反而會產生反效果：很可能會導致你（或你朋友）迅速陷入負向自動化思考，如果當下沒有人在你身邊，你就會覺得「沒有人喜歡你」。不切實際的期望會加深孤單感。你可能立刻開始幻想他們不喜歡你、或是沒有人喜歡你、你總是惹人厭，覺得如果你不在了，甚至沒有人會想你。當你陷入憂傷時，會覺得這種負面循環很合理、很真實，但是不論從哪方面來看，這都是錯誤的想法，毫無根據。其他人還有別的事情要做，例如完成作業、洗澡、和家人相處、吃飯、探望祖母。他們不可能隨時待命，但是這不代表他們不喜歡你、不愛你、不喜歡你陪在身邊。相反地，如果你和你朋友時常和對方說：「我現在要去睡了」或是「我媽說我得掛電話了」，即使你會有些難過，但這麼做是在為你們兩人設定界限或期望，向對方表明你不會在凌晨一點陪在他身邊。

此外，年輕人會誤以為朋友能夠化解自己的精神困擾，所以不去尋找資源幫助自己，不向父母、老師、青少年社工、親戚求助，或是在必要時接受專業治療。

刺激對於心理健康的影響

能安然入睡是維持心理健康的關鍵。當我們疲倦時，情緒會被放大，正常程度的精神困擾很可能因此轉變成精神疾病。我治療的年輕人大多數都夠聰明，手機都有抗藍光功能，避免藍光干擾他們的生理時鐘，但是他們卻不擔心自己到底接收了多龐大的資訊量，以及這些資訊對他們大腦和睡眠造成哪些影響。

我想，你在一天當中接觸到的影像、資訊、人和故事，比一百年前同年齡的人一年內接觸到的還要多。沒有人想回到從前，那時女性的人生選擇有限，只能困在家裡，沒什麼機會讓自己開心、實現自我。但是我也不認為在數位時代你的大腦已經歷演化，有能力應付網路上持續湧現的大量概念、對話、互動和影片。我們的大腦並沒有發展出全年無休的運作能力，也無法快速處理如此龐大的資訊量。

在第六章，我將大腦比喻成櫥櫃，我們會將當天想要保存的東西全部放進櫥櫃。如果你不停滑手機，等於快速下載大量資訊，全部堆在大腦櫥櫃門口，你得費力翻找才能找到需要的東西，但是其中絕大多數東西都可以丟棄。有時候你是不是覺得自己雖然躺在床上，卻睡不著，感到不安、全身無力，大腦不斷浮現當天看到、聽到、做過和瀏覽過的所有訊息？那是因為大腦在停機之前，會將所有訊息重新整理分類，確認每則訊息是否需要保留或者丟棄。

之前提過，在青少年時期和成年初期，你的任務是學習如何離開父母，融入同儕團體。也就是說，這段時期你會追蹤ＩＧ最新動態、Snapchat的連續對話天數紀錄（streak）、最新的TikTok或影片、或是你喜愛的網紅帳號，你的大腦必須瀏覽這些資訊，然後篩選出你需要知道事情，以及讓你在同儕團體裡有歸屬感所需要的資訊。但是你不是電腦，不可能處理如此龐大的資訊量，如果太快速接收過多資訊，電腦也會超載。電腦會當機，需要重新充電。你的大腦也一樣。

想要理解你在網路上看到的所有資訊、逐一歸檔，所以有可能覺得資訊超載。這時候你的大腦會焦躁不安、過度亢奮，而且渴望得到更多：資訊源源不絕出現，瀏覽資訊的迫切慾望永遠無法滿足。大腦還有一個討人厭的習慣：它會一直努力處理未完成的工作，這些工作就像不斷在你內心盤旋、揮之不去的旋律，大腦急切想要完成它們，這樣就可以決定需要儲存還是丟棄這些工作相關的資訊。如果你不斷看到新的內容推播通知，大腦就會認為讀取網路資訊的工作還沒有完成、還沒有結束。這麼一來，如果你沒有追蹤到最新訊息，就會開始緊張、甚至焦慮。連續對話天數紀錄、網路迷因、按讚和簡訊等功能並不會讓你建立連結，反而會變成一種暴虐。

瑪麗亞常因為和朋友講手機錯過睡眠時間，所以很難入眠。她醒著的時候，總會看TikTok

或Netflix。她也會玩線上測驗，而且一直在偷偷玩《卡通農場》（*Hay Day*）。[4]她總是睡睡醒醒，還能清楚記得夢境，每次醒來都覺得精神疲累。

網路永遠沒有完成的時候，也永遠不會結束。你沒辦法把它歸位，然後認定「大功告成」。你會忍不住一直滑手機，然後發現自己離不開手機，接著你會找藉口，對自己或別人解釋你為什麼一直掛在線上。

漸漸地，你的行為會有點像是上癮。

對你的螢幕上癮？

手機、遊戲和螢幕會讓人上癮，因為它們提供了另一種「部分增強時制」。還記得我們在友誼那一章提過這個主題嗎？手機就像開關型朋友，偶爾會給予正面回報，雖然不是每次在你需要時都能提供正向回饋，不過也足以讓你忍不住一再回頭去找它，期望得到更多回應。部分增強時制是一種心理學理論，用來解釋為何人們會上癮：由於你經常得到正向回饋（稱讚、金錢、喜悅、興奮），所以會一再回頭索求更多。偶爾你會得到負面回饋，但是這不會阻止你尋求更多正向回饋，事實上只會使你更想再次嘗試，期望這次能獲得正向回饋。這也是人們愛上賭博的一個原因：彩券行和賭場都會小心翼翼地控管賠率，讓賭客能夠時常贏錢，好吸引他們繼續上門。如果沒有人贏錢，就不會有人上門；但是，如果每次都讓賭客贏錢，賭場就不可能賺錢。

我相信許多成年人都告訴過你，手機使用行為和大腦內的成癮神經傳導物質多巴胺（dopamine）有關。那些大人也許是一邊滑自己的手機、一邊給你看研究報告。我知道，只要一提到手機，我們大人都成了偽君子。當你使用手機或螢幕時，多數時候都能獲得一些快樂，例如：某個朋友或是你喜歡的人傳來訊息；如果某人對你的貼文按讚，就會令你產生連結感，或是覺得自己很重要；或者當你玩遊戲成功闖關晉級時，會很有成就感。為了這少許的快樂，你忍不住一次又一次盯著螢幕。但是基於類似的理由，你有可能會對螢幕上癮，因為當你焦慮、情緒低落時，就會反覆查看訊息，看看是否有某個對你很重要的人傳訊息給你；或是確認沒有發生任何悲劇，好讓自己放心。

這種上癮行為並不是意外發生：矽谷最聰明的腦袋不斷開發各種具有部分增強效用的應用程式、遊戲和網站，好讓你停留得更久：他們費心實驗、成功開發出令人上癮的產品，讓你離不開這些產品。他們持續蒐集各項數據，分析你如何使用他們的平台；他們會研究你上線的時間，然後依據內容和行為心理學原理加以操作，讓你停留更長時間。盡可能讓產品有吸引力就是他們的賺錢之道，但這也使你陷入危險：過度刺激自己，最終捲入網路風暴。

雖然這裡探討的是螢幕使用行為與成癮問題，但是現在我們必須暫時岔開主題，先討論電玩遊戲。統計顯示，年輕人使用螢幕的目的存在有性別差異，整體來看女孩不像男孩那麼常玩遊戲。〔5〕但是現在有愈來愈多女孩玩遊戲，我敢肯定，許多由電腦天才組成的部門，最初成立的目

4 譯註：《卡通農場》是芬蘭公司 Supercell 開發和發行的經營模擬遊戲。

5 Ofcom, 2020, 'Children and parents. Media use and attitude report' 2019

的就是為了研究如何吸引女孩上鉤。許多電腦遊戲設計沒有任何結局，由於我們的大腦會一再回到未完成的工作，所以這些遊戲會吸引我們繼續玩下去，或是繼續闖進下一關，好得到更多報酬。這種遊戲設計正好打中一般人希望「更多、更好」的心態，但是卻有可能傷害心理健康。

網路風暴

網路的本質就是要使人上癮，滑ＩＧ、點擊一兩個連結輕而易舉，但是到最後，你會徹底淹沒在網路世界中，看不清逃生路線。我們很容易在網路世界浪費好幾個小時，不斷點擊更多連結，距離你最先打開的網頁愈來愈遠，最終目的地也並非原本預期要到達的網頁。同樣的，遊戲設計的目的，也是要吸引你不停地闖關升級。

當你滑完網頁或者玩遊戲玩到最後一關時，你發現了什麼？覺得開心嗎？內容對你有益嗎？覺得有趣嗎？是否符合你的價值觀？是否能充實你的生活？

還是你覺得內容膚淺？殘酷？只是反映了極端的處境或文化？使你愈來愈遠離你想要成為的那個人？或是內容全是垃圾，有些不堪入目？

我見過的年輕人多半會擔心自己的安全和未來。他們通常很在意食品添加物編號（e-number）和顏色〔6〕，或介意自己吃的食物是不是有機、永續、符合道德標準的。和上個世代比起來，他們抽的菸、喝的酒都比較少，而且很注意自己吃進了什麼。但是，從來沒有一個年輕人因為很介意大腦吸收了哪些訊息，而向我求助。他們不在意自己接觸到哪些內容、訊息量有多大、速度有多快。網路上有許多資訊都是垃圾、未經證實，而且內容刻薄、膚淺，就像垃圾食物一樣。

價值觀和快樂陷阱

在探討友誼那一章，我提到《快樂是一種陷阱》（*The Happiness Trap*）的作者羅斯・哈里斯歸納出大約六十種價值觀（參見第七九頁）。價值觀是與以成果為導向的生活模式相對立的概念：它們關乎你想要如何過生活，不是你想要達成什麼成就。價值觀談的是人生旅程的品質，而不是目的地。我將哈里斯的價值觀清單整理如下，希望你能全部瀏覽一遍，然後依循指示挑出對你來說非常重要、普通重要、不太重要的價值觀。

哈里斯在他書中這樣介紹價值觀的概念與意義：「價值觀是你內心最深處的慾望：身為人類，你想要如何表現？價值觀不是關於你想要獲得或達成什麼成果；價值觀是關於你想要如何持續表現或行動；你想要如何對待自己、其他人與周遭世界。」

「這世上確實存在許多不同的價值觀，不過以下是最常見的。可能不是每一項都與你有關。你要記住，並沒有『正確的價值觀』或是『錯誤的價值觀』。這就和你對披薩的喜好一樣。如果你偏愛火腿加鳳梨，我愛吃薩拉米香腸加橄欖，並不表示我喜歡的披薩口味是**對的**、而你喜歡的是**錯的**，只能說我們兩人的口味不同。同樣的，每個人都有不同的價值觀。所以，先選擇你想要

6 譯註：添加物編號是歐盟針對獲得其核可的食品添加物所制定的編碼系統。

改善的生活領域，然後閱讀以下清單，接著在每個價值觀旁邊寫上字母V＝非常重要，Q＝普通重要，N＝沒那麼重要，代表這些價值觀對於你選擇的某個生活領域來說有多重要。」

1. 接受：心胸開放，接受我自己和其他人的生活。
2. 探險：樂於探險；主動追求、創造或探索新奇或刺激的體驗。
3. 篤定：有禮貌地捍衛我的權利，要求我想要的。
4. 真實：可信、真誠、真切；對自己誠實。
5. 美麗：欣賞、創造、培養或是陶冶自己、其他人或環境之美。
6. 關愛：關懷自己、其他人、環境等等。
7. 挑戰：持續挑戰自己，督促自己成長、學習和改善。
8. 憐憫：抱持善意對待正在受苦的其他人。
9. 連結：全力投入我正在做的事，全心陪伴其他人。
10. 貢獻：奉獻一己之力、幫助、協助，或是為自己和其他人帶來正面改變。
11. 順從：尊重、遵守規則和義務。
12. 合作：與其他人一起合作、協作。
13. 勇氣：勇敢、大膽；面對恐懼、威脅或困難時仍堅持到底。
14. 創意：擁有創造力或創新能力。
15. 好奇：有好奇心、思想開放、感興趣；喜歡探索和發現。

16. 鼓勵：鼓舞和獎勵自己和他人表現出我重視的行為。
17. 平等：以平等心對待他人，反之亦然。
18. 興奮：追求、創造以及投入讓人感到興奮、刺激或驚險的活動。
19. 公平：公平對待自己和其他人。
20. 健康：維持或改善我的健康；照顧好我的身體和心理健康，保有幸福感。
21. 彈性：迅速調整和適應環境變化。
22. 自由：自在地生活；自由選擇我要如何生活和表現，或是幫助其他人這麼做。
23. 友善：態度友善、友好或是對人親切。
24. 寬恕：以寬恕態度對待自己和其他人。
25. 樂趣：喜歡玩樂；追求、創造和投入充滿樂趣的活動。
26. 慷慨：對自己和其他人大方、願意分享與給予。
27. 感激：對我自己、其他人和生活的正向積極表示感激和感謝。
28. 誠實：態度坦誠、說真話、真誠對待自己和別人。
29. 幽默：看見和欣賞生活幽默的一面。
30. 謙遜：態度謙虛或客氣；讓我的成就自己說話。
31. 勤奮：勤奮、努力、投入。
32. 獨立：自立自強，選擇我自己的做事方法。
33. 親密：對親近好友敞開心扉、吐露心聲，分享自己，包括情緒和身體。

34. 公正：堅持正義和公平。
35. 友善：親切、有憐憫心、體貼、照顧和關懷自己和其他人。
36. 愛：珍愛、疼愛自己和其他人。
37. 正念：有意識地察覺此時此地的體驗，保持心態開放與好奇心。
38. 秩序：有秩序、有條理。
39. 心態開放：思考透澈、從其他人的觀點看待事情、公平權衡各項證據。
40. 耐性：平靜等待我想要的。
41. 堅持：儘管遭遇問題或困難，仍堅決努力不懈。
42. 愉悅：為自己和其他人創造或給予愉悅的感受。
43. 權力：強烈影響別人或是對其他人行使權力，例如：負起責任、領導、組織。
44. 互惠：建立「施」與「受」取得適當平衡的人際關係。
45. 尊敬：尊重自己和其他人；有禮貌、體貼、表現正向關懷。
46. 責任：對我自己的行為負責，承擔相應的責任。
47. 浪漫：浪漫多情，展現或表達愛或強烈情感。
48. 安全：保證、保護、或確保自己和其他人的安全。
49. 自我意識：意識到自己的想法、感受和行動。
50. 自我照顧：照顧我自己的健康和幸福，滿足我的需求。
51. 自我發展：持續成長、提升和充實知識、技能、品格或生命體驗。

52. 自我控制：任何行動必須符合我自己的理想。
53. 感官滿足：創造、探索和享受可刺激五感的體驗。
54. 性慾：探索和表現我的性慾。
55. 靈性：與超越我個人的事物連結。
56. 熟練：持續練習和改善我的技能，運用這些技能時要全力以赴。
57. 支持：支持、協助、鼓勵、空出時間幫助自己和其他人。
58. 信任：值得信任、忠實、忠誠、真誠、可靠。
59. 將你重視、但未被列入的價值觀寫在這：
60. 將你重視、但未被列入的價值觀寫在這：

「在每個價值觀上方寫上V、Q、N（非常重要、普通重要、不太重要）之後，重新瀏覽標示V的那些，然後選出**在這個生活領域**、**在這個時間點**對你來說最重要的三個。下一步是開始尋找有哪些方法，可以在這個生活領域實踐這些價值觀；根據這些價值觀決定自己可以說什麼、做什麼。」（羅斯・哈里斯，二〇二一，https://www.actmindfully.com.au/ 經同意後轉載。）

決定和堅守你的價值觀

我和病人一起使用這份清單時，一開始有些人會覺得所有價值觀都非常重要。他們再次陷入完美主義陷阱。你不應該將這份清單當作棍棒，用來懲罰自己。許多價值觀是相互牴觸的，所以你不可能認同所有價值觀。舉例來說，我們不可能同時認同「秩序」和「彈性」這兩種價值觀；同樣的，「有趣」和「幽默」也很難和「尊重」與「責任」這兩種價值觀共存，因為幽默經常近似於不尊重的表現。此外我認為這份清單是專為成年人設計的，責任／尊重相關的價值觀占比過高，自發／興奮的價值觀應該要更多。不過還是請你瀏覽一遍，挑出五到六個真心認同的價值觀。哪些最能代表你這個人？或者你想要在未來用它們定義你自己？

我在此討論的是，網路是否會強化你的價值觀，另外我也要提醒你，別從這份清單中挑選太多類似責任／控制／尊重／秩序／勤奮的價值觀。我有許多病人似乎過度重視這些價值觀，而犧牲了友誼／有趣／幽默／自發，卻又不知道自己為什麼不快樂或是焦慮！

當你確認自己看重哪些價值觀之後，接下來我希望你問問自己，當你使用手機或螢幕時，有多少次會讓你更接近這些價值觀，又有多少次反而讓你遠離它們？我希望答案是：整體來說是強化了你的價值觀，讓你成為更好的朋友、或是變得更風趣。但如果反而使你與自己的價值觀背道而馳，那麼是花了多長時間？你一定要有時間休息、放鬆，這點非常重要，螢幕是很好的休閒活動，但是螢幕的本質就和颱風一樣，一旦被捲入其中就很難脫身。

剛開始你可能是想著：「我腦海裡反覆播放的那首歌是誰寫的？」你先是用Spotify搜尋，然後註冊、追蹤朋友的新播放清單。接著你用谷歌搜尋，結果顯示有人目睹那名歌手動手打了一位攝影師，而且已經和他女友分手……四十分鐘後，你發現自己已經不是在搜尋那首歌的資訊。或者，一開始你在YouTube觀看與全球暖化有關的TED演講影片，影片結束後會自動播放下一支影片，到最後你發現，自己不停地看著一支又一支彩妝教學與貓咪影片。接著你開始打電動，想說先要廢半小時再開始寫作業，結果卻一直闖關。永遠沒有適當的時機可以停下來。直到你媽叫你別再玩了、該吃晚飯了，或者你意識到快要憋不住尿了。

瑪麗亞接受治療時，有一半的挑戰在於她能否辨識正在發生的過程。我們不斷思考她的價值觀是什麼，她發現她可以接受自己的價值觀和父母不一樣。她重視情感和連結，她認為父母更重視順從和秩序。但是她也明白父母不可能改變，所以或許她需要和朋友一起「建立自己的家庭」。我們也一起努力，讓她有能力在友誼關係中設定界限，另外也談到她為自己設定的標準不切實際，例如：「我應該隨時隨地待在朋友身邊。」她有設定手機使用時間，這樣手機就不會在晚上響起或發出提示，她也就不會忍不住玩電玩遊戲或滑手機。她堅持晚上只看電子書或實體書。她朋友也能接受，體貼地笑說她喜歡早睡，但是這完全不影響她們之間的緊密關係。

所以，網路的本質就是沒有開始和結束，也沒有界限和結構，更沒有規則和指示。沒有什麼限制和法規的世界確實讓人興奮，但是也可能帶來傷害，特別是當這世界成功吸引你上鉤，讓你離不開它。

浩瀚無垠的網路世界缺乏法紀，多數時候它不僅不會讓你更接近自己的價值觀，還會讓你暴露自己的弱點。它會引誘你變得好管閒事、愛競爭、愛比較、吃醋、眼紅、懶惰和貪婪。之後你會陷入「螢幕宿醉」(screen hangover)，覺得看到的內容有些不堪入目，你覺得這樣不太好，你痛恨自己浪費那麼多時間。原本該做的事情沒做令你很焦慮。為了這件事你和家人大吵一架，你為自己辯護，但你其實知道自己做錯了，也很氣自己。可是等到你下一次上網，裝置內建的演算法又會利用類似的內容，持續引誘你上鉤。

無窮無盡、令人上癮的網路漩渦會將你捲入其中，一直抓住你不放，偶爾給你一些快感，但有時候會帶你進入一個光怪陸離的世界。一旦上網，你就沒有那麼多時間完成那些不容易做到，或是無法立即帶來愉悅感受、但中長期而言對你的心理健康有益的活動(我們在情緒那一章有提到)，包括花時間和家人相處、和其他人參加活動、走去戶外、活動身體，以及最重要的——睡眠。這些活動看起來，都不如直接倒在扶手椅上或是花半小時滑手機那樣，當下就能吸引你上鉤。但是這些事——我要又說你最不愛聽的話了——哎呦！它們**對你有益**(抱歉了)。

比較與完美主義

螢幕和手機可以成為消除阻礙與孤單感的絕佳工具。它們可以讓那些有利社會的非主流利益團體結識；讓相距遙遠的家人和朋友彼此分享歡樂、玩笑話，持續對話。它們可以加深人們的歸屬感，這對心理健康非常重要。不論你有什麼特殊興趣、喜愛的樂團或是特定風格，都能在螢幕和手機上找到同類。

然而事情的另一面是，有一大群人會和你比較。就某種程度來說，在青少年階段，相互比較是正常現象：你會借助同儕團體、更大範圍的社會環境，幫助自己思考未來人生、學習與父母分開。這問題向來困擾許多年輕女性，但是網路出現後，這類問題更加惡化、更頻繁發生。

法蒂瑪（Fatima）每次現身都毫無瑕疵：整齊的頭巾、完美的服裝、精緻的妝容。她並非在英國出生，她在出生地經歷了創傷，於是只好搬來英國生活。她父母非常支持她，全家生活安定，她的課業表現也相當出色。後來她交了男朋友，但因為宗教和文化因素，兩人不能私下約會，但是他們一起就讀預科學院，透過電話聊天。雖然法蒂瑪穿著端莊、堅守自己的價值觀，但還是禁不住誘惑，不停滑ＩＧ看著生活風格模特兒穿著比基尼，炫耀空洞的生活，只關心「健康的」食物、時尚和健身。她仔細查看自己的照片，然後拿來跟網紅、自己的朋友比較。法蒂瑪非常介意在一些照片中她看起來不好看，或是因為拍攝角度問題，看起來比其他人還要胖。有時候拍照時由於其他人站得比較遠，或是因為角度問題，他們看起來稍微側身，法蒂瑪卻是正面面對鏡頭，這時候她就會說：「你看，他們比我還瘦。」

當你拿自己和他人比較時，很可能是拿自己的內在與別人的外在做比較。你清楚知道自己哪些地方不夠完美，什麼時候會態度惡劣、搞砸事情、犯下大錯。到了青春期，由於還沒有想清楚自己的價值觀是什麼，你有更多機會犯錯，而且在這階段，你體內的荷爾蒙分泌會增加，代表你有更多能量去冒險。〔7〕然後你看著你朋友和其他同儕，很容易以為他們比你優秀。因為你看到他們最好、最勇敢的一面。你看不到他們最糟糕的那一面、他們的不安全感、他們的不完美和他們的錯誤，因為你通常不會刻意去尋找，因為他們（就和你一樣）會隱藏缺點，不讓外人看見。你戴著「正向、寬容」的眼鏡看待其他人。所以你會拿自己最差勁的一面與別人最優秀的那一面比較，如果你真的這麼做，就可能覺得自己不夠好。一直以來年輕人都有這種傾向，只不過網路出現後更強化了這個過程。

我通常會用冰山作比喻向病人解釋：只有百分之十的冰山露出來，另外百分之九十隱藏在水面之下。我們總是對外展現自己最好的一面，將自己覺得丟臉的部分隱藏在水面之下，卻也因此隱藏了許多優點。其他人展現在你面前的、或是你在別人身上尋找的特質，都只是冰山一角。不妨想一想：你看到朋友時，會努力尋找你喜歡的特質；你不會仔細觀察他們，好設法找出他們的缺點。舉例來說，你不會檢查他們的大腿，不會要求他們裸身讓你近距離查看他們的橘皮組織；你不知道那天早上他們怎麼叫自己的媽媽，就算你知道了，在和他們聊天時還是會替他們辯護（「你說得沒錯，她活該。她就是個賤人。」），就像《戀愛島》上的那些女孩那樣。在青少年時期，你通常會拿自己隱藏在水面下、最糟糕的那百分之九十，和其他人展現在外、最美好的百分之十相互比較。這正是導致你心情低落和憂慮的主因。

過去二十年，社群媒體大量湧現各種影像、匯集了許許多多的生活故事，因此更強化了上述過程。現在人們可以即時拍照、上傳和編輯，再加上喜歡在IG吹噓自身成功的炫耀心態，所以你會更容易、更頻繁地看到更沒有缺點的完美形象。當你情緒低落，其他人的完美生活就更有吸引力，你會忍不住去比較，然後更強烈地感覺缺乏安全感，認為「每個人都過得比我好」。以前年輕人習慣和坐在隔壁的女孩比較，然後覺得自己不如人，但現在的年輕人可以透過螢幕，全年無休地和全世界比較。網路變成了一面讓人能沒完沒了比較下去的鏡子。它是一個不斷加深「比較焦慮」的培養皿。

網路會強化加諸在你們身上（還有你施加在別人和自己身上）的絕對標準。網路會使你更加相信**一定**要擁有這個，才會快樂；**必須**要看這個，才會有歸屬感；網路會讓你以為**每個人**都做了某件事，只有你沒有；網路會讓你感覺自己身上背負著無數期望，你必須……你應該……你應當……。

網路會持續運用視覺影像，在不知不覺中帶給你壓力，令你感覺沒完沒了。

7 這就是青春期的樂趣之一。好好享受。你在這段時期經歷的一切將成為故事，直到你年老。

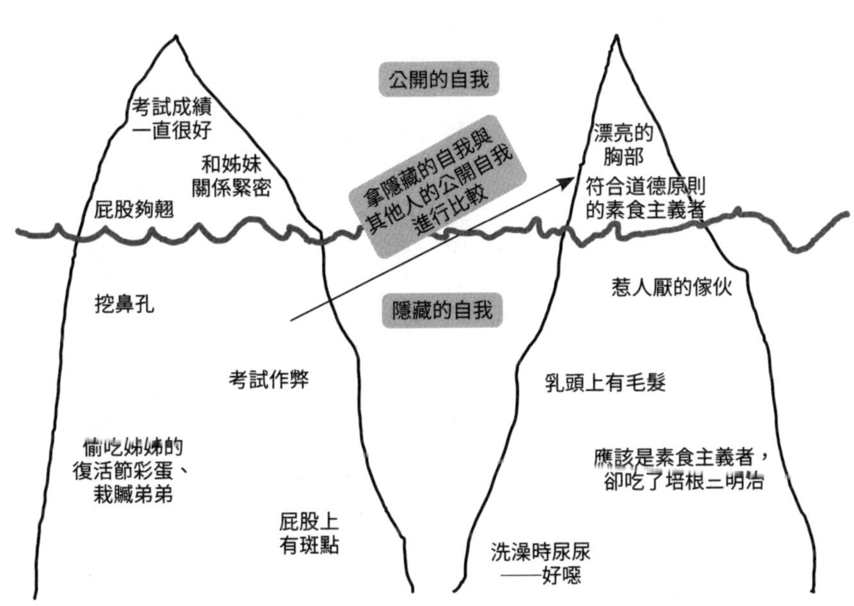

- 不知不覺，是因為你很享受其中，所以沒有發現它施加在你身上的壓力。
- 沒完沒了，是因為你總會依據另一個新標準、另一個新期望去評價自己。
- 天啊，視覺影像：在你生活周遭充斥著各種影像推銷「完美」的概念。這些影像經過精心製作，成為人們生活的一部分，他們創作、篩選出這些影像，讓你看了之後自以為可以做到。

法蒂瑪覺得自己不夠漂亮、不夠聰明、不受人喜愛。她看了所有朋友的貼文，覺得她們不僅長得好看，穿著打扮也更時尚、個性更風趣，比她還要受歡迎。每次要在ＩＧ發文，她都覺得很苦惱，很難決定要選哪一張照片，有時候剛發文沒多久又立刻刪除。她從不相信朋友在她貼文底下的留言，對那些留言視而不見，她總是會說：「嗯，她們當然得這麼說啊，對吧？」她的理性思維清楚知道，她和她朋友偶爾會一起外出拍照，她們必定會精心安排好一切，然後拍下美照：正確的角度、燈光、臉部表情、化妝、髮型和服裝。但是評價自己的時候，她卻只運用感性思維，拿自己沒有上妝、衣著寬鬆的邋遢樣貌和其他人的完美姿態做比較，完全忘記那些影像經過編輯。她戴上負面、不友善的眼鏡評斷自己，卻戴上溫暖、充滿情感的眼鏡評斷朋友。

你總是忍不住上網，然後依據你在當下評價自己時所選擇的某些標準，持續尋找你認為「更好」的人物典範。如果你沒有找到理想典範，就會改變標準。如果你身體健康，就會拿自己和那些聰明好學的女孩做比較。如果你成績名列前茅，你會因為沒有受邀參加派對而指責自己。如果你有精神疾病，則會去尋找情況看起來比你還嚴重的人，所以你甚至不覺得自己是「夠好」的精神病患。

如果每個人和每件事都可以拿來比較，你就會開始覺得自己不夠好。曾在一所英國大學的健康中心擔任家庭醫師的多米尼克．湯普森（Dominique Thompson），在二〇二一年的TED演講現場中，回想起自己為學生提供近七萬八千次心理諮商的經驗。她提到這些年來病人告訴她，壓力、比較和競爭程度愈來愈高。他們進入大學第一年的第一學期，就因為不知道自己能取得哪種級別的學位而去找她。他們參加社團是為了尋求適合的機會、發展未來生涯，不是為了追求樂趣。那些患有精神疾病的年輕病患因為過度執著，對所有事情都失去了原本的樂趣：分享照片變成了「按讚」比賽，做蛋糕必須符合《全英烘焙大賽》（*Bake Off*）標準。〔8〕湯普森醫師認為，這種競爭〔9〕會導致人們陷入完美主義思維。

網路世界扭曲了達成完美所代表的意義。完美主義是指追求完美，但是你永遠無法達到完美，因為我們知道「達到完美」是個迷思。生而為人，並沒有共同認定的普世通用標準，這是「國王的新衣」假象——似乎是整個社會共謀捏造的。此外，多數完美主義的人都認為自己很差勁、簡直就是廢物，但是為了追求更好、更多，他們的生活被摧毀，心理健康受到傷害。

8 譯註：《全英烘焙大賽》是英國熱門的實境秀節目，每季徵選十多名非專業的烘焙達人，針對不同烘焙主題進行比賽。

9 我指的是年輕人對於「生活」或「成為最優秀的人」（如果有共同標準的話）的感受，這種競爭遍布全球，包含所有面向。如果他們沒有贏，就會變成魯蛇。這裡不是指短期、低風險的體育或比賽競爭。

法蒂瑪不相信自己夠好，我完全可以理解，因為她受過傷。她在網路上總是維持完美的形象、零缺點的外表，讓人感覺神祕莫測。但是她發現，不斷與人比較反而阻礙她與別人建立連結。她必須接受自己原本的樣子，才能真正與朋友相處，而不該一直拿自己和他們比較。

我們看了法蒂瑪的價值觀，其中包括成為堅強獨立的女性，取得優異學業成績，有能力自力更生，成為她家庭的一份子。她會定期參加女性自我防衛課程。我們有在思考，她花好幾小時上網瀏覽與外貌有關的內容，是否導致她遠離自己的價值觀。此外，關於她應該擁有什麼樣的身材、應該吃哪些食物等問題，她的想法也有些扭曲，她不再和家人一起吃飯，所以經常挨餓，很難專心讀書。後來她逐一刪除網紅帳號，開始對更符合自己價值觀、但有趣的內容「按讚」。例如，她喜歡動物和小孩。她想要成為教師，後來她順利得到一份兼差工作，放學後在她家附近擔任保母。

孤單與脆弱

這也是完美主義產生的效應，我認為不停地比較、追求按讚數和連續對話天數紀錄、看著其他人以及被其他人看，會在不知不覺中影響你與別人實際建立連結的能力。有些年輕人極度渴望成為心目中最理想的那個人，因而與身邊的人疏離。他們只想著要讓自己變聰明、漂亮、苗條、好心，甚至成為最嚴重的精神疾病病人，卻因此沒能找到可以與別人共享的心理空間。他們忙著努力使自己被喜歡或成為最優秀、最完美的人，卻因此忘了培養同理心。他們從不去了解其他人隱藏於水面下的大片冰山。

找到可以共享的心理空間的關鍵，是展現脆弱；女性友誼多半建立在「脆弱」這個基礎之上。不過，展現脆弱的行為本身有些弔詭。我認識許多年輕人很沒自信，不斷貶低自己。他們會對別人說：「我考得很糟」、「你比我漂亮多了、也比我瘦很多」，藉此控制其他人的期望。每次考試都會上演相同戲碼：有些年輕人會說：「我幾乎沒有複習，我什麼都不知道，一定考不過的。」結果這些人的考試成績最好。其他人會說：「我今天讀了八小時，完全符合我在三個月前設定的複習進度。」兩種說法都會令身邊的人覺得相當刺耳。我知道多數年輕人說這些話並沒有惡意；背後的動機通常是為了打探別人做了多少，因為他們太焦慮了。但最終的效果是彼此互相震懾，就跟兩名重量級拳擊手在世界錦標賽量體重時、互相盯著對方的眼睛一樣。但這是假性脆弱。

真正的脆弱是放棄把自己視為產品，不再把自己視為所有成就的總和。不妨想一想：你不會根據某人的成就而選擇和他交朋友，你喜歡的是這個人，你喜歡和他們相處時的感受。如果你一直想成為最優秀的人，就真的會令其他人覺得不舒服。你努力追求更多、更好，卻又貶低自己的努力，這只會刺激別人和你比較。真正的脆弱是讓人們看到你真實的樣子，不要一直想著努力改善自己或是讓自己變得完美。也就是說，讓其他人與「真實」的你建立連結：包括你的興趣、你的幽默、你的贅肉、你的心理障礙、你的心情、你的弱點。真正的脆弱是犯了錯，然後原諒自己，這樣你就能陪伴在另一個人身邊。即使你真的把事情搞砸了，也會誠實面對，再重新站起來。接受自己的錯誤，但是別讓這些錯誤定義你。最後一點，展現脆弱可以建立連結，相互比較只會阻礙連結。

因此我開始懷疑，網路是否阻礙了我們展現自己的脆弱，無法與人建立連結，加深了我們的孤獨感。

有時候我會和病人分享漢娜的故事。我們兩人搬進同一條街，正好處於相同的人生階段。我們是經由一位共同朋友介紹認識的。到目前為止都還不錯，對吧？每次我碰到她，她都是妝容精緻、衣著得體；即使我們住在同一條街上，我卻從沒看過她穿著運動服跑去街角小店買東西，也沒看過她把髒亂的頭髮往後綁成馬尾（但她時常看到我這樣！）。每次我問她還好嗎，她都回答非常好。她從來不和另一半吵架；從來不會對任何事情感到厭煩；工作永遠順順利利。

但是有一年她離開一星期，跑去英國海邊一座小鎮。當時這座濱海小鎮正逢惡劣天氣，已經持續好幾個星期，我在報紙上看到小鎮海岸被大浪衝擊的照片。我心想：「噢，可憐的漢娜，全家人困在某間度假小屋，肯定會把彼此逼瘋吧。」我再次見到她時便對她說：「天啊，我上星期有想到你，那裡的天氣太糟了，你們未免太倒霉了，應該沒把彼此都逼瘋了吧？」她說：「才沒有呢，我們玩得很愉快，天氣很好，我們感覺很放鬆，也很享受。」當時我心裡暗想：「我永遠不會和你做朋友。」

我永遠不可能和不真誠，不讓我看到表象背後的真實情況，總想要維持完美形象，不願意和我分享自身脆弱的人做朋友。

這還不夠；我受夠了；我不夠好

我傾聽病人說話時時常想起這句話。似乎有非常多年輕女性覺得，她們擁有的成就（考試成績、友誼或外表）還不夠好，還不符合家人、學校、網路、社會，以及最重要的，她們自己設定的嚴格標準。

不斷追求完美成果只會讓你感覺孤單。網路最大功能就是和他人建立連結，但如果你利用網路和別人比較、對照，那又另當別論。螢幕同樣助長了許多看似無害的口號被大量散播，例如「盡自己最大努力」，這代表你必須符合各種標準，永遠沒有結束的時候。那麼我的建議是什麼？做你自己。做真實的你意謂著你要展現自己的脆弱，包括面對自己的焦慮；你不可能掌控所有事情。你只需要在乎對你和你的價值觀而言真正重要的事情，同時明白有些人就是不喜歡你。他們的價值觀、興趣、生活方式都和你很不一樣。你知道嗎？這些都無所謂。雖然你很難接受，但是比起追求完美，這對你的心理健康來說會好很多。

你成長的環境一直鼓勵你以第三人稱的角度，將自己視為一項產品，去符合一系列標準（但也可能達不到）。我擔心，網路世界的比較只會讓整體情況更加惡化。社群媒體特別鼓勵你分享內容，讓你公開接受外部評斷，像是按讚數或其他類似機制。因此你成了生產者，在成長的生產線上努力工作。然而你除了是生產者，也是一項產品。成為網紅就是把自己當成產品銷售，這種心態在社群媒體特別普遍。

我發現，成年人總是急切地指責說，社群媒體興起導致你們這個世代生病，所有精神疾病都是社群媒體造成的。我不這麼看。但是我確實看到，社群媒體是形成完美風暴的因素之一，其他因素還包括：由於教育系統偏重成果，所以父母教養也只看重成果，再加上消費主義盛行，迫使人們想要「更多、更好」。年輕女性被上述種種因素煽動，總以為自己還不夠好。**她們**覺得自己還不夠聰明／友善／漂亮。到最後，很不幸的，他們覺得受夠了，不想再努力了，於是選擇自殘、拒絕進食、甚至自殺，希望就此解脫。

螢幕自由或是螢幕奴隸？

網路上充滿太多樂趣和危險，我只實際接觸到其中一小部分。過去幾年，我有認識年輕人被網路詐騙引誘，對網路色情上癮，透過網路取得毒品、或是因爲持有毒品而遭到逮捕。他們看著其他人外表完美的照片、或是怒吃那些他們禁止自己吃的食物，藉此折磨自己。他們不斷收到自動寄給他們的自殘照片，在網路上發現自殺筆記。他們會去找最毒、最會傷害他們的人一起出去玩。他們要朋友對他們撒謊，甚至會捏造新朋友，事實上根本沒有這個人。

繼續沿著黃磚路走下去，恐怕不是明智之舉，因為沿途會有怪異的事情發生。

但是當然啦，也會有令人驚喜的事情發生：你會學習新事物；會和人們建立連結；會玩得很開心；會培養新興趣；你會娛樂自己。網路很聰明、有創意、而且充滿刺激。你只需要確認你是否掌控了自己的螢幕，還是你是被螢幕掌控。重點是維持平衡，因為網路一直想盡辦法引誘你上癮。貫穿這本書的重要主題之一就是平衡，但是維持平衡並不容易：當有不同力量同時拉扯你，你就得努力保持平衡，不讓自己被推倒。網路力量穩固、強大、無所不在；它一直都在那。它從來不休眠。

就好比說，你的飲食不會只有披薩和巧克力，但如果每星期至少吃一次披薩，那就太棒了，至於巧克力（依在下淺見）則是每天必須吃；同理可證，你也希望使用螢幕的時間能夠達成平衡。除了使用螢幕，你也要花點時間陪伴家人（他們有點煩人），面對面和人說話，活動你的身體，走去戶外，陪伴寵物，閱讀某頁內容，你需要生活在立體世界，不能只有平面世界。

如果有機會，你可以開心玩《我的世界》（Minecraft）遊戲或TikTok，也很不錯，你也想要追求完全符合你價值觀、不違背它們的事物。我想最困難的部分是，你得小心在使用螢幕時，到了哪個時間點它帶給你的是傷害，而不是助益。也就是當網路不再讓你覺得有趣、好玩，當你開始變得盲目、出現強迫行為，或是覺得不快樂的時候。根據經驗，這時候上癮會悄悄找上你，這是最難戒斷的情況。

現在我們已經完全搞清楚網路的問題。文明社會需要建立架構和界限，但是它們目前在網路世界仍付之闕如。我敢打賭，在未來世代，網路世界一定會出現更多規範。也就是說，你必須為自己設定一些規則。別倚賴意志力去控制自己在網路上的行為，因為對年輕人來說，網路就和古柯鹼一樣很容易上癮，不過我只是打個比方，並沒有科學根據，總之你的意志力不可能強大到足以抵抗網路的誘惑。我沒辦法告訴你要設定哪些規則，只有你自己知道，當你使用螢幕時會出現哪些問題。你會因為使用網路錯過睡眠時間嗎？你會被過度刺激嗎？你會一直拿自己和別人比較嗎？你會忽略現實生活嗎？我不知道這些問題的答案。但是我知道，當我們要改變行為時，設定規則、架構和界限，比起借助個人意志力和善意更有效。有些年輕人（或他們的父母）會整夜把手機放在其他地方，或是設定監控應用程式或時間區間。還有些人會為自己設定一些規則，例如在完成作業之前把手機收起來，或是有一個月、一年不使用ＩＧ。

網路和螢幕不會消失，你要學會掌控它們，讓它們為你最重要的目的和價值觀服務，避免讓自己成為它們暴政下的奴隸。我看過年輕人從奧茲國回來，成功擺脫之前受支配的命運。他們拒絕為了朋友全年無休掛在網路上，他們讓大腦有時間休息、不再接受刺激，他們也不再像以前那樣不斷拿自己和別人比較。雖然很難做到，但如果這麼做對你的心理健康有益，你就應該鼓起勇氣。

9

吸引力、關係、性與愛〔1〕
Attraction, Relationships, Sex And Love

「愛情只是一時的狂熱。」

——英國作家路易斯・德・貝涅爾斯（Louis De Berrieres），《科萊利船長的曼陀林》（*Captain Corelli's Madolin*）

「有一天、某一天，我的王子會來到我身邊，童話故事都是這樣說的；三十年後我依然在想，如果我和一隻青蛙發生性關係，就會在四帷柱床上醒來。」

——提姆・明欽，音樂劇《今天暫時停止》的歌曲〈有一天〉的歌詞和網路一樣，對你們這一代來說，愛情與戀愛關係也發生了劇烈轉變。你們比之前的世代擁有更多知識、更多選擇、更多自由，這樣很好。但是選擇增加之後，情況就會變得更複雜。一旦情況變得複雜，就會引發心理焦慮。

但是，社會不斷推銷你「從此過著幸福快樂的生活」這樣的浪漫愛情故事。這個故事無所不在，貫穿人類的歷史，跨越全球各大洲：男孩遇見了女孩；兩人不時發生衝突，關係充滿不確定，陷入了「他倆到底啥時候會在一起」的困境，最終男孩向女孩告白，女孩開心接受了男孩的愛，兩人手牽手走進夕陽裡。我認為，這種故事正是利用你們年輕人無法抗拒愛與性慾的特點，說服你們認同通常幸運故事。各種書籍、歌曲、電影和戲劇，不斷宣揚這種強調忠貞與承諾的異性戀與權勢、不平等有關的性別刻板印象。

所以，現在是你們破除這種敘事的時候了。直到非常近期，多數女性仍以為只有兩種人生選擇能得到社會認可：結婚或是一輩子單身。女孩不會問自己是不是同性戀或異性戀（或是兩者皆否），不會嘗試交往很多伴侶；她們沒有很多機會自力更生或自己做決定。但是現在，在你的性生活或感情生活中，你可以運用非常多方法表達意見，也可以自己做決定。哇，真的是太讚了。這麼多選擇、這麼多自由……但是，情況也變得更複雜。

波（Bo）在大一時來我這裡治療。她每天都感覺很不舒服、不自在、焦慮。她不清楚是什麼原因。上大學之前她非常有自信，就讀預科學院時，她是某個橫跨多所學校的大型社會團體的核心人物，所以當她發現自己很不開心，簡直不敢相信。她告訴我，她很早就進入青春期，而且比多數同儕更早有性經驗。她完全能接受自己的多元性向：不論去跑趴或是去夜店，她都能和男孩與女孩發生親密關係。她父母非常開明，也很酷；他們很喜歡她的社交生活，也會和她朋友一起在廚房餐桌上抽大麻；他們任由她帶著另一半回家。他們的生活和她的生活之間沒有界限。她和父母的關係非常緊密。

非異性戀（LGBTQ）〔2〕

在我們開始討論多元性向之前，首先要認識非異性戀（LGBT-Q）這個詞。你或許覺得很不可思議，多數年輕人對於性認同（sexual identity）的態度早已發生翻天覆地的變化，竟然還有那麼多

1 若要整體了解本章主題，我會推薦讀者收聽《請問麗莎》（*Ask Lisa*）播客節目，其中第三十八集討論性同意的問題：podcasts.apple.com/us/podcast/38-how-do-i-teachmy-kids-about-consent/id1525689066?i=1000520002212。另外，我也推薦佩吉・奧倫斯坦（Peggy Orenstein）撰寫的《女孩與性：好想告訴妳，卻不知道怎麼開口的事》（*Girls & Sex: Navigating the Complicated New Landscape*, Harper, 2016）。讀完這本書，我想了很多關於女性自慰的問題。我明白，如果我要寫男孩的性問題，就不可能不提到自慰，我因此開始反思，對女孩和女性而言，自慰成了禁忌話題，治療時我很少和病人聊或是聽病人主動談論這話題。治療時，很少有什麼主題不能聊，但是就如同你們很多人說的，沒有談論這話題是「我的錯」。不過話說回來，治療時我沒有談到這問題，而且既然奧倫斯坦已經和很多女孩討論這個問題，那麼不如就交給她。她的TED演講內容，很適合初學者：www.ted.com/talks/peggy_orenstein_what_young_women_believe_about_their_own_sexual_pleasure?language=en。如果想要更深入了解或是想要搜尋適合的心理學研究報告，我認為黛博拉・托爾曼（Deborah Tolman）研究廣泛，可從以下的播客節目開始：sexologypodcast.com/2017/07/24/female-sexual-desire-with-dr-deborahtolman/。另外，她針對行動主義性別進行的相關研究，可參考：www.sparkmovement.org；她也撰寫許多是合一般大眾閱讀的研究報告，可參考：www.sexgenlab.org。

關於愛與性的敘事流於刻板。與歷史上其他時候相比，現在西方國家的年輕人更能自由地表達自己的性向。許多（在我北倫敦的自由角落）接受我治療的年輕人，他們的朋友、家人、學校和社區都能接受他們（以及他們所愛之人）的性向。我看到許多女孩同時喜歡女孩和男孩，很難相信現在她們能擁有這些自由、可以解放自己，不會被禁止，也不會有罪惡感。本就該如此。但是，這並非事情的全貌：社會上仍充斥著異性戀霸權假設以及恐同偏見，你可能不願意承認自己的性向，或是不願對別人透露。身為順性別（cis-gendered）的女性治療師[3]，我只能設法去理解，那些接受我治療的年輕人，他們的心理健康與福祉會如何受到這些因素影響。

我也看到許多非二元性別或是性別流動的年輕人，可以自由地選擇自己喜歡的代名詞。我知道許多和我同世代的人很難做到這一點，但是我發現，每個世代都在努力突破界限，持續推動文明社會的進步。我認為，青春期正是形塑個人認同的階段，如果這個認同是積極正面的，能帶給你歸屬感與連結感，那就再好不過了。這並不是說，我總能正確記得某個人使用哪個代名詞，對於舊世代的人來說，這是新事物，我們都還在學習。

對於出生時的生理性別感到不自在、無法認同，我們稱為性別不安（gender dysphoria）。對這些人而言，性向（你喜歡的人）與性別認同（你如何認同）是兩個不同的議題。一本書在出版之前必定會經歷多次編輯，這部分的段落也是一改再改。我感覺人們不希望我討論這個話題。或許我根本不應該討論它。

但最終我還是決定這麼做。為什麼？因為我一直在想，當你身邊所有人錯認你的性別時，那種感覺有多麼可怕，你肯定會不知所措。你應該做些什麼？你可以對誰說？或許到目前為止，你覺得這本書很有幫助，但如果你發現書中沒有提到你特別擔心的問題，那麼我會覺得我讓你失望了。這聽起來很可怕，就像走在一片漆黑的森林中，你完全迷失方向，不知道該走哪條路。

由於我們不知道你需要選擇哪一條路，所以我覺得必須和你一起走進森林，陪在你身邊。以前有人在這裡迷路時，他們會做哪些事？有些人的性別不安是在出生時就確定的，就如同他們的性向和種族一樣，所以他們必須轉變成另一個性別，才有辦法找到出路。他們很可能要花很長時間才能找到那條路，而且在過程中會經歷多次虐待、忍受各種偏見。他們可能（或可能不）希望自己早一點得到支持或轉換性別。

但是走出森林的方法非常多，不同人會找到不同的出路。以心理醫學專業術語來說，有些人似乎是得了身體臆形症（body dysmorphia）或自閉症類群障礙，或是只在社交場合轉換性別，但是生理性別沒有改變。他們或許轉換了性別，但並沒有因此找到出路，沒有去到他們想去的地方。事實上他們不得不重新回到森林，回到原本的性別。老實說，這不是聰明的做法。

所以我猜如果我只是和你一起坐在森林裡，就沒法知道哪一條路**對你來說**是正確的出路，而

2 我盡可能將自己所知寫下來，在臨床治療時我常遇到非異性戀病患，偶爾我會和他們討論性與性別問題，不過他們來我這裡接受治療的主因並非性或性別困擾。至於跨性別問題，我的診所距離全英國唯一的性別認同服務中心（Gender Identity Service）很近，深受跨性別問題困擾的病人比較可能在該中心接受治療。雖然這個段落的篇幅不多，但我還是讀了大量相關資料，不過如果你有這些困擾，我建議可以直接參考以下網站：everydayfeminism.com/2016/08/transgender-101/（如果想要整理了解非異性戀議題，可直接進入主頁面：everydayfeminism.com）、www.sexgenlab.org和amysmartgirls.com。我認為關於性與性別議題，這些網站擁有最詳盡、最多元的故事、研究報告和討論資訊。

3 譯註：順性別指一個人的原生生理構造跟性別認同一致。

且只適合你一個人。我真正想做的是，當你情緒低落、孤單寂寞時，我能坐在你身邊，直到你不再覺得那麼悲傷或寂寞。接下來我會很想知道，哪一條路**對你來說**是正確的出路，如果有人能很快找到對你來說正確的出路，我會有一些懷疑。我猜我會想對你說：「這裡不是很好，但是我們可以試試看，邊走邊想。不用急，不過就算我們不急，也可能走錯路、遭遇可怕的經歷，但是我會陪在你身旁，直到真正找到對你來說對的地方。」

我希望所有性別不安的人都感覺得到支持。我希望你有機會從不同角度去探索，不需要有任何評斷，也不需要得到別人認可；你會發現大家都抱持中立的態度，支持你找到正確的出路。你的經歷和別人不盡相同，所以必須找到自己的出路。只不過這件事沒有簡單、快速的答案。教育不是只牽涉到分數；食物不只是提供營養；感受也不只有悲傷與快樂而已。性向是非常複雜的議題，當你陷入困境時，或許只想聽簡單的答案，但那比較像是「逃避」，而不是真正的「解方」。

如果你無法說服你的家人或社群接受你的性向或性別，請尋求其他協助。我們國家的法律保障你有權自由表達自己的性向，如果你讓學校、性健康診所或家庭醫生知道，應該會得到他們的支持。在〈想要知道更多嗎？〉單元，我列出了其他可運用的資源。

在這一章，我會努力包含所有人的性向與性別表達。若有未能做到的地方，我深表歉意。

愛與智慧思維

受某人吸引而陷入熱戀，是對智慧思維最嚴重的威脅。為什麼？因為這是最美好、最令人興奮、最讓人開心、最有感染力的情緒，你會深陷於感性思維之中，很容易忘了理性思維的存在。戀愛是一時的狂熱：研究顯示，當人們戀愛時，他們的思維會受到所愛之人主宰，就和精神疾病會主導你的思維一樣。這也是為什麼有那麼多書籍、戲劇和歌曲，主題會是愛與慾望等等。不論是對男性還是女性而言，戀愛情緒都令人驚喜，有可能讓人難以招架，甚至會改變整個人生。

當然，這正是為什麼你此時更需要同時聽從情緒和理性思維。我希望在你覺得某人對你有性吸引力之前，先好好鍛鍊你的智慧思維，因為如果說有什麼事情會挑戰智慧思維，那就是愛情。

波原本認為離家就讀大學不會有什麼問題，因為她向來非常獨立。最初幾個月，一切都相當平順。她確實很快就交到許多朋友，有過幾次非正式戀愛，對象都是在夜店和Tinder上認識的。然而，其中一人不只成為她的愛人，還成了很好的朋友，某天晚上某個人說，波是他們的女朋友。波立即（極力？）否認，說他們並沒有正式交往，但是他們都在場，波看到他們的臉全垮了下來。她感到非常不自在、不安。她真的對他們很有感覺，現在卻只想逃離他們，但是很難做到，因為他們有太多共同的朋友，而且興趣相投。他們在喝醉時還是偶爾會發生關係。

為什麼你會喜歡某個人？

青少年時期一切都在變化。當你還小的時候，每天固定上學，和父母同住，生活可能沒有多大變化。然後你的身體開始發育，學校課業愈來愈難，不久之後你將會離家。之前曾經提到，這些改變會使你偶爾懷疑自己，你會開始犯錯。你可能會轉換好友圈，或是困在你真心喜歡的好友圈裡，或者爭取加入你不確定是否會喜歡你的好友圈。在這個階段，你要和父母分開、開始追求個體化，這意謂著你和父母愈來愈常意見不合。你偶爾會產生質疑，對自己缺乏信心，這些情況都很正常。

突然某個人出現說他們喜歡你。他們聽了你的笑話會大笑，久久凝視你的目光不放，他們會說你長得很漂亮。還記得上一章提到的冰山原理嗎？你的思維可能會一直注意你對自己不滿意、隱藏在水面之下的部分，但是這個人只關注露出水面的冰山一角。和某個認為你具有性吸引力的人在一起，就好比在照鏡子，在鏡中你會看到冰山的尖端，也就是你最好的那一面。

很多年輕人擔心沒有人會像這樣喜歡他們。他們非常清楚自己有哪些缺點、隱藏在水面下的冰山是什麼樣貌，所以總覺得自己不討人喜歡。我希望你不是這種人。我希望你別擔心自己缺點太多或缺乏吸引力，自以為不會有人喜歡你。因為你不是。我幾乎能聽到你說：「是，我就是。」但你不是。現在我們就來挑戰這個負向自動化思考：你是否真的以為，和世上所有人相比你實在太特別了，所以沒人愛你？你覺得自己最差勁，這是不是某種自我中心？這是否顯示你對所有人類缺乏信心，你相信沒有人能夠愛你的怪癖和（在你看來的）缺點？

每個人都有缺點。每個人都會犯錯。當你遇見某個人，你只會看到他們的冰山頂端：也就是你在他們身上投射的形象。在表象之下，他們也會不安，也有對自己不滿意的地方：難看的雙腳；他們會挖鼻孔；他們喜歡防彈少年團；他們可能會擔心自己的陰莖太小或是不舉。事實上多數人都很感激有人喜歡自己。多數青少年都很感激有人和他們搞曖昧或是親吻他們。如果他們是好人，就會願意忍受你的怪癖。

那種「我真的很難搞，所以不會有人喜歡我」的想法非常危險，因為你會特別感激第一個出現在你面前、對你表達關注的人，你會不忍心拒絕對方，即使對方根本不適合你、令你感覺不舒服，或是對你圖謀不軌。你沉浸在他們喜歡你的情境中，無法冷靜下來思考是否真的喜歡對方。

當你遇到某個人大力稱讚你或是關心你，你會覺得非常開心。特別在你覺得缺乏安全感時；你幾乎快要上癮。但是這個有可能成為你伴侶的人，之所以對你說那些好聽的話有很多原因：可能是因為他們真的愛上你，但也可能是虛情假意，刻意擺佈你，目的只是想跟你上床，根本不在乎你要的是什麼。

當然，最可能的原因是介於上述極端之間。他們自以為喜歡你，但是隨時可能改變主意。戀愛關係就像一張終身的收據：他們隨時可以改變心意。**你也可以**。你知道大富翁遊戲的「免罪卡」（get-out-of-jail-free）嗎？無論是吸引力、愛、性或是人際關係，你和對方都擁有一張終身有效的免罪卡，可以在任何時候使用。在任何一段性關係或戀愛關係中，你都可以直接使用這張卡，不需要事先警告、解釋或諮詢，也不需要考慮對方感受。這是本書想要傳達的另一個關鍵訊息。

◎吸引力和依附

當你喜歡上某個人，不論你們之間是戀愛關係或是性關係，都會喚起你的依附印記藍圖：也就是過去你和父母、家人和朋友相處時留下的陰影。有時候可稱為「愛之地圖」（love-map）。我們繞了一大圈之後，再度回到原點：我們在第一章討論過依附主題，戀愛或性關係就是一段相互施與受的繁複舞蹈，對方會回應你丟出的線索，同樣的你也會回應對方。當你和某個人有了性關係或戀愛關係，你會被對方抱在懷裡，這裡包含了隱喻和字面意義，你們兩人必須相互回應，才有可能跳這支舞。

當你開始和某個人「共舞」，你必須展現自己，但是這有風險，因為你會讓自己變得脆弱，容易受到傷害。你的脆弱可能與你的依附印記藍圖有關，也就是與你人生早期的人際關係，以及你的社群、宗教和社會的價值觀與期望脫不了關係。但這並不是「某種依附類型會導致某種關係」那樣簡單，重點是：你的獨特性格在特定的情況下，對於人生早期的關係互動會產生什麼感受。

> 波接受治療期間，我們一直在思考為什麼她對這些親密關係這麼不自在。我們認為原因出在她與父母雖然關係親密，但缺乏界限。一提到親密關係，她就會聯想到父母，而不是朋友。我們一起描繪她的愛之地圖：一開始，每當她遇到態度友善、心胸開放的新朋友，都會與對方分享所有事情。但是當對方想要和她建立感情，她就會逃離：因為她無法承受那種親密關係。雖然她很愛自己的父母，但有時候覺得自己的生活受到干擾，所以不想對任何關係做出承諾。波心裡明白，和父母關係太親密，導致她沒有空間進行個體化，無法找到自己的生活方式：她還沒真正想清楚自己是什麼樣的人。

就以過度教養來說好了。我們在第二章談到，某些父母會在你的上空盤旋，緊盯你的一舉一動，和你建立非常緊密的關係。即使在同一個家庭，兄弟姊妹對於父母的教養模式，也會有不同的回應方式，主要取決於你的內在性格。你們某些人可能很喜歡這種模式，未來也可能想要尋求同樣緊密的戀愛關係，而且很容易太快陷入戀愛，或是一開始就投入過多情感。或者，你可能很厭惡如此緊密的關係，覺得令你喘不過氣。戀愛時你排斥任何親密行為：你可能覺得自己被這段關係困住，必須對某個人負責。

就算你的依附經驗與上述相反，仍可能導致類似的戀愛模式。假使父母對你有些冷淡、很少參與你的生活，那麼你談戀愛時可能會不知道要如何展現溫暖、做出承諾。你不習慣和另一個人太過親密，你覺得很難相信對方。又或者，你可能覺得很孤單，因而對某人投入過多感情，令對方感到厭煩、無法負荷。

當你開始與某個人陷入熱戀，你的愛之地圖會是什麼樣貌？你會被什麼樣的人事物吸引？你會陷入哪些陷阱？

波與性伴侶的關係如果變得過於緊密或親暱，她就會不由自主地疏遠。但是她又很想要和他們一起鬼混，如果沒有和他們在一起，她就會很想念他們。波承認自己對他們很有感覺，後來也和朋友正式交往。她允許自己表現出脆弱，願意對他們敞開心扉，分享自己的一切。他們分手時她的心很痛，還開玩笑地對我說都是我的錯。但是我們兩人都覺得，她已經進步了不少，包括將自己對父母的親密需求轉移到同儕身上，因為唯有表現自己的脆弱，我們才能真正建立連結。

◎吸引力與影響力

我們在探討朋友那一章有提到，一個人在中學時期之所以受歡迎，起初多半是因為他很漂亮或是有魅力，我們一開始陷入熱戀時也是如此。如果你的同儕團體覺得你「很好看」，那麼你在所有人際關係中便能掌握權力。這是一種警訊，因為你可能會以為外表是關於你個人最重要的一件事，但事實並非如此。雖然你感覺有些尷尬或不自在，但是其他人（或是許多人）卻覺得你很有吸引力，這些人將會決定你的社會地位或是你在同儕團體裡的社會位階。你會變得受歡迎，而一旦你受到大家歡迎，就容易忘記要親切待人。

也有可能發生相反的情況。許多女性仍然沒有放下多年前她們還是青少年時，自己或同儕朋友對自己的評價。這些評價早已毫無意義、也不再有用處，但是多年後她們依舊任由這些過時的認知，擾亂她們的自我評價。

這本書要傳達的另一個關鍵訊息是：儘管媒體充斥大量類似影像，但這世上並非只有一種吸引力類型。美麗是由觀看者自行定義的。當你還是青少年時不一定這樣覺得，但隨著年紀漸長，你會愈來愈認同這種看法。青少年在評斷自己與別人是否有吸引力時，多半只是順從群眾意見或當時的時代精神，也就是採取異性戀本位的傳統吸引力標準。如果你的外表很有特色，但不論在過去或現在都不符合同儕團體的品味，別擔心，你不應該依據這種標準判定自己日後是否有吸引力。拜託，千萬別根據十三歲男孩對你外表的批評，評斷你自己是否有吸引力。那些男孩荷爾蒙分泌旺盛，根本不知道自己在想什麼，不知道自己有什麼感覺，也不清楚自己喜歡什麼樣的人事物。他們只想要融入群體，和同年紀的其他人一樣，所以通常只會做出符合傳統標準的判斷。

追求的興奮感

當你喜歡某個人，那有可能是一種難以抵擋的感受：你會有追求的興奮感；你會展現正面的自我形象；感受到浪漫愛情；使你在同儕團體中取得某種地位；你會充滿好奇，想要摸清楚對方。吸引的**過程**會發生許多令你開心的事。但是請別將以下這兩件事搞混了：究竟是吸引的**過程**還是你喜歡的**那個人**讓你覺得開心：他們可能讓你開心，但也可能令你不高興。或許你得親吻好幾隻青蛙。別因為追求的興奮感，就以為對方是合適對象。即使他們是王子，也可能完全不合適**你**。

你也可能完全不適合他們。但這不代表你缺乏吸引力或是難搞，或者永遠只能孤單一人。找到真正適合彼此的人，才能建立穩固的關係。

克洛伊（Chloe）在就讀預科學院期間，深受心理健康問題困擾：她時常情緒低落、緊張焦慮。克洛伊從小被祖父母撫養長大，偶爾與媽媽碰面，她媽媽也有自己的煩惱，克洛伊從沒見過爸爸。她的祖父母人很好，對她和對彼此都非常溫暖和善，積極參與她的活動、學業與友誼。但是克洛伊到了青少年時期時，卻感覺和他們不再那麼親密，他們似乎有些脫節，難以溝通。而且他們對她要求很嚴格，不希望她「像你媽一樣行為脫序」。她是同儕團體中唯一必須提早回家、結束普通中等教育證書考試後不能參加團體旅遊的學生，這些規定影響到她與朋友之間的友誼。相較之下，她朋友父母的教養方式就比較放任。現在，克洛伊在自己的好友圈反而缺乏自信；友誼關係總是斷斷續續。她對自己的外表也很沒自信。她和幾位男孩交往過，但都不是很認真。後來她持續和一個男孩約會，這個男孩是她好友圈裡的風雲人物。他似乎真的很喜歡克洛伊。他們很快就變得非常親密。男孩在家裡過得很不快樂，他會和克洛伊聊起自己的家庭與情感生活，克洛伊也很在乎他。只有他們兩人在的時候，克洛伊能感受到渴望已久的親密感。在公開場合，男孩也會表現出對她的愛意，他會將手臂搭在克洛伊的肩上，或是牽著她的手。有段時間克洛伊很開心，甚至覺得自己在社交方面非常成功。

問題是，你對某個人心動時會有暈船感覺，再加上許多書籍、電視節目和歌曲反覆傳遞關於真愛的訊息，你會覺得你們的關係不只是朋友。你相信自己愛上了他們。你會把某些特質和人格投射到他們身上，但事實上他們並不具備那些特質和人格。你想要擁有「你在電影中看到」的愛情，但是卻沒有發現「他其實沒那麼喜歡你」，你甚至一直為心儀的對象找藉口。

在這種情況下，書籍和電影普遍喜歡採用的「克服重重難關」敘事手法絕對有害。當對方沒有打電話給你；當你們吵架；當對方嫉妒、占有慾強、甚至有攻擊性，這些情境完全符合「克服重重難關、終於走在一起」的偉大愛情故事。或者……他們就是人渣。[4]我們耽溺於那些八股的愛情故事，於是你持續欺騙自己，覺得他們喜歡你，但是所有證據顯示：他們沒有那麼喜歡你，或者他們根本就是人渣。戀愛時遭遇的阻礙，會進一步強化性吸引力或戀愛的感受，這些阻礙會使你的幻想持續存在；你將自己的愛之地圖、你對愛的需求投射到那個人身上，完全沒有運用理性思維（更別提你的智慧思維了）。他們身上的缺點、你們兩人明顯不合之處，你全都視而不見。

在這種情況下，你只會遇到開關型男友或女友。女同志情侶也會發生類似情況，不過在這裡我會以異性戀語言為主，畢竟這是比較常見的性別模式。你還記得開關型朋友嗎？開關型男友帶來的負面傷害比開關型朋友還要嚴重。如果你在學校時曾被開關型朋友傷害過（誰沒有呢？），那麼開關型男朋友會令你更無法自拔，這是因為我們的心理有種討人厭的習慣——會不斷重複某種尚未解決的模式。開關型男朋友之所以令你無法自拔，是因為牽涉到與荷爾蒙有關的性吸引力，以及隨處可見的「克服重重難關」敘事所產生的戲劇化效果，以致情況更加複雜。開關型男朋友正好利用了這一點。這是一齣三幕劇：第一幕是濃烈的激情；第二幕是憤怒、嫉妒與冷淡（他會宣稱，都是因為你的行為和錯誤造成的）；第三幕是和解，痛哭流涕、誠心道歉，送上鮮花，宣稱你是他唯一愛的人、唯一信任的人、唯一了解他的人。彷彿你是這段故事的女英雄，你感覺自己很特別、很重要。就如同我們常聽到的愛情故事，一個善良的女子治癒了一個心靈受創的男人。

這些全是無稽之談：開關型男朋友在日後，會成為強制控制另一半的丈夫，而這在現代社會是違法的。

克洛伊和男友之間的相處存在不少問題。有時候男友會莫名其妙和她大吵一架，抱怨她打電話或不打電話，或者在她讀書或是和祖父母吃飯時不接電話。深夜時，克洛伊不會刻意把電話放在房間裡，但是男友不喜歡她這樣，他喜歡在深夜時和克洛伊聊天。克洛伊也很喜歡，這讓她感覺兩人很親密，但是即使她改變規則，熬夜和男友聊天，有時候男友還是會因為她必須掛電話，而和她大吵一架。但是這麼做只會適得其反，因為如果他發脾氣，克洛伊就會

4 我使用「人渣」並沒有特別指稱哪個性別。女生也可能是人渣，許多我的同志或雙性戀客戶也是。

開始擔心，整夜無法入睡。在性事上，男友會要求克洛伊做她不是百分之百有信心的行為：例如他會壓著她的頭，要她幫他口交。她很擔心，感覺這樣做似乎是不對的。他常常誇讚克洛伊很漂亮，但有時候稱讚帶著一絲嘲諷意味，像是：「我喜歡你的大屁股」或「哇，這是低胸上衣。」他從不會說：「你確定要穿這件嗎？」但克洛伊感覺他就是這麼想的。

開關型男友多半有以下警訊：他的朋友很少；（除了你）沒有人了解他；他以前從沒有過這種感受；如果他生氣了，就是你的錯。趕緊逃跑吧，女孩，快跑！你要好好珍惜自己。別害怕一個人；只有當你單身的時候，才能找到真正愛你的人。

當然，開關型男友有可能令你覺得興奮刺激，而當你的生活無趣乏味，這種刺激的感受可能正是你想要的。整天和家人、學校制服、作業為伍，實在太無聊了。某些女孩（或許包括你）喜歡驚喜，而談戀愛確實是讓生活變得多彩多姿的好方法。戀愛充滿激情和樂趣，但前提是，關閉型男友在「關閉」週期對你的刻薄態度，不會令你懷疑起自己甚至信以為真——別將他們批評你的意見內化。當然，也別把這些說詞當成是愛。這不是愛。

故作矜持？〔5〕

二十多年前，書市出現了兩本書，一本是《戀愛必勝守則》（*The Rules*），另一本是《壞女人有人愛》（*Why Men Love Bitches*），這兩本書都在教導女性如何故作矜持，「套牢」男性。它們都有一個核心前提：男人是天生的狩獵者，熱愛追逐，喜歡主導一切。所以如果女性想要「得到男人」，就必須假裝自己對他不感興趣，或是故意設下障礙，激發男人的興趣。

「#為何男人喜歡婊子」（#whymenlovebitches）近來成為TikTok的熱門標籤。這種說法至今依然主導著約會市場。

我很討厭這種說法。

我討厭這種說法持續洗腦男性和女性接受刻板的性別印象：男性是強壯、沉默的供養者，最後被某位懂得耍心機、打趴其他女性的精明女子成功擄獲。女性必須成為「婊子」，運用「克服重重難關」敘事手法增添浪漫情調，好讓那個並非真正了解她的男人，將他自己幻想的女神形象投射到她身上。

不過，我要特別聲明：雖然我很討厭這種敘事手法，但是這當中的確有幾分真實。女孩和女性的情商通常高於男性，從很小的時候開始，女孩聊天時大半是在聊自己的感受。女孩受到電影中的浪漫愛情夢想所影響，情感會更強烈、更快墜入情網。女孩通常希望男孩能給予相同回應，希望他們隨時保持聯繫，分享自己的想法和感受。

某個週末克洛伊必須為一場大型考試複習功課，她決定不和男友一起參加某場派對。男友

5 我不認為這些書「很好」，但是它們確實很重要，因為當中記錄了男女關係的互動情況。你得先小心翼翼地戴上充滿批判精神的女性主義眼鏡，再開始閱讀這些書。可參考：Fein, E. and Schneider, S. *The Rules*, Warner Books, 1995; Argov, S. *Why Men Love Bitches*, Adams Media, 2009

為此對她非常不爽，最後找了另一個女生陪他去。所有人都看到了，他根本隱瞞不了。他覺得非常非常抱歉，痛哭著說他很愛克洛伊。克洛伊感到心碎，雖然不想和男友分手，但又覺得自己受到羞辱，於是決定結束這段感情。但是她實在太想男友了，希望兩人能復合。她以為男友會重新追求她。但是不到兩星期，他就和好友圈另一名女孩交往。她出門時經常看到他倆在一起：他將手臂搭在新女友身上，在她耳邊輕聲說話，兩人一起傻笑。克洛伊看到這幅景象心如刀割。她感到難堪，卻又瘋狂想念前男友。

當你真心喜歡某個人，對方也樂於和你搞曖昧，你就會一直渴求發送與接收訊息時，內心湧現的期待和愉悅感受。到後來你可能會發送太多訊息，一直不斷關注對方。許多人——尤其是男孩——對此會感到非常受不了，因為他們還沒弄清楚自己的感受。如果有人過度關注他們，只會令他們覺得厭煩、想要逃離。

為什麼會覺得厭煩？我們先花點時間想想為什麼會這樣。你有沒有遇到完全陷入自己的感性思維的人？如果一個人完全陷入自己的感性思維，他們不會回應你，只會回應自己的感性思維。你帶著你的問題去找他們，他們會把問題轉向與自己有關。他們最重視的是自身的感受；他們已經和現實有些脫節，如果你是承受的一方，會感覺有些不舒服。這正是你喜愛的對象為何感到厭煩的原因。

然而，我認為你不應該是為了誘使對方喜歡上你，才有所保留。而是應該因為必須同時運用你的理性和感性思維，而有所保留。這時候慾望、曖昧與性的感覺太過強烈，彼此糾纏在一起。

對女性來說，幾乎自有歷史以來，唯有愛情，也就是兩人相愛的浪漫故事，才會引發這些感受。這為你的思考與情緒結合創造了完美的條件——使你認為這些感受是出於「真愛」，你不承認這只是慾望、興奮感，或只是間歇上癮。你會因此變得脆弱，因為你完全陷入了感性思維之中，你的理性和智慧思維更不可能在派對上出現。

這會產生問題，為什麼？我們可以從兩種角度討論這個問題。你必須運用理性思維，隨著時間累積你才能看清一個人的品格，確定是否要相信對方的意圖是良善的、會善待你。我說意圖良善，不是指對方會和你結婚。我們並非生活在《傲慢與偏見》（*Pride and Prejudice*）的時代。我的意思是他不是渣男。也就是說，他不會告訴所有兄弟他和你上床，或是和你最好的朋友一起背叛你。你必須運用理性思維清楚區分，你究竟只是為了追求的興奮感，還是這個人真的值得交往。

第二，你需要運用理性思維認清事實，即使他們人很好、很體貼，但是就是沒那麼喜歡你。他們可能符合你心目中理想對象的所有條件，但是在他們心中，你只符合部分條件。愛、性和戀愛關係的建立，必須是兩個感性思維相融，當你們兩人的感性思維產生連結，你們之間的愛、性或戀愛關係才有可能進一步發展。但是我們先前曾提到，當你自己的感性思維馬力全開時，就很難準確解讀對方的感性思維。

你應該運用你的智慧思維，因為如果要長期維繫一段關係，需要兩人共同經營，假使你喜歡的那個人無法時常回應你，你必須尊重對方、理性做出回應，而不是一股腦地將所有無處消耗的熱情全部投注進去。理性上來說，這並不屬於「克服重重困難」的敘事；這只是一種徵兆，顯示對方沒有那麼喜歡你。讓人反感的「#為何男人喜歡婊子」標籤正是利用這一點：有些女性在一開始就過度陷入自己的感性思維，如果是在關係建立初期，很容易會讓對方覺得厭煩，這樣只會帶來更多傷害，沒有多大好處。

我們再次回到冰山理論，只不過你會明確表達自己對這個人的感受，不會將它們隱藏在水面之下。事實上，你把所有感受投注在那個人身上，結果對方會說：「嘿！等一下；太多、太快了。」

現在，我想對女孩們簡短地說幾句話。要是你心儀的對象沒有那麼喜歡你，你的好朋友可能不會告訴你這個真相。為什麼他們不告訴你呢？第一，因為他們在乎你，不想傷害你的感受；第二，他們也沉溺於和你一樣的浪漫幻想，所以當你告訴他們你很苦惱、煩躁，不知道他傳來的文字訊息（或是沒有傳訊息給你）代表什麼意義，這時候你朋友會自動代入你的角色，間接感受你的情緒。我在情緒那一章提過，類似《戀愛島》的實境秀節目精彩呈現了這一幕：幾位女性陪在一位被戀愛沖昏頭的可憐女孩身旁，說服女孩相信，她的伴侶是真的真的很喜歡她，她們知道她必須保持信心。接著鏡頭轉向阿莫爾度假屋（Casa Amor），令前述的女孩心煩意亂的男子很明顯正在追另一個女孩。你得從這一幕學到教訓：認識一些不會鬼扯、願意說出真相的朋友，你才不會被自己的感性思維蒙蔽，一直沉浸在從此過著幸福生活的幻想裡。有時候青蛙就只是青蛙。有時候他是王子，只不過不是你的王子，而是另一個人的王子。

不論男孩或女孩，如果好友圈當中的兩個人或更多人之間發生性關係，情況都會變得複雜許多。但是，女孩通常有非常要好的女性密友，因此當同一個朋友圈中的女孩開始互相暗戀或約會，就會造成彼此間關係緊張。你的女性好友通常會代替你家人或其他人的角色，力挺你到底。當團體裡的女孩相互喜歡，一旦誤解對方暗示或是傷害對方感受，就會削弱團體的整體支持力量。舉例來說，女孩們會躺在對方床上、在對方面前換衣服、相互擁抱、互相說「我愛你」，這些都很正常，但也因此很難區分這些行為究竟是友誼表現或是性挑逗。唯一的解方就是溝通。坦誠以對、保持心胸開放，是避免混淆、情感受傷的唯一方法。

愛與自尊：恭喜你，親愛的

我設定這個小標，是為了向《戀愛島》中的選手蕭娜・菲利普斯（Shaughna Phillips）表達敬意，她在節目中表現得出不卑不亢，著實令人敬佩。她整整一星期不見男友蹤影，後來發現他有了新女友，徹底拋棄了她。她勇敢地直視對方眼睛，雖然心碎卻異常冷靜，最後說出一句不朽名言：「恭喜你，親愛的。」

不論做什麼事，如果能成為贏家當然再好不過，但是你不可每次都贏。你會有很多機會遇見第二個、第三個、第四個以及無數個男人。沒什麼大不了的。所有成功故事必定會經歷停滯期或倒退期，愛與性關係也一樣。過程中你無可避免會經歷痛苦折磨，你深愛某個人，但對方並沒有相同感受，到最後你往往成了被拋棄的一方。

克洛伊連續好幾個星期看到前男友和新女友在一起，她發現他的行為已經接近強行控制邊緣。她開始明白，他占有慾強並不是因為她是他一生摯愛，真正原因是他喜歡炫耀。她內心終於承認，她愛的不是他，現在她看清他不是最適合她的那個人。但是她以前很喜歡被愛的感覺，因為她並非由父母撫養長大，所以特別容易有這種傾向。但她不是笨蛋：她看到祖父母彼此相愛，所以很清楚真正的關係應該是什麼樣子。她喜歡成為群體的焦點，而不是他的焦點。她對他很不滿，也很氣自己，竟然信以為真。

現在克洛伊覺得很不好受。她選擇窩在家裡，卻又覺得無聊，對祖父母充滿怨恨，有時和朋友出去時，她會刻意抬頭挺胸，假裝自己沒事。她等不及學業結束，直接跳進人生下一個階段，徹底逃離眼前的困境。

你在求學或工作生涯中會經歷倒退期，例如考試沒過、沒能獲得你想要的分數或工作，或是做某件事的時候犯下嚴重錯誤。此外也會有一段獨立的時期。對某些人來說，單身生活相當愉快，擁有充分自由。但是對另一些人來說，一旦習慣有另一半，就很難再回到單身生活——你已經習慣藉由另一個人發現你很有吸引力，來提升自尊；你沒辦法靠自己做到。你會忍不住直接尋找另一個人或是進入另一段關係。這通常是不對的。關鍵不是愛你自己，是重視你自己，重新與自己建立連結。很抱歉，這段話可能讓你覺得像是新時代的勵志廢話，但卻是千真萬確。

在一段關係中，你會妥協，並且在這過程中無可避免的失去部分的自己，包括你如何思考、有哪些感受、你喜歡什麼、喜歡哪些人、希望生活中得到什麼、如何運用時間等等。當然，你也會從一段關係當中獲得某些東西，例如培養新興趣、結交新朋友，即便關係結束，你依舊會長時間保有這些興趣或友誼。但如果有段時間你維持單身，就能趁此機會重新調整自己，迎接人生下一個階段。不論你談感情時年紀多大，了解自己是什麼樣的人非常、非常重要，在青少年時期更是如此，因為在這個階段你體內的荷爾蒙變化劇烈，有可能會把你拉向任何地方。我不認為你必須愛自己才能讓另一個人愛你。但是我真的認為你一定要珍惜自己，找到一段能相互尊重、平等的關係，否則就會陷入付出太多或是不足的危險。

在電視劇《摩登家庭》（*Modern Family*）裡，葛洛莉亞藏了一筆私房錢，以防萬一她必須逃離婚姻，她稱之為「我的消失背袋」（my disappear bag）。但是你的挑戰是抓住情緒消失背袋（emotional disappear bag）：你必須足夠堅強才能結束一段關係，唯一方法就是維持一段單身時間。感情失敗時保有自尊，轉身離開，舔拭傷口。重新評估之後，大步走出去。如果你能抬頭挺胸度過這些心痛過程，恭喜你，親愛的。

學習性知識

自搖擺的六〇年代開始[6]，女孩們在婚戀關係之外發生性關係逐漸被大眾接受，人們也開始接納多元性向，包括非異性戀社群。女性開始挑戰浪漫的異性戀婚姻是唯一途徑的傳統敘事，只不過在當今社會，這種敘事依舊相當普遍。

雖然大眾的觀念愈來愈進步，但是我在治療室裡還是聽到不少令人難過的故事。屈辱、蒙羞、暴力、強迫事件層出不窮。自從「＃我也是」（#me too）[7]和「＃人人受邀」（#everyonesinvited）[8]等

6 譯註：在一九六〇的英國倫敦興起的青年文化革命，樂觀主義、享樂主義當道，強調自由、平等、獨立自主、時尚現代等精神。

運動出現之後，我感覺我們才要開始理解吹口哨、偷拍女性裙底、蕩婦羞辱、性騷擾、性糾纏、侮辱、攻擊等行為對女性造成多大衝擊，但是在此之前，我們竟然接受這是常態。自從這些運動出現，我開始和許多女孩一起研究這種非刻意的厭女情結如何引發、促使女孩的心理健康出現問題，或是導致問題遲遲無法解決。她們的身體被人說三道四；她們的親密照片被外流；原本應該是合意的性行為，卻在她們身上留下了傷痕；她們的飲料被下藥、她們被性侵。我想，以前我恐怕沒有真正深入了解這問題。

是不是因為現在人們很容易取得色情內容、而且內容愈來愈極端？幾世代以前，年輕人只能在生物課堂上學習性知識，但不包含關係與感受等知識，性探索的機會也相當有限，多半只能在婚姻關係中進行，而且只限於異性戀。但現在情況不同了，雖然還沒有達到理想狀態，但是許多年輕人，特別是男孩，在他們有機會嘗試建立實質關係之前，就可以看到硬調色情（hardcore porn）內容。〔9〕但是，這也使得他們對於性的看法出現偏差。尤其是對女性身體的認知產生扭曲，對於取得對方同意或是暴力行為等議題的理解也存在許多謬誤。就好比說在你成長過程中，只能從某一家蛋糕店選擇一種食物：店裡雖然有非常多好吃的食物，但是很不幸的，你只能吃其中一種。我看到許多接受治療的年輕人發現自己過度沉迷於色情，當他們明白色情內容如何扭曲自己對女性的認知，都覺得難以置信。當然，來我這裡接受治療的男性問題最小，因為他們有自覺，希望能做出改變。

那麼，比較健康的做法是什麼？如果不是從生物課或硬調色情內容學習性知識，那麼我希望你們知道哪些性知識？我的想法如下：

- 每個人第一次發生性行為的年齡不盡相同，只要你自己覺得時機合適，就不用覺得不自在。如果你發現自己的情況和其他同儕不一樣，不代表你很奇怪或是不成熟。你不應該因此感到有壓力或是覺得難為情。這和人類的發育階段有點像，例如你什麼時候學會走路和說話。不論你是在十個月或兩歲時學會走路和說話，現在對你來說沒有任何差別——最終你還是學會了。你們某些人可能樂於接受一夜情；有些人可能想要為了「那個人」守貞。兩種情況都很好、也很正常，只要做你自己就好。
- 性是關於你內在的感受：例如你喜歡誰、你有什麼感受、你很享受什麼。你對性的感受與其他人是否認為你很性感，是兩件事，不要混淆，後者通常與你的外表有關。那是性化（sexualise），是別人加諸在你身上的評價。
- 性是關於你個人的渴望和感受，所以不要將它與討好某人混淆。記住，性與愛是一段繁複的

7 譯註：最早起源於二〇〇六年，運動創始人塔拉納・伯克（Tarana Burke）使用了「我也是」一詞，提醒人們重視女性受到的暴力和虐待事件。二〇一七年，美國演員艾莉莎・米蘭諾（Alyssa Milano）推文時使用這個標籤，呼籲女性說出她們遭受的性騷擾和性侵經歷。掀起全球「我也是」運動。米蘭諾是第一批指控好萊塢製片人哈維・韋恩斯坦（Harvey Weinstein）性侵和性騷擾的女性之一。

8 譯註：英國女子索瑪・薩拉（Soma Sara）曾在就讀私立學校期間遭受性虐待，她在二〇二〇年創辦「人人受邀」網站，邀請校園強姦文化的受害者匿名分享自身經歷。

9 譯註：硬調色情是指赤裸描述或展現性行為、性器官的色情內容。

舞蹈，你會回應對方的舞步、發現他們想要什麼，但是不應該犧牲你的性慾，你要用心感受自己想要做什麼。由於男性長期以來性化女性，導致女性為了討男性歡心，太常過度壓抑自己的性慾，以免被批評是在欺騙男人或是性冷感。這其實是一個陷阱，你絕不可能贏，因為面對女性時，男性永遠是雙重標準：如果女性有慾望，就被認為是自甘墮落；如果沒有，就被說是性冷感。避免落入陷阱的唯一方法，就是堅持自己在性方面想要的是什麼、希望有什麼感受，你要與你的智慧思維密切保持聯繫。唯有如此，你才不會向別人的評價低頭，只聽從自己的內心。你不需要接受性汙辱、人身攻擊或蕩婦羞辱。直接忽略或是大聲說出來。當然，不要因此傷害了姊妹情誼。

- 或許是因為你經常在色情影片或主流媒體觀看其他人做愛，所以習慣在做愛時採取第三人稱立場看待自己：你會根據這些影像判斷自己是否性感，卻沒有趁此機會探索自己的性，不去正視你自身的感受和慾望。相反地，性變成了某種表演行為，而不是共享的活動。特別是色情影片剝奪了性探索的樂趣，只會讓你對性的看法變得極端、充滿厭女情結。在你進行固定的性行為之前，應避免觀看那些影片，唯有如此，你才能在現實生活中發現自己喜歡什麼，腦海中不會有先入無主的想法；因為一旦有了先入為主的想法，就很難抹除。有點像是當你走在陰暗的街道上、或是一個人在家時，總會想起之前看過的恐怖片。
- 在任何一段性關係或戀愛關係中，你的伴侶不應該令你對自己的身體感到不自在或難為情，如果他們讓你有這些感覺，那是他們有問題，而不是你：女性的身體本來就應該有毛髮，而且會有各種體型和尺寸。性交時你不應該對自己的身體感到羞愧，你應該受到尊重，和另一個人分享你的性是一種榮幸，應該要感覺很美好。多數人都是如此。

- 對所有參與其中的人來說，性應該充滿樂趣。對你和他們來說都是很美好的經驗。心理學家麗莎・達默（Lisa Darmour）在她的播客節目中提到，想像現在有一張文氏圖（Venn diagram），兩個圓圈分別代表你想要做的事以及對方想要做的事情，重疊的部分就是你們**可以**做的事。這不只是需要雙方同意——如果只需要獲得雙方同意，這門檻也未免太低了。在你們一起跳著這段繁複的性舞蹈時，要能感受到對方的猶豫和遲疑，然後做出回應：他們必須敏銳察覺你是否正在猶豫、或是暗示要更進一步，你也必須如此。換句話說，你必須主動參與，你或對方都不應該拖著另一個人在舞池裡四處亂跳。
- 如果你決定和某個人發生性關係，你可以在任何時間使用你的免罪卡：你完全有權利對任何事、對所有事情說不，你可以隨心所欲盡量使用這張卡。不論是在曖昧、熱戀、性交、正式交往或婚姻階段，你都可以在任何時間點拒絕對方親吻、觸摸、進入、給予或接受任何行為，不需要有罪惡感。你完全可以改變對於任何事情的心意，因為有時候你會發現，原本你幻想某件事時可能覺得性感，但實際情況並非如此。如果之前你曾傳訊息給對方，談到要做某件和性有關的事情，但是當你真正做了之後卻發現自己不喜歡，這時候沒有必要繼續。你不「欠」他們。如果你不想親吻他們、不希望他們撫摸你，就不需要為了保護對方的自尊，而不敢拒絕對方。如果他們是好人、只是不適合你，你應該態度友善地告訴他們，同時尊重他們脆弱的一面。如果你被迫做某件事、但這件事無法激起你的性慾，這就是一個重要警訊，顯然這個人根本是個壞蛋。其中一種「常見」的強迫行為，就是男孩壓著女孩的頭、要她幫他口交：如果你覺得自己不想這麼做，就不要做。如果對方企圖強迫你，你有權大聲說出來、或是尖叫、或是報警處理。

- 性可以極度親密：但是這會有風險。之所以有風險，是因為你的身體和情緒容易受傷，這也是為什麼你的理性思維必須介入。
- 為什麼身體容易受傷？因為多數強暴和性侵案件，並非是深夜街道上的陌生人所為。多數強暴和性侵案件都是你認識、甚至你喜歡的男孩犯下的罪行。或許你曾幻想他親吻你很久了，或許你時常和他搞曖昧，或許你願意和他走進臥房或是躲在公園裡某棵樹後方，或許你認識他的姊妹和父母。他第一次吻你時，你可能覺得很享受，當他親密撫摸你的時候，你覺得很興奮，但接著他要求你低頭含住他的陰莖，一直維持同樣姿勢不變，這令你感覺作嘔。或是他強行用手指或小雞雞進入你的身體，但是你不願意；或是他強行插入你的屁股、不是陰道。每當你單獨與男孩相處，都可能面臨身體受傷的危險。強暴之所以發生，通常是因為女孩拒絕但男孩不聽。當男孩不顧你的暗示、猶豫，突破你的界限，也屬於強暴行為。有時候發生性行為後，女孩不清楚自己是在什麼時候叫停，但她們確實有這麼做。我再度使用了異性戀語言，但是強暴和性侵事件一樣會發生在同性戀身上。

- 為什麼情緒容易受傷？因為你可能會愛上他，他可能會愛上你，或者他可能只是利用你幫他口交或是做愛，然後向所有朋友炫耀這件事，接著轉頭便甩了你。
- 一般來說，年輕人比年長的人願意冒更多風險，但是談到與風險之間的關係，每個人的情況不盡相同。你必須知道自己是不是很容易感情用事，你可能迷戀某個人，對這個人有強烈的性慾望。短期來看，這次性交你會信任他嗎？當你喊停的時候，他會停下來嗎？你是否相信他不會強迫你？長期而言，當慾望消失，你是否信任這個人會尊重你？
- 如果在一段性關係中，有任何人傷害你，就是不對，除非你明確要求他們這麼做。他們不應該假設你會同意，你們應該要事先商量。當性行為失去了樂趣，就應該停止。我相信你有絕對的權利說不，你應該得到尊重。
- 不應該由你來保護自己；對方應該尊重你的「拒絕」。不幸的是，莎拉．艾佛拉德（Sarah Everard）姦殺案提醒我們[10]，現實並非如此。你必須運用感性思維，對當下情境憑直覺做出反應，接著運用理性思維，判斷對方可能不會尊重你的拒絕。最後，根據你自身判斷做出有智慧的決定，保護自己。我希望在你們這個世代，情況會有所改變。

- 發送或是拍攝裸照，就和走在陰暗的街道上一樣，也會令你心理受到傷害。〔11〕你的感性思維很可能想要拍裸照。你可能覺得這樣很性感；你可能想要讓某個人開心，讓他們知道你很信任他們。但是當另一個人擁有你的裸照，你就無法掌控照片的使用。幾乎所有愛情關係都有結束的一天，而且有時候是在痛苦和怨恨中結束，到了那個時候，你還會希望他們手中握有你的裸照嗎？你相信他們永遠不會分享出去嗎？還是更糟的，他們會利用這些照片傷害你？
- 性與酒精／毒品：如果你醉得不省人事，或是因為大量吸毒導致意識不清無法表示同意，對方卻硬是跟你發生性關係，這就是強暴。基於種種理由，喝醉酒或吸毒絕不是好事，但是這不表示萬一發生這種事是你的錯。要小心「蓋屋頂」（將鎮靜劑羅眠藥〔Rohypnol〕偷偷加入飲料中）非常普遍。〔12〕

「＃人人受邀」標籤創造了驚人影響力，我看到許多女性因此開始理解自己過去的這類經驗是怎麼回事，以及它們對於現在的生活帶來什麼衝擊。她們終於可以公開說出性汙辱、身體羞辱、飲料被下藥、被迫身體接觸等行為是不對的，也明白這不是她們的錯。她們開始深入思考過去這類經歷如何導致她們退縮到自己的世界，對自己的身體不滿，不想要站出來或說出來，並且願意接受沒那麼正向的關係，只因為她們已經被制約了，認為自己只配擁有這種關係。當時我恍然明白，有毒、厭女、極度性化的文化如何導致女性陷入焦慮、憂鬱、飲食失調和其他心理健康問題，但現在我覺得會這樣是理所當然的。我為你們這個世代感到驕傲，比起我們的世代，你們更常大聲說出來。唯有透過這種方式，才能改變態度。但是很不幸的，我們還沒有走到那一步。

關於愛，最後想說的

最後我要說的是，不論是親吻、愛撫、做愛、交往、戀愛，都需要你和對方善意對待彼此。你們兩人應該讓彼此之間充滿美好體驗。對方應該成為你喜歡的朋友、成為你的後盾，認為你是了不起的人。當然，你不喜歡他們的某些缺點（他們也不喜歡你的某些缺點），而且相處過程中一定會面臨阻礙，但是多數時候應該是輕鬆愉快的。不要貶低自己，苦苦追求某個人的愛、或是害怕惹惱了那個對你不好的人。你不能憑藉某個人是否想要你，來決定自己的價值。如果你運氣不好、找不到，也不代表你沒那麼特別。繼續努力成為最好的自己。緊緊擁抱你的女孩幫。你不需要等到和某人在一起之後，才開始過自己的生活。現在就開始過你想要的生活。

10 譯註：二〇二一年三月三日晚間，莎拉．艾佛拉德走路回家途中，遭到警察懷恩．考森斯（Wayne Couzens）盤查，理由是違反疫情宵禁規定，隨後被帶上一部出租車，就此失蹤。一週後，屍體被發現，法醫相驗後確認艾佛拉德生前曾遭受性侵，死後被兇手丟入廢棄冰箱裡焚燒，然後再丟入池塘裡棄屍，最終考森斯坦承犯案。

11 此外，在英國，如果不滿十八歲發送或拍裸照屬於違法行為，如果你的學校有確切理由認為你有這麼做，就有法定權利搜查你的手機。這項法律已經開始生效，只是年輕人沒有意識到這一點。可參考：childlawadvice.org.uk/information-pages/sexting/

12 譯註：羅眠藥是一種強力鎮靜劑，常被用來迷姦女性，因而有了「約會強暴」藥之名。

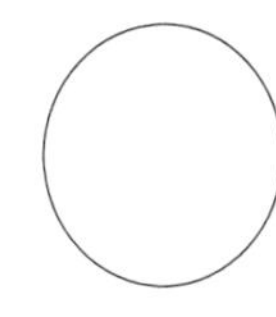

最後還想對你說
Last Words

「獻給逐夢的傻瓜；他們或許看起來有些愚蠢。獻給受傷的心，獻給他們闖下的禍事。」

——電影《樂來樂愛你》（*La La Land*）的插曲〈試鏡〉（The Audition）的歌詞

所以，我們學到了什麼？我希望你記住什麼，好讓你盡可能保持心理健康？

我希望你能記住，你要做你自己：你不需要依照朋友、家人或愛人的想法過生活。不要想著盡最大努力，而要成為最真實的自己。比起你外表看起來如何、達成多了不起的成果，你內心的自我才是你應該關注的焦點。你不是為了符合別人期望而塑造的一件產品。你要找到自己的價值觀，然後理智地遵循它們過生活。你要明白，你不可能認同所有價值觀，完美是一種錯誤迷思，而且非常危險：如果你認同事事必須完美，那麼很有可能因此傷害自己的心理健康。

我希望你能明白，脆弱、同理心和連結都很重要，但是比較、競爭和完美是它們的敵人。如果要建立連結，關鍵在於你和別人相處時你有什麼感受，如果你只想著成為最優秀的人，就很難建立連結。尋找能讓你感覺良好的人，然後溫柔地離開那些讓你感受不舒服的人。不要將慾望、興奮感誤以為是愛。

不要忘記那些微不足道的小事：吃飽、睡好、活動你的身體。避免陷入極端，想要長期保持心理健康，關鍵就在於維持平衡，中庸之道是最有可能成功的方法。

你的感受就如同海浪，總會有波動。就像海浪一樣，你需要尊重那些感受，但不能被它們淹沒。別過度聽從你的感性思維；要讓你的理性思維介入。同時運用情緒和理性思維，做出明智決定。展現脆弱不等於成為受害者。有時候放手、離開、捨棄，才是明智決定。

偶爾感到害怕或恐懼是有必要的，而且如果你想要生活、想要談戀愛，感到悲傷也是無可避免的。有時候，當你只有一個人、感覺有些孤單時，才會有時間。你或許覺得有些害怕，沒關係，只要緊緊守住自己的價值觀、持續展現同理心、脆弱、和其他人建立連結，就不會有問題。

祝你好運，年輕朋友們，一定要勇敢。

致謝 Acknowledgments

如果沒有我的同事和好友辛西亞．盧梭（Cynthia Rousso），我不可能寫這本書，她讓我相信我是專業的心理師，有許多精彩故事值得分享。她看過無數份草稿，而且通過了戀愛島測試，誠實地（有時候誠實到無情的地步）對我的作品和生活提出建議。你真是我的良師益友。

非常感謝我爸媽，在我知道「依附」這個名詞之前，他們就已經教導我許多關於依附的事情，然後選擇放手，跑去學踢踏舞。他們是傳奇人物。

我想要謝謝過去幾年替我處理家務的所有人，特別是傑克（Jackie）和麥莉（Miley），謝謝他們在我工作和寫作時，替我看管房子和小孩。另外我要公開向米哈艾拉（Mihaela）和夏安（Cheyenne）表達謝意，謝謝他們替我分攤家務。

謝謝幫忙看過我的草稿的年輕病人，包括佛蕾亞（Freya）、莉莉（Lily）、凱瑟琳（Catherine）、艾瑪（Emma）、喬（Joe）和艾拉（Ella）。你們的回饋意見非常精彩，每次都很準確。我想我有參考你們每個人的評論進行編輯校訂。謝謝維多利亞．查普曼博士（Dr Victoria Chapman）讀完初期的版本之後，提供寶貴意見、給予協助。

謝謝維多利亞・霍布斯（Victoria Hobbs），已經擁有其他高人氣的暢銷作者，還願意冒風險簽下我，謝謝兩位潔西卡、雷諾爾（Raynor）與李（Lee）的支持與努力。感謝邦尼爾（Bonnier）的團隊：謝謝瑪格麗特・史提德（Margaret Stead）願意相信我，謝謝蘇珊娜・奧特爾（Susannah Otter）總是充滿熱情，謝謝賈斯汀・泰勒（Justine Taylor）審慎、認真地編輯這本書，謝謝蘇菲・納維爾卡拉（Sophie Nevrkla）提供年輕人的看法。謝謝麗茲・馬文（Liz Marvin），你真的是個非常有天份的文案高手，很高興你願意幫忙。

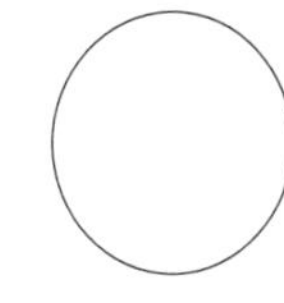

想要知道更多嗎？
Want to know more?

心理師總是以身為科學家為傲，所以當我為你們撰寫這本書的時候，我希望除了憑藉我過去二十五年的經驗之外，還得要參考科學研究。我不喜歡對你們擺出高人一等的姿態，我希望將你們看作是你們自身心理健康活性劑。但是我也希望這本書簡單易讀。我希望我有做到兼顧兩者。

但是對你們某些人來說，這些主題可能缺乏足夠資料或科學文獻。但是你想要知道更多，因為你對這些主題有興趣或是因為你自己面臨相關問題，希望獲得額外協助。或者你可能是普通教育高級程度證書課程、攻讀學位或是博士的心理學學生。你可能希望從科學化的整體觀點認識你不了解的領域，或是你想要知道我的論點依據哪些參考資料。所以在這單元，我會試著列出你或許有興趣、不同層級的資源。首先是篇幅簡短的文章，接著是比較學術性的文本，然後是我有引用的研究報告。

有一件事要提醒你們：有時候我會回頭搜尋之前讀過的科學研究或理論文獻，參考其中的內容，結果發現自己的記憶和之前不同，或者樂觀地說，歷經過去二十五年以心理師身的分執業之後，我的看法有了轉變。所以有時候我提供參考資料給你們，目的是讓你了解我的想法根源，不是因為我有直接引用某些內容或是轉載研究報告。如果是後者，我會特別標明。同樣地，有時候在某個領域有非常多研究報告，所以很難只挑選一篇文章。

我提供網址連結是出於好意，但我不保證網址一直有效。

INSIDE 32

你不了解我

從女孩到女人的生命課題與幸福練習

YOU DON'T UNDERSTAND ME

The Young Woman's Guide to Life

作　　者　塔拉・波特（Tara Porter）
譯　　者　吳凱琳
總 編 輯　林慧雯
封面設計　黃新鈞（金日工作室）

出　　版　行路／遠足文化事業股份有限公司
發　　行　遠足文化事業股份有限公司（讀書共和國出版集團）
地址：231新北市新店區民權路108之2號9樓
電話：（02）2218-1417；客服專線：0800-221-029
客服信箱：service@bookrep.com.tw
郵撥帳號：19504465　遠足文化事業股份有限公司

法律顧問　華洋法律事務所　蘇文生律師
印　　製　章懋實業有限公司
出版日期　2024年6月　初版一刷
定　　價　499元
I S B N　（紙本）9786267244555
（PDF）9786267244579
（EPUB）9786267244562

行路Facebook
www.facebook.com/
WalkingPublishing

儲值「閱讀護照」，
購書便捷又優惠。

線上填寫
讀者回函

國家圖書館預行編目資料

你不了解我：
從女孩到女人的生命課題與幸福練習
塔拉・波特（Tara Porter）著；吳凱琳譯
－二版－新北市：行路出版：
遠足文化事業股份有限公司，2024.06
面；公分（Inside；32）
譯自：You Don' t Understand Me:
The Young Woman' s Guide to Life
ISBN 978-626-7244-55-5（平裝）
1.CST：青少年心理　2.CST：女性心理學
3.CST：心理衛生
173.2　　113006196